学习科学与教学设计应用译丛　盛群力

Learning in
Information-Rich
Environments:
I-LEARN and the
Construction of Knowledge
from Information (Second Edition)

在信息丰富环境下学习

——从信息海洋启航到智慧学习（第2版）

［美］迪丽娅·纽曼　玛丽·让·特切·德卡罗　维拉·J.李
史黛丝·格林韦尔　艾伦·C.格兰特　　　　　　　著
盛群力　屠莉娅　冯建超　方　向　译

中国科学技术出版社
·北　京·

图书在版编目（CIP）数据

在信息丰富环境下学习：从信息海洋启航到智慧学习 /（美）迪丽娅·纽曼等著；盛群力等译. -- 2版. 北京：中国科学技术出版社，2024.11. --（学习科学与教学设计应用译丛 / 盛群力，屠莉娅主编）. -- ISBN 978-7-5236-1104-3

Ⅰ . G424.1

中国国家版本馆 CIP 数据核字第 202472YH36 号

First published in English under the title *Learning in Information-Rich Environments: I-LEARN and the Construction of Knowledge from Information* (2nd Edition)
By Delia Neuman, Mary Jean Tecce DeCarlo, Vera J. Lee, Stacey Greenwell and Allen Grant
Copyright © Springer Nature Switzerland AG, 2019
This edition has been translated and published under licence from Springer Nature Switzerland AG.

著作权合同登记号：01-2022-4274

责任编辑	王　琳
封面设计	中文天地
责任校对	张晓莉
责任印制	徐　飞

出　　版	中国科学技术出版社
发　　行	中国科学技术出版社有限公司
地　　址	北京市海淀区中关村南大街 16 号
邮　　编	100081
发行电话	010-62173865
传　　真	010-62173081
网　　址	http://www.cspbooks.com.cn
开　　本	787mm×1092mm　1/16
字　　数	246 千字
印　　张	13
版　　次	2024 年 11 月第 1 版
印　　次	2024 年 11 月第 1 次印刷
印　　刷	北京荣泰印刷有限公司
书　　号	ISBN 978-7-5236-1104-3 / G · 1067
定　　价	69.00 元

（凡购买本社图书，如有缺页、倒页、脱页者，本社销售中心负责调换）

前　言
PREFACE

自2011年本书第1版问世以来，迄今还不到10年[①]，信息环境已经出现了爆炸式扩增。不仅信息的数量和种类激增，而且所有信息被创造、传播、操控和解释的方式也在急剧变化。然而，与2011年一样，所有人仍然是学习者。现在，我们大家必须在更加激动人心的信息海洋中遨游，以理解这个世界——从早上手机铃声响起，到晚上收到最后一条推特（Twitter）信息，我们都被信息淹没了：

- 要求我们予以注意（或让我们打发无聊生活）；
- 邀请我们区分有用的和无用的（或让我们在迷雾中失去自我）；
- 号召我们创造自己的新产品（或鼓励我们被动地接受别人的想法）。

这些信息有多种形式：印刷文本、可视化图像、音乐、聊天、展览、数字文件，甚至气味。它们有的借助于报纸和电视新闻等传统渠道，也有的通过社交媒体网站等现代渠道传播。所有方式和途径有一个共同点，那就是都传达了各种各样的信息。这些信息一起提供了大量的事实、想法和观点，我们可以获取、评估并利用这些信息来建立对世界和我们自己的理解，也就是学习。

今天，我们所能获得信息的数量和范围是前所未有的。像"信息革命""信息（或知识）社会""知识经济"这样的术语（以及类似的表达），都强调了一个不言自明的事实，即我们的社会已经发生了变化，因为大家几乎可以瞬间获取近乎无限的信息。托马斯·弗里德曼（Thomas Friedman）是最早告诉我们"世界是平的"（2005/2007）的作者之一，我们必须基于来自世界各个角落的信息不断开展交流，产生新的政治识见和经济理解。各国政府不断告诫大家，与国家安全有关的信息是即

---

① 此处是指本书英文第2版问世的2019年。——出版者注

时的，因此我们必须允许新的监控手段来保证社会安全。青少年用户不仅可以访问社交网络信息，同时还可以将文本和视频图像上传并广泛发布。他们已经成为历史上第一批海量信息的创作者和消费者。

如果"信息时代"的特点要求在商业、国家安全和出版等方面有新的概念，那么合乎逻辑的假设是它们也会对教育产生影响。事实上，关于教育作为一个整体必须如何改变其结构和课程，以适应新技术带来的可能性，已经有很多见解。然而，关于这些技术的具体启示以及它们允许学生（和所有学习者）访问和创造的信息有什么特征——这是教育（也就是"学习"）的中心目的——却很少有人论及。在信息丰富的环境下学习意味着什么呢？其特点是什么？它应该包括哪些任务？教育者和学生必须掌握哪些概念、策略和技能，持有什么样的态度，才能在这样的环境中高效学习？研究人员、理论家和实践者如何才能促使学习过程中的这些关键元素得以合理和广泛地进阶？

本书旨在探讨这些问题，并给出一些尝试性答案。本书对第1版中所有原始章节都进行了修改，有些章节的修改力度还很大；同时增加了一些新的章节以提供新的见解。第一章依然是从探讨信息的本质开始。信息不只是罗列事实、想法和观点，而是一种学习工具，为批判性思维和解决问题提供基本的构建模块。第二章和第三章对第1版中的论述有较多扩展，定义和描述了我们周围正式的和非正式的信息丰富环境，并展示了其演变过程，表明需要对学习本身的概念予以扩展。第四章和新增加的第五章描述了学习者作为信息使用者的最新情形，探讨他们在信息丰富环境下学习的需求和能力，特别是数字化素养和批判素养的元素已经丰富了信息素养的概念。第六章（第1版中的第五章）利用前面章节中的核心理念为学习提供了一个框架，这就是在最高水平上指导信息化学习的"智慧学习"模型（I-LEARN Model）。这一模型是纽曼（Neuman, 2011a, b）提出的，它在今天各种信息丰富的动态环境中便利好用。第七章（第1版中的第六章）通过讨论当代的评估方法和描述该模型如何作为评估正式和非正式环境中学习的工具，完成了本书关于在信息丰富的环境中学习的理论焦点论述。新增加的第八章借鉴了五位作者过去几年的研究成果，以验证"智慧学习"模型在各级各类学校和教育系统中的效果。这一章通过说明如何运用"智慧学习"模型帮助学习者掌握利用信息开展学习的方法，完成了从理论到设计再到实践的循环。

当今，信息的广泛性和多样性为我们所有人在面对社会和个人生活中的新现实时必须进行的学习提供了原材料。的确，获取、评估、使用和创造信息的过程构成了当代教育所促进的、我们所有人一生都必须追求的"真实学习"（authentic learning）。通过探索信息时代一些关键的想法和利用信息开展学习的相关问题，本书试图提供一些见解和建议，来帮助教育者以及我们服务的其他人在这方面取得稳步进展。

作者感谢许多人的深刻见解和鼓励，他们在本书的创作中发挥了重要作用。迪丽娅·纽曼（Delia Neuman）仍然非常感谢第 1 版中提及的所有人，尤其感谢她的丈夫迈克尔（Michael）一直以来的鼓励和支持，还有卡拉·霍兰德（Kara Howland），他的插图继续在第 2 版发挥画龙点睛的作用。纽曼还非常感谢四位合作者的努力工作和一致的洞察力，这给了本次修订更广阔的视角、更深入的研究基础和更丰富的实际指导。玛丽·让·特切·德卡罗（Mary Jean Tecce DeCarlo）要感谢她耐心的家人、老师和学生，是他们启发了第八章写作。维拉·J. 李（Vera J. Lee）要感谢她的丈夫和孩子们对于自己深夜和周末工作的适应和理解。史黛丝·格林韦尔（Stacey Greenwell）要感谢她的伙伴和最好的朋友里克·德拉舍（Rick Drasch），感谢他在这个项目中给予的所有支持，以及她的论文导师盖里·J. 安格林博士（Dr. Gary J. Anglin），感谢他把她介绍给迪丽娅。艾伦·C. 格兰特（Allen C. Grant）感谢那些最初使用"智慧学习"的人，感谢他们的热情和意愿，感谢他们分享自己的想法、材料并介绍自己的学生，以推动信息化、数字化和批判素养领域的发展。所有的作者都非常感谢研究生助理阿里·梅洛西（Aly Meloche），他的知识、技术能力和耐心是无价的。最后要感谢迪丽娅·纽曼，她在 2011 年出版了本书第 1 版。如果没有她的远见，这本更新的书和这里提到的与"智慧学习"相关的研究、演讲和出版物就无法面世。合作者要感谢她无价的指导和学术慷慨。

当然，书中如有任何错误，由作者负责；本书所提供的任何价值也将归因于许多其他因素。

迪丽娅·纽曼，宾夕法尼亚州，费城

玛丽·让·特切·德卡罗，宾夕法尼亚州，费城

维拉·J. 李，宾夕法尼亚州，费城

史黛丝·格林韦尔，肯塔基州，莱克星顿

艾伦·C. 格兰特，纽约州，波茨坦

参考文献 [①]

Friedman, T. (2007). *The world is flat*. New York: Farrar, Strauss, and Giroux. (Original work published 2005).

Neuman, D. (2011a). Constructing knowledge in the 21st century: I-LEARN and using information as a tool for learning. *School Library Media Research,14*. Available at http://www.ala.org/aasl/sites/ala.org.aasl/files/content/aaslpubsand journals/slr/vol14/SLR_Constructing Knowledge_V14.pdf.

Neuman, D. (2011b). *Learning in information-rich environments: I-LEARN and the construction of knowledge in the 21st century*. New York: Springer.

---

① 为方便索引，保留原书的参考文献，下同。——出版者注

目录 CONTENTS

第一章　信息作为一种学习工具 ·· 001
  1.1　什么是信息？信息研究的视角 ·· 002
  1.2　什么是信息？教学设计与开发的视角 ································ 004
      1.2.1　知识维度 ··· 005
      1.2.2　认知过程维度 ··· 006
  1.3　观点整合 ·· 009
  1.4　什么是学习？ ··· 009
      1.4.1　早期的学习理论 ··· 009
      1.4.2　当下的学习理论 ··· 010
  1.5　信息与学习 ·· 011
  1.6　信息与当下的学习：建立理论和推进实践 ·························· 013
  1.7　结语 ·· 013
  参考文献 ··· 014

第二章　信息丰富的环境：从单一感官到数字化 ·························· 018
  2.1　什么是信息丰富的环境？ ·· 019
  2.2　信息丰富环境中的信息对象 ·· 019
      2.2.1　单一感官信息对象 ··· 021
      2.2.2　多感官信息对象 ··· 024
      2.2.3　交互式信息对象 ··· 028
      2.2.4　数字信息的交互与学习 ····································· 032
  2.3　结语 ·· 035
  参考文献 ··· 037

第三章　信息丰富的环境：在线世界以及信息传播技术 ………… 040
  3.1　在线环境：交互性、信息和学习 ………… 042
  3.2　在线环境的学习供给 ………… 043
    3.2.1　访问网络找到信息对象 ………… 044
    3.2.2　适用于信息传播技术的学习供给 ………… 044
  3.3　信息传播技术的学习供给的理论和研究 ………… 046
    3.3.1　分布式加工和协作 ………… 049
    3.3.2　话语策略与分布式加工 ………… 052
    3.3.3　协作策略和话语策略 ………… 054
  3.4　结语 ………… 056
  参考文献 ………… 058

第四章　当下的学习者与利用信息开展学习：信息研究与教学设计的结合 ………… 062
  4.1　信息学研究 ………… 064
  4.2　信息素养运动 ………… 066
  4.3　当下利用信息开展学习 ………… 067
  4.4　未来的方向 ………… 070
  4.5　填补空隙 ………… 071
  4.6　教学设计与开发的贡献 ………… 072
  4.7　信息研究的贡献 ………… 074
  4.8　信息研究同教学设计与开发的结合 ………… 077
    4.8.1　研究问题 ………… 078
    4.8.2　理论框架 ………… 081
  4.9　结语 ………… 082
  参考文献 ………… 083

第五章　扩展信息素养：数字素养和批判素养在利用信息开展学习中的作用 ………… 092
  5.1　数字素养 ………… 094
    5.1.1　数字素养的概念化 ………… 094

  5.1.2 通过数字素养利用信息开展学习 …………………… 097
  5.1.3 数字环境与利用信息开展学习 …………………… 101
 5.2 批判素养 ………………………………………………… 101
  5.2.1 批判素养概念化 …………………………………… 102
  5.2.2 利用信息开展学习：批判素养视角 ……………… 105
  5.2.3 批判素养与利用信息开展学习 …………………… 109
 5.3 结语 ……………………………………………………… 110
 参考文献 ……………………………………………………… 111

第六章　"智慧学习"：利用信息开展学习的一种模式　116

 6.1 信息素养与教学 ………………………………………… 118
 6.2 "智慧学习"模型：引论 ……………………………… 119
 6.3 "智慧学习"模型：理论 ……………………………… 121
  6.3.1 知识维度 …………………………………………… 122
  6.3.2 认知过程维度 ……………………………………… 124
  6.3.3 知识类型、认知过程与信息素养 ………………… 125
 6.4 "智慧学习"模型 ……………………………………… 126
  6.4.1 第一阶段：鉴别 …………………………………… 126
  6.4.2 第二阶段：定位 …………………………………… 128
  6.4.3 第三阶段：评价 …………………………………… 130
  6.4.4 第四阶段：应用 …………………………………… 134
  6.4.5 第五阶段：反思 …………………………………… 139
  6.4.6 第六阶段：精通 …………………………………… 141
 6.5 结语 ……………………………………………………… 142
 参考文献 ……………………………………………………… 143

第七章　"智慧学习"与利用信息开展学习的评估　148

 7.1 评估观的演进 …………………………………………… 149
 7.2 高风险评估 ……………………………………………… 150
 7.3 评估与利用信息进行学习 ……………………………… 151
 7.4 "智慧学习"模型和利用信息开展学习的评估：正式环境 ………… 153

7.5 "智慧学习"模型和利用信息开展学习的评估：非正式环境 ……… 159
7.6 结语 …………………………………………………………… 162
参考文献 ……………………………………………………………… 163

第八章 "智慧学习"模型实际应用 …………………………………… 166

8.1 幼儿教育示例 ……………………………………………… 167
    8.1.1 确定一个可以用信息解决的问题 ………………… 167
    8.1.2 定位信息以解决问题 ……………………………… 168
    8.1.3 评价信息以确定解决问题的"最佳"信息 ……… 168
    8.1.4 应用信息回答问题或解决问题 …………………… 169
    8.1.5 反思到目前为止工作的过程和产品 ……………… 169
    8.1.6 运用所学知识提出新问题，解决相关问题，等等 … 170
    8.1.7 应用"智慧学习"模型的反思 …………………… 170
8.2 小学教育示例 ……………………………………………… 171
    8.2.1 确定一个可以用信息解决的问题 ………………… 171
    8.2.2 定位信息以解决问题 ……………………………… 172
    8.2.3 评价信息以确定解决问题的"最佳"信息 ……… 173
    8.2.4 应用信息回答问题或解决问题 …………………… 173
    8.2.5 反思到目前为止工作的过程和产品 ……………… 174
    8.2.6 运用所学知识提出新问题，解决相关问题，等等 … 174
    8.2.7 应用"智慧学习"模型的反思 …………………… 174
8.3 初中教育示例 ……………………………………………… 175
    8.3.1 确定一个可以用信息解决的问题 ………………… 176
    8.3.2 定位信息以解决问题 ……………………………… 176
    8.3.3 评价信息以确定解决问题的"最佳"信息 ……… 177
    8.3.4 应用信息回答问题或解决问题 …………………… 177
    8.3.5 反思到目前为止工作的过程和产品 ……………… 178
    8.3.6 运用所学知识提出新问题，解决相关问题，等等 … 178
    8.3.7 应用"智慧学习"模型的反思 …………………… 179
8.4 高中教育示例 ……………………………………………… 180
    8.4.1 确定一个可以用信息解决的问题 ………………… 180

  8.4.2　定位信息以解决问题 ············· 182
  8.4.3　评价信息以确定解决问题的"最佳"信息 ············· 183
  8.4.4　应用信息回答问题或解决问题，反思到目前为止工作的
     过程和产品 ············· 185
  8.4.5　运用所学知识提出新问题，解决相关问题，等等 ············· 186
  8.4.6　应用"智慧学习"模型的反思 ············· 187
8.5　大学教育示例 ············· 187
  8.5.1　确定一个可以用信息解决的问题 ············· 188
  8.5.2　定位信息以解决问题 ············· 189
  8.5.3　评价信息以确定解决问题的"最佳"信息 ············· 189
  8.5.4　应用信息回答问题或解决问题 ············· 189
  8.5.5　反思到目前为止工作的过程和产品 ············· 190
  8.5.6　运用所学知识提出新问题，解决相关问题，等等 ············· 190
  8.5.7　应用"智慧学习"模型的反思 ············· 191
8.6　实施"智慧学习"模型的潜力 ············· 191
参考文献 ············· 192

译后记 ············· 194

第一章
信息作为一种学习工具

【摘要】 今天,当我们面临信息"轰炸"的时候,当我们担心"虚假信息""异类事实""衰弱真相"渗透在个人和职业话语中的时候,教育者必须对信息本身以及它在生活和学习中所起的核心作用有深刻的理解。本章为全书其余部分奠定基础,提供了信息研究及教学设计与开发的理论概貌,表明了在所有学习领域中信息的性质和价值。本章回顾了这两个领域对信息所作的定义,展示了我们如何以动态、复杂、多面、多用途的实体和关系网络来呈现信息。就其核心而言,信息由事实、概念、程序和元认知策略组成,而这些正是构成我们学习内容的东西。通过学习,信息从环境转到人类的认知系统,成为我们内在知识的组成部分。在当代,人们将学习理解为一种积极的、自我导向的内部过程,正是通过这一过程,人能够理解所遇到的信息。本章探讨了当今"信息"和"学习"两个定义之间的相似之处,并论证了在信息时代,信息本身就是"真实学习"的基本构件,熟练地获取、评估和利用信息是学习本身的要义。

100多年前,哲学家威廉·詹姆斯(William James)将婴儿对世界的认识描述为笼罩在他或她头脑中"巨大的、盛开的、嗡嗡作响的一团乱麻"(1890,p.488)。如果詹姆斯是在今天写作,他可能会得出这样的结论:信息是"嗡嗡作响的一团乱麻"(buzzing confusion),似乎弥漫在我们醒着的每一刻。事实上,许多作者对信息提供了丰富多彩的诠释:我们都听说过"信息就是力量"的说法,麦坎德利斯(McCandless,2012)告诉我们"信息是美丽的"。罗纳德·里根(Ronald Reagan)总统曾经把信息比作"现代社会的氧气",它穿过布满铁丝网的墙壁,飘过带电的边境

（《伦敦卫报》，1989年6月14日）。艾略特（T. S. Eliot）在1934年代表许多面对现代社会的人文主义者，提出了或许是关于人性的本质和作用的最著名的问题："我们在知识中丢失的智慧到哪里去了？""我们信息中丢失的知识到哪里去了？"（1962，p.96）。

每一个学术和专业领域都以包含自身特殊需求和重点的方式定义信息。在医学方面，信息包括生命体征、药物相互作用数据和检测结果；对于新闻业来说，它（至少部分地）包括线索、解密、推文和起获的电子邮件。对于信息专业人员如图书馆员、信息科学家、信息管理人员以及其他在各种环境中处理各种信息的人来说，对于教育工作者如教师、课程开发人员、教学设计师、学校图书管理员、教育媒体技术专家、教育行政人员和其他在各种学习环境中处理信息的人来说，信息也自有专门的含义。

本书的立场是，信息不仅是强大和美好的，而且是人类学习的"基本构件"（basic building block）。本书主要根据信息研究以及教学设计与开发领域的研究和实践，提出了一种方式，来思考如何构建直接适用于当今信息时代的知识。本书提供的观点将会引起来自两个核心学科和相关领域的研究人员和理论家的兴趣，也对那些教授研究过程的高等教育教师、图书管理员、信息专家、K–12教师和媒体技术专家有益。总之，本书是为那些相信或至少想要考虑这方面问题的人准备的，致力于培养有关获取、评估和利用信息的专长，这实际上也是现代教育寻求促进的"真实学习"（American Association of School Librarians and Association for Educational Communications and Technology，1998，p.2）。

根据信息专业人士以及那些设计和提供教学的人所理解的"信息"，可以得出一个强有力的见解：在当今世界，信息在本质上是学习的基础。理解信息在学习中的性质和作用，对于理解在信息时代学习本身是如何变化的至关重要。认识这一变化的深刻意义，反过来对于在当今信息丰富的环境下促进深度学习和有意义学习同样至关重要。这里回顾和提供的观点论证了有关"信息"这一现象的关键信息。

1.1 什么是信息？信息研究的视角

传统上，信息理论家把信息，特别是"记录下来的信息"，作为他们在数据、信息、知识和智慧这四个连续体上的特别关注点。在这种观点中，数据是彼此独立存在的离散内容。信息（特别是记录下来的信息）不仅意味着内容，还意味着集成其各种组件的内容，经历了某种层次的组织。知识意味着通过认知过程，将基本的组织模式扩展为更复杂的理解，将各种信息集合在一起，从而为这一连续体增加了价值和人的维度。智慧是这一连续体的终极增值阶段，它表明人类运用判断力和洞察力对有组织的知识作出理解和应用。

巴克兰（Buckland，1991）对信息的定义更加细致，模糊了信息和知识之间的区别，并假设信息比这种明确的两分法更有活力，这使今天的信息专业人士受益匪浅。巴克兰认为，信息可以被概念化为一个过程（即沟通行为），作为知识（即理解的增加或不确定性的减少），作为一个事物（即一个传递信息的对象）。马奇奥尼尼（Marchionini，1995）在巴克兰观点的基础上进一步指出，信息是任何可以改变一个人的知识的东西，它包括世界上的物体，是从人或物转移到一个人的认知系统的东西，以及人们头脑中内部知识的组成部分（p.5）。

其他信息理论家提供了这些定义的不同变式，根据定义者的特定重点具体化了某些组成部分。例如，关注创建信息系统的学者认为，信息必须按照特定的方法进行组织，所以图书管理员和其他信息从业人员传统上更关注信息的有效存取和检索（例如，参见 Soergel，1985；Taylor，1999）。研究信息用户与此类系统交互的研究人员开发了面向过程的信息检索模型，该模型假设信息是动态整体的一部分，这个动态整体随着信息检索过程的进展而变化和发展（例如，参见 Dervin，1983，1992，1998；Dervin，Foreman-Wernet & Lauterbach，2003；Dervin & Nilan，1986；Johnson，2003；Kuhlthau，1985，1988，1993，1997；Pettigrew，Fidel & Bruce，2001；Spink，1996；Vakkari & Hakala，2000）。其他作者在这些主题上也有自己不同的说法，对信息的精确定义一直是该领域内争论的话题。

然而，总的来说，信息领域中对信息的所有定义都表明，信息既不是一个整体概念（例如，媒体的无差别产物），也不是一些不相关的片段（例如，事实、数字和图像）的集合。相反，它是一系列离散但相互关联的元素，从纯粹物理形态到完全抽象的连续体。元素和相互关系都是更大的信息结构的组成部分。内容与过程、外部与内部构成一个复杂而动态的整体。尽管传统的组织系统和模式受到当代技术下信息链接和组织方式的挑战——例如通过个人接触和在线社交标签——然而信息必须被组织起来才有用的假设仍然成立（Park & Howarth，2013）。

信息作为一个复杂的、多方面的概念，可以让我们看作由"实体"和"关系"所代表，我们可以根据其性质和用途予以混合和匹配。例如，我们可以把博客想象成马奇奥尼尼（Marchionini，1995）的三种理解中的信息：它是**世界上的一个物体**，它的内容是**传达给读者的思想的一种特殊表征**，读者对这些表征的**内化**构成他们知识的一部分。信息用户可能关注对象的技术格式、要传递的内容的性质和质量，或者处理和组织内容以增强理解或减少不确定性的机制。所有这些焦点都是信息，并且它们以明显和微妙的方式相互关联。

1.2 什么是信息？教学设计与开发的视角

在教育的总体领域内，"教学设计与开发"这一子领域是大多数理论的来源。这些理论是建立在学习活动的概念化和创造之上的。"教学设计与开发"也被称为"教学系统设计""教学技术"和"教育技术"。这一领域成为一门正式的学科已经超过60年，并被定义为一个有组织的过程，包括分析、设计、开发、实施和评估教学等步骤（Seels & Richey，1994，p.31）。正如定义所表明的那样，教学设计师重点关注的"信息"是以有利于学习的方式选择、组织和呈现的。

"教学设计师"是该领域从业人员的常用头衔，他们更关心的是信息的教学用途，而不是为获取和检索而组织信息。但这一领域的著作呼应了信息专家对信息的理解，即信息是一组离散的、具有一定特征和关系的实体。早期的关键理论家如加涅（Gagne，1985）和梅里尔（Merrill，1983，1999）提出了"学习类别"和"学习成分"，这是与不同类型的信息和信息使用密切对应的——从建立简单的刺激—反应联系到参与复杂问题的解决。虽然他们和其他许多人多年来工作的细节不需要我们在这里费心思量，但这两位理论家对信息的一些说明还是提供了一个有用的背景。

加涅（Gagne，1985）毕生致力于对各种学习进行分类并寻找实现每种类别学习的方法。他最终提出了五种"习得能力"（learned capabilities）——言语信息、智力技能、动作技能、态度和认知策略，并指定了四种智力技能——区分、概念、规则和问题解决。关注那些与上述信息定义所隐含的认知维度最密切相关的类别，我们可以看到，加涅的层次结构假设了一些被或多或少明确定义的信息子类别或类型：

- 言语信息（verbal information）可能被称为表层价值信息，因为它由符号组成，如语词或音乐符号，不涉及其潜在含义。
- 认知策略（cognitive strategies）是一种技术和技能，所有这些都涉及个人用来管理学习的信息类型的知识。
- 区分（discriminations）能力涉及物体之间的差别，这些差别包括颜色、形状和大小等基本属性的变化。
- 概念（concepts）可以是具体的（如"表格"），也可以是定义的（如"民主"），其本质上是关于不同事物的各种观念，通过特定关系被连接到基本类别中。

- 规则（rules）是将不同类型的刺激与不同类型的反应联系起来的陈述（例如，1米等于100厘米），它使我们能够对某些情况作出可预测的反应，即使我们无法说出一个合适的规则。加涅认为规则是"思考之物"（Gagne，1985，p.157）。
- 问题解决（problem solving）涉及的是，当一种特定类型的信息与信息使用不可分离地合并在一起时，通过发现以前习得的规则的组合，应用这些规则在新情境中解决新问题（Gagne，1985，p.155）。发现、组合和新颖等要素使这种用规则进行思维的活动拥有了更高层次的知识。

梅里尔（Merrill，1983）的"成分显示论"提供了另一个例子，说明信息是由具有特定用途的离散但相互关联的实体组成的。梅里尔提出，要习得的信息包括四种类型：事实、概念、原理和程序。他进一步提出学习包括三种不同的表现：记忆、应用和发现。根据拉甘和史密斯（Ragan & Smith，2004）的看法，梅里尔根据学科的性质提出了某些假设，由此形成了其分类的依据（Merrill，1983，p.298，转引自Ragan & Smith，p.632）。这再次表明，教学设计与开发理论家将信息看成是由相互关联的实体组成的。梅里尔在后来的工作中扩增了这些实体的数量和广度，在他的"教学交易论"中确定了13种学习类型（Merrill，1999；Merrill，Jones & Li，1992）。这种思想的提炼再次肯定了他早期的工作及主张，即信息是由多方面的、相互关联的成分组成的。

1.2.1 知识维度

这些早期的思想从教学设计与开发的角度，在一种关键的当代信息观中得到了重新审视和反思，那就是安德森和克拉斯沃（Anderson & Krathwohl，2001）在《面向学习、教学和评估的目标分类学》中概述的"知识维度"。这个维度假设"知识"，或者说"信息"，如上定义可以分为四类：事实性知识（Factual Knowledge）、概念性知识（Conceptual Knowledge）、程序性知识（Procedural Knowledge）和元认知知识（Meta Cognitive Knowledge）。有关"信息"和"学习"是什么的重要主张，出现在被认为是布卢姆"分类学"的当前版本的学说中。布卢姆分类学是在教学设计中最重要的和最广泛使用的思想，的确影响美国教育50多年了。布卢姆于1956年出版的《教育目标分类学》（*Taxonomy of Educational Objectives*）最初描述了六个学习层次，但没有直接说明在这些层次中涉及的信息类型。在对布卢姆分类学的修订和更新中，涉及了知识维度，这表明了对当代教学设计与开发而言，理解跨复杂性层次学习中信息成分的重要性。

如表 1.1 所示，安德森和克拉斯沃（Anderson & Krathwohl，2001）将知识定义为四种类型：事实性知识、概念性知识、程序性知识和元认知知识。

在每一种知识类型中，作者确定了若干子类型，例如，术语知识是事实性知识的一个子类型，而"策略性知识"是元认知知识的一个子类型。每个子类型的示例进一步澄清了子类型中的离散组块，例如，词汇表知识是一种事实性知识，而规划策略知识是一种元认知知识。总的来说，分类学中的"知识维度"包括四个知识类型、十一个子类型和六十多个示例（或二级子类型），这些信息类型在其具体内容中是离散的，并通过其层次结构的连接相互关联。这种信息的排列方法与诸如泽格尔（Soergel，1985）等信息科学家设计的层次结构有着惊人的相似之处，后者将特定学科的类别和关系作为设计信息检索系统的基础。

表 1.1　知识维度

主要类别及其亚类	示　例
A. 事实性知识——学习者通晓一门学科或解决其中任何问题所必须了解的基本要素	
Aa. 术语知识	技术词汇表，音乐符号
Ab. 具体细节和要素的知识	重要的自然资源，可靠的信息资源
B. 概念性知识——在某个整体结构中发挥共同作用的各基本要素之间的关系	
Ba. 分类和类别的知识	地质时期，企业产权形式
Bb. 原理和概括的知识	勾股定理，供求规律
Bc. 理论、模式和结构的知识	进化论，国会的组织架构
C. 程序性知识——关于如何做事的知识，探究的方法，运用技能、算法、技巧和方法的准则	
Ca. 具体学科技能和算法的知识	水彩画的技能，整数除法的算法
Cb. 具体学科技巧和方法的知识	访谈技巧，科学方法
Cc. 确定何时运用适当程序的知识	确定何时运用牛顿第二运动定律的要求，确定使用某一特定方法估算企业成本的可行性标准
D. 元认知知识——关于一般认知和自我认知的知识	
Da. 策略知识	知道应用概括来了解教材中某一单元的结构，能应用启发式的知识
Db. 关于认知任务的知识，包括适当的情境性和条件性知识	知道某一教师实施的测验类型，明白不同任务的认知要求
Dc. 自我知识	知道自己的长处是对文章进行评论而短处是写作，了解自己的知识水平

1.2.2　认知过程维度

表 1.2 展示了安德森和克拉斯沃（Anderson & Krathwohl，2001）的认知过程维

度。这一维度对布卢姆（Bloom，1956）原来的分类学中的"学习水平"作出了修订，根据复杂性程度划分出六种学习水平：记忆、理解、应用、分析、评估和创造。每一级水平还包括子水平，这些子水平进一步描绘了水平本身的组块，例如"分类"是"理解"的子水平，而"评判"是"评估"的子水平。正如为各种知识提供的分类学一样，为"学习类别"提供的分类学反映了信息科学中的类似工作。

不同类型的知识在不同程度上支持不同类型的加工，但这种关系显然是灵活的。例如，事实性知识和元认知知识都可以支持全部六种学习水平，尽管每种水平都比其他水平更有可能在某一知识类型上发挥作用。这种关系网络的存在反映了内容与过程、复杂性与动态性之间的联系，这是一般教学设计领域所持有的信息概念的特征。

表 1.2　认知过程维度

类别与认知过程	同义词	定义及示例
1. 记忆（Remember）——从长时记忆库中提取相关的知识		
识别（Recognizing）	鉴别（Identifying）	从长时记忆库中找到相关的知识，与当前呈现的信息进行比较，看其是否一致或相似（例如，识别美国历史中重要事件的日期）
回忆（Recalling）	提取（Retrieving）	收到某个指令或提示时，学习者能从长时记忆库中提取相关的信息（例如，回忆美国历史中重要事件的日期）
2. 理解（Understanding）——能够确定语言、文字或图表、图形的信息所表达的意义		
2.1 解释（Interpreting）	澄清（Clarifying） 释义（Paraphrasing） 表征（Representing） 转换（Translating）	将信息的一种表征方式转换成另一种表征方式，如不同语词之间的转换、图表转换成语词或反之、数字转换成语词或反之（例如，阐释重要演讲和文献）
2.2 举例（Exemplifying）	例证（Illustrating） 示例（Instantiating）	指出某一概念或原理的特定事例（例如，列举各种绘画艺术风格的例子）
2.3 分类（Classifying）	归类（Categorizing） 包摄（Subsuming）	识别某些事物（如某一事例）是否属于某一类别（如概念或原理）（例如，将观察到的或他人所描述的精神疾病案例分类）
2.4 总结（Summarizing）	抽象（Abstracting） 概括（Generalizing）	提出一个简短的陈述以代表已呈现的信息或提炼出一个一般主题（例如，观看一盘录像带上的内容，然后写一篇总结）
2.5 推断（Inferring）	断定（Concluding） 外推（Extrapolating） 添加（Interpolating） 预测（Predicting）	从已有的信息中推断出合乎逻辑的结论（例如，学习者在学习外语时能从例子中推断语法规则）
2.6 比较（Comparing）	对照（Contrasting） 映射（Mapping） 匹配（Matching）	查明两个或两个以上的客体、事件、观念、问题和情境等之间的异同（例如，将历史事件与当代情形进行比较来达成理解）

续表

类别与认知过程	同义词	定义及示例
2. 理解（Understanding）——能够确定语言、文字或图表、图形的信息所表达的意义			
2.7 说明（Explaining）	建构模型（Constructing models）	建构并运用一个系统的因果关系模型（例如，阐述18世纪法国发生的重要事件的原因）
3. 应用（Apply）——在特定情境中运用程序			
3.1 执行（Executing）	完成（Carry out）	将程序应用于熟悉的任务（例如，两个多位数的整数相除）
3.2 实施（Implementing）	使用（Using）	将程序应用于不熟悉的任务（例如，在合适的问题情境中运用牛顿第二运动定律）
4. 分析（Analyze）——将材料分解为其组成部分并确定这些部分是如何相互关联的，确定部分同整体之间的联系			
4.1 区分（Differentiating）	辨别（Discriminating） 区别（Distinguishing） 聚焦（Focusing） 选择（Selecting）	按照恰当性或重要性来辨析某一整体结构中的各个部分（例如，要求学习者圈出应用题中相关的数字，剔除无关的数字）
4.2 组织（Organizing）	寻求一致（Finding coherence） 整合内容（Integrating） 明确要义（Outlining） 语义分析（Parsing） 形成结构（Structuring）	确定组织元素的适配性或作用（例如，学会将历史观点形成一条支持或反对某种解释的证据链）
4.3 归属（Attributing）	解构（Deconstructing）	明确沟通对象的观点、价值和意图等（例如，学会把握作者是如何依据自己的政治观点来阐述见解的）
5. 评估（Evaluate）——依据准则和标准作出判断			
5.1 核查（Checking）	协调（Coordinating） 查明（Detecting） 监控（Monitoring） 检验（Testing）	检查某一操作或产品是否内在一致；当核查与计划（创造的一个子类）和实施（应用的一个子类）相结合时，它就涉及确定该计划是否运作良好（例如，确定科学家的结论是否与观察到的数据吻合）
5.2 评判（Critiquing）	判断（Judging）	基于外部准则或标准来判断某一操作或产品，以确定该产品是否具备外部一致性，或者某一程序用来解决某一问题是否适当（例如，判断解决某个问题的两种方法中哪一种更好）
6. 创造（Create）——将要素整合为一个内在一致、功能统一的整体或形成一个原创的产品			
6.1 生成（Generating）	假设（Hypothesizing）	能够基于标准提出一些不同的假设（例如，提出假设解释观察到的现象）
6.2 计划（Planning）	设计（Designing）	设计一种解决方案以完成特定任务（例如，设计一份关于特定历史主题的研究报告）
6.3 贯彻（Producing）	构建（Constructing）	形成某个产品/结果（例如，根据某一具体目标养成习惯）

1.3 观点整合

以上提出的信息概念表明，信息科学和教学设计与开发领域以几乎相同的方式来探讨信息。安德森和克拉斯沃（Anderson & Krathwohl，2001）的分类学与巴克兰（Buckland，1991）的过程—知识—事物信息表征、马奇奥尼尼（Marchionini，1995）的对象—表征—知识类型密切相关。信息科学和教学设计与开发的观点将信息作为一个整体结构呈现，该结构包含由过程相关维度链接的离散内容实体。两者都表明，信息既有物理性质，也有抽象性质，根据其内在特征和可能的相互关系，可以有不同的用途。两者都认为信息与知识之间是一个多孔的边界，当信息类型和信息使用交叉时就会被跨越。最终，两者都认为信息是动态的、复杂的、多面的和多用途的。

对于将信息作为学习的基本构件而言，这意味着：尽管不同领域的理论家使用不同的词汇，而且有着不同的视角，但其工作背后的概念基本上是相同的。无论他们谈论的是信息还是"知识类型"和"认知过程"，他们都是在处理人类用来构建和储存意义的"东西"。红色表示停止，这既是一个**事实**，也是一条信息；安妮·莱博维茨（Annie Leibovitz）是当今伟大的摄影师，这既是一种评价，也是一种信息。综上所述，这两个领域提供了重要的见解，反过来，也为今天的学习者如何理解周围的世界提供了建议。

1.4 什么是学习？

教学设计师和信息科学家对信息的共同理解对学习有什么启示？当然，这个问题很重要，但如果不考虑学习本身的性质和过程，就无法回答这个问题。理论家们对这些现象已经思考了几个世纪，尽管对学习的科学研究大约从100年前才开始。今天，由于对所谓认知信息加工的广泛研究，我们对学习的理解就像我们对信息本身的理解一样，是动态的、复杂的、多方面的。

1.4.1 早期的学习理论

20世纪早期的心理学家按照行为主义的传统行事，认为科学实验恰当的关注点只有那些可以观察到的东西。因此，只有先于和遵循心理过程的行为，而不是过程本身，才能被实证研究。在 20 世纪的大部分时间里，对学习的研究包括学习刺激、反应、过程和活动的外部因素，这些外部因素会加强彼此之间适当的联系。行为主义者认为学习是一种相对持久的行为变化或行为能力，并将"黑箱"的内容和工作原理留给未来的研究人员。大约在同一时间，皮亚杰（Jane Piaget）和其他发展理论家沿着不同的路径工作，为人类学习增加了一个新的理解维度。

皮亚杰（Piaget，1952）的认知发展阶段理论——从幼儿感觉的运动阶段到成人思维的正式运算阶段，提出了内在能力和结构影响个人加工信息的内容和方式。这些能力和结构会随着年龄的增长而增强和扩展，变得越来越复杂，使人在成熟的过程中学习到更高级、更抽象的概念和策略。皮亚杰的观点成为当代学习理论的先声。他关注的是学习者的内部机制，即将新信息与已有的知识整合起来，以创造新的理解。皮亚杰很可能是第一个建构主义者，他将内部信息加工功能与外部信息对象结合起来，形成了一种整体的学习观。

1.4.2 当下的学习理论

当代学习理论家不仅研究发展对学习的影响，而且在研究社会、文化、心理和生物化学的影响时，这种整体观点在今天也很流行。在国家研究委员会颇具影响力的《人是如何学习的》（How People Learn）报告中，布兰斯福德、布朗和科金（Bransford, Brown & Cocking, 2000）将所有这些领域都纳入了现在被称为"认知科学"（cognitive science）的领域中。"认知科学"从多学科视角来研究学习的方法，包括人类学、语言学、哲学、发展心理学、计算机科学、神经科学，以及心理学的几个分支（p.8）。在深入研究了行为主义者拒绝检查的"黑箱"之后，今天的学习理论家将学习描述为一个积极的、个性化的、自我导向的内部过程，人类通过这个过程理解世界。在最普遍的意义上，当代的学习观是：人基于自己已经知道和相信的东西构建新的知识和理解（p.10）。

认知科学既将学习视为一种结果，也将学习视为一种过程。它通常假设存在着事实、概念、程序和策略，正如安德森和克拉斯沃（Anderson & Krathwohl, 2001）所指出的类别一样。不过，认知科学更关注的是大脑如何在长时记忆中表征和建构这些信息，而不是信息本身的性质。无论是被称为"图式"（schemata）还是"心理模型"（mental models），这些结构都是比直接经验具有更高抽象层次的信息的有机组合，它们是经验或教学的结果，是动态的和可变的，并为解释新知识提供了一个环境（Winn, 2004）。尽管理论家们仍在争论这两种结构之间的具体区别，但他们一致认为，学习存在于我们的头脑中，是一个互联的、多方面的、动态的、复杂的信息网络。

当代学习理论将过程和内容的维度结合起来，以创建一个关于个体如何获取、理解和使用信息的整体图景。认知科学家借鉴相关学科的理论和研究成果，致力于发现人如何"用理解推动学习"，而不仅仅是建立刺激—反应关联或提取关于孤立事实的简单列表。认知科学家将学习过程定义为高度个性化的一系列复杂活动，其中包括主动构建个人对信息的理解，并能够应用到相关领域。他们将这一过程的结果——学习状态，视为每个人独特的丰富而多维的内容、过程和策略性知识的集合。

1.5 信息与学习

"学习"就像"信息"一样，是由存在于个体内部某种有组织的认知结构中的多方面的、相互关联的元素组成的。虽然对信息的定义只是暗指组织发生的过程，但对学习的定义则主要集中在这些过程上。这种对过程习得、短时记忆功能、元认知策略、长时记忆成分以及检索和交流已学知识的策略的关注，补充了信息科学家、教学开发人员和设计师对信息的关注。事实上，当代对信息和学习的定义在形式和内容上都是相互呼应的。人们可以很容易地用马奇奥尼尼（Marchionini，1995）对信息的定义来定义学习：学习通过与世界上的物体的接触而创造结构，将其转移到个人认知系统中，并锻造成内部知识的组成部分（p.5）。

这种对学习的理解，对我们所有人，特别是对教师、教学设计师、图书管理员、媒体技术专家和其他负责帮助学生成为在信息时代蓬勃发展的有效学习者的教育工作者来说，都具有丰富的意义。最重要的是，它表明学习是建立在信息基础上的结构。在安德森和克拉斯沃（Anderson & Krathwohl，2001）分类学中，每个水平的学习都在不同程度上受到不同类型信息的支持，例如，很明显，人们记住事实、理解概念和应用过程。即使在这三个较低的层次中，通常也有其他类型信息的位置。在更高的层次——分析、评估和创造上，很明显的是事实、概念、程序和元认知都在每种学习的尝试中发挥作用。

显然，教学理论家和信息理论家的工作都是建立在关于信息在学习中的作用的互补假设之上的。将这两种观点结合在一起，为将"信息"和"学习"联系起来提供了强有力的理论依据，从而指导未来的研究和基于信息使用的教学设计。然而，直到最近，专门集成这两个学科中的概念的工作还很有限。例如，在1993年，艾森伯格和斯莫尔（Eisenberg & Small）在报告中说，对各种信息属性和教育之间关系的研究是有限的、狭隘的、随意的，充其量也就是不相关的（p.263）。纽曼（Neuman, 1993，1995）在一系列研究中探讨了信息与学习之间的关系。希尔和汉纳芬（Hill & Hannafin, 2001）也提出了相关的看法。对学习与信息之间的理论关系的直接关注在艾森伯格和斯莫尔发出叹息之前只取得了些许进展。互联网、万维网和其他技术进步使信息无处不在，信息在社会中的作用成为一个永恒的主题和永恒的挑战。在世纪之交之前，只有1996年创刊的《教育与信息技术》（Education and Information Technologies）这份学术期刊专门研究这一主题。

尽管如此，一些学者已经为理解和促进信息与学习的关系奠定了重要的基础。梅耶（Mayer, 1999）的教学设计模型实际上是基于信息的，尽管他没有明确说明这种联系。库尔梭等人（Kuhlthau, Maniotes & Caspari, 2015）推出的"指导性探究"（guided inquiry）假定信息是学习的核心。汉纳芬和希尔（Hannafin & Hill, 2008）决定重新审视基于资源的学习领域，因为信息在过去25年发生了巨大的变化（p.525），这表明信息在学习中的作用在教学设计与开发的文献中也得到了很好的体现。福特（Ford, 2008）宣布了一个他称为"教育信息学"（educational informatics）的"新"领域，这表明信息和学习之间的关系引起了学者和实践者持续的兴趣。拉忠德（Lazonder, 2014）在《教育传播与技术研究手册》中关于"研究性学习"的章节中，将这种关系直接带给了该领域的现有学者。

到目前为止，跨信息研究以及教学设计与开发的明确理论基础主要来自信息研究领域。威尔逊（Wilson, 1981, 1999）的信息行为模型也许提供了该领域对信息检索和学习之间关系的最早见解，他还建议在信息专业和教学专业之间架起一座桥梁。他的模型将信息搜索嵌入更广泛的环境中，并扩展了信息领域的范围，包括发现信息后可能对其进行的操作。他的模型中包含了一个名为"信息加工"的步骤，并使用了一个通常在信息检索模型中没有的步骤；他邀请了信息专业的学生，而不仅仅是终端用户学科的研究人员，来参与调查信息被检索后实际使用的方式。

此外，传播理论家的全面工作（Brenda Dervin, 1983, 1992, 1998; Dervin et al., 2003; Dervin & Nilan, 1986）对信息研究领域产生了强烈的影响，长期以来被认为是信息检索和人们实际检索并发现的信息之间的概念桥梁。其意义构建方法及其对缩小认知差距以使观察数据有意义的强调，引导了许多信息研究人员关注相关的认知问题。德玟（Dervin, 1992, pp.61–62）提供了一套关于信息的本质、人类使用信息的本质和人类交流的本质的元理论假设和命题，可以说已经为将信息作为学习工具的考虑奠定了基础。同样地，库尔梭（Kuhlthau, 1985, 1988, 1993, 1997）

在信息检索过程方面的工作，为在小学、中学、高等教育环境和专业环境等特定的学习情况下审视信息检索奠定了重要的基础。最近，库尔梭等（Kuhlthau et al., 2015）对"指导性探究"的推广建立在信息是学习的核心这一假设之上。总之，德玟和库尔梭对信息用户需求和行为的关注巩固了当前信息领域的许多工作，显然也与学习有关。

1.6 信息与当下的学习：建立理论和推进实践

将信息研究同教学设计与开发的观点结合起来，产生了一个引人注目的理论框架，并以一种直接和全面的方式研究信息在学习中的作用。事实上，当代文献很大程度上避免了对这种理论关系的讨论。这一事实表明，其重要性不仅已经确立，而且还被纳入了研究议程。这些研究议程特别关注信息和学习的关系，不是在理论中，而是在实践中。

有关信息素养的出版物在过去的 20 年里剧增。特别是近年来，有充足的证据表明，许多学者和实践者已经意识到了学习和信息之间的基本联系，正在努力满足学习者的各种学习需求和兴趣（Beheshti & Large, 2015；Bilal & Behishti, 2014；Bruce, 1997；Bruce et al., 2017；Case, 2016；Johnston & Webber, 2003, 2005；Julien & Williamson, 2011；Koltay, Spiranec & Karvalics, 2015；Lloyd, 2017；Lloyd & Talja, 2010；Mackey & Jacobson, 2011；Neuman, 2016；Reynolds, Willenborg, McClellan, Linares & Sterner, 2017；Webber & Johnston, 2000）。至少有两种新期刊《信息素养传播》(Communications in Information Literacy) 和《信息素养杂志》(Journal of Information Literacy) 于 2007 年创刊，关于信息素养的会议（例如，欧洲信息素养年会）首次举办于 2013 年，证明了国际社会对信息和学习之间关系的兴趣日益浓厚。本书的第四章提供了更多关于当前趋势和问题的细节，这些趋势和问题将继续促进以信息作为学习工具的理论和实践。

1.7 结语

在信息研究及教学设计与开发的理论家和研究者看来，"信息"远远不是一个统一的概念。相反，这两个领域的当代思想都包含这样的认识：信息是一个复杂的、多方面的、整体的结构，它包含了由各种背景因素形成的各种过程和关系所联系起来的特定成分。在这个结构中，信息兼有物理和抽象两个维度，它们根据内在特征和可能的相互关系可以有着不同的用途。其中一个用途当然是学习。

学习也是复杂和多方面的。正因为如此，不同角度的学者倾向于关注其特定组成部分，而不是总体概念本身。然而，从本质上讲，对学习的当代理解是：从构成信息的事实、概念、规则和程序中构建个人意义。它既是一种过程，也是一种结果：①通过教学或经验获得新的概念和技能；②将这些概念和技能组织成我们头脑中与个人认知相连贯的结构。

因此，学习就像信息一样，是由存在于某种有组织的结构中的、多方面的、相互关联的元素组成的。虽然对信息的定义只涉及组织发生的过程，但对学习的定义主要涉及这些过程以及它们如何处理各种知识/信息：感觉登记、短时记忆、长时记忆和元认知策略等对创建有组织的认知结构有什么贡献。

学习作为以信息构建意义的过程，是一个综合的过程。在这个过程中，学习者获取、评估和利用信息组块来产生个人对世界有意义的、新的理解。知道需要什么样的信息，如何找到和检索这些信息，如何理解和评估其质量和适用性，以及如何将其放入一个连贯的结构中，这是 21 世纪学习的本质。把信息和学习看作互补的元素可以提供重要而有用的指导，帮助我们所有人在信息时代成为更有效的学习者。

归根结底，学习和信息是同一枚硬币的两面，它们以独特的方式相互补充。硬币的每一面都代表着一种动态的、复杂的、多方面的现实。作为一个整体，这枚硬币表明了信息和学习是不可分割的。在当今这个动态、复杂、多元的世界中，信息是学习的基础。在信息丰富的环境中，我们生活在自己的日常中，信息和学习汇集在我们理解生活的努力中。因此，信息是学习的基本构件，我们获取、评估和利用这些东西来理解我们的世界。

参考文献

American Association of School Librarians and Association for Educational Communications and Technology (1998). *Information power: Building partnerships for learning.* Chicago: ALA Editions.

Anderson, L. W. & Krathwohl, D.R. (Eds.). (2001). *A taxonomy for learning, teaching, and assessing: A revision of Bloom's Taxonomy of Educational Objectives.* New York: Addison Wesley Longman.

Beheshti, J. & Large, A. (2015). *The information behavior of a new generation: Children and teens in the 21st century.* Lanham, MD: The Scarecrow Press.

Bilal, D. & Behishti, J. (Eds.). (2014). *New directions in children's and adolescents' information behavior research*. Bingley: Emerald Group Publishing.

Bloom, B. S. (Ed.). (1956). *Taxonomy of educational objectives: Cognitive domain*. New York: Longman.

Bransford, J. D., Brown, A. L. & Cocking, R. R. (Eds.). (2000). *How people learn: Brain, mind experience, and school*. Washington, DC: National Academy Press.

Bruce, C. (1997). *Seven faces of information literacy*. Adelaide, Australia: Auslib Press.

Bruce, C., Demasson, A., Hughes, H., Lupton, M., Sayyad Abdi, E., Maybee, C., et al. (2017). Information literacy and informed learning: Conceptual innovations for IL research and practice futures. *Journal of Information Literacy, 11*(1), 4–22. https://doi.org/10.11645/11.1.2184.

Buckland, M. (1991). *Information and information systems*. New York: Praeger.

Case, D. O. (2016). *Looking for information: A survey of research on information seeking, needs, and behavior*. Bingley: Emerald Publishing Group.

Dervin, B. (1983, May). *An overview of sense-making research: Concepts, methods, and results to date*. Paper presented at the meeting of the International Communication Association, Dallas, TX.

Dervin, B. (1992). From the mind's eye of the user: The sense-making qualitative-quantitative methodology. In J. Glazier & R. Powell (Eds.), *Qualitative research in information management* (pp.61–84). Englewood, CO: Libraries Unlimited.

Dervin, B. (1998). Sense-making theory and practice: An overview of user interests in knowledge seeking and use. *Journal of Knowledge Management, 2*(2), 36–46.

Dervin, B., Foreman-Wernet, L. & Lauterbach, E. (Eds.). (2003). *Sense-making methodology reader*. Cresskill, NJ: Hampton Press.

Dervin, B. & Nilan, M. (1986). Information needs and uses. *Annual Review of Information Science and Technology, 21*, 3–33.

Eisenberg, M. B. & Small, R. V. (1993). Information-based education: An investigation of the nature and role of information attributes in education. *Information Processing & Management, 29*(2), 263–275.

Eliot, T. S. (1962). Choruses from "The Rock". In *Collected poems 1909–1935*. New York: Harcourt.

Ford, N. (2008). Educational informatics. *Annual Review of Information Science and Technology, 42*, 497–546.

Gagne, R. M. (1985). *The conditions of learning*. New York: Holt, Rinehart, and Winston. (Original work published 1965)

Hannafin, M. J. & Hill, J. R. (2008). Resource-based learning. In J. M. Spector, M. D. Merrill, J. van Merrienboer & M. P. Driscoll (Eds.), *Handbook of research on educational communications and technology* (3rd ed., pp.525–536). Mahwah, NJ: Lawrence Erlbaum.

Heer, R. (2012). *A model of learning objectives*. Center for Excellence in Learning and Teaching, Iowa State University. Retrieved from www.celt.iastate.edu/teaching/RevisedBlooms1.html.

Hill, J. R. & Hannafin, M. J. (2001). Teaching and learning in digital environments: The resurgence of resource-based learning. *Educational Technology Research and Development, 49*(3), 37–52.

James, W. (1890). *The principles of psychology* (Vol.I, p.488). New York: Henry Holt.

Johnson, J. D. (2003). On contexts of information seeking. *Information Processing and Management, 39*(5), 735–760.

Johnston, B. & Webber, S. (2003). Information literacy in higher education: A review and case study. *Studies in Higher Education, 28*(3), 335–352.

Johnston, B. & Webber, S. (2005). As we may think: Information literacy as a discipline for the information age. *Research Strategies, 20*(3), 108–121.

Julien, H. & Williamson, C. (2011). Discourse and practice in information literacy and information seeking:

Gaps and opportunities. *Information Research, 16*(1), 1–10.

Koltay, T., Spiranec, S. & Karvalics, L. Z. (2015). The nature of information literacy. In *Research 2.0 and the future of information literacy* (pp. 61–110). New York: Elsevier Science & Technology.

Kuhlthau, C. C. (1985). A process approach to library skills instruction. *School Library Media Quarterly, 13*(1), 35–40.

Kuhlthau, C. C. (1988). Longitudinal case studies of the Information Search Process of users in libraries. *Library and Information Science Research, 10*(3), 257–304.

Kuhlthau, C. C. (1993). *Seeking meaning: A process approach to library and information services*. Norwood, NJ: Ablex.

Kuhlthau, C. C. (1997). Learning in digital libraries: An Information Search Process approach. *Library Trends, 45*(4), 708–725.

Kuhlthau, C. C., Maniotes, L. K. & Caspari, A. K. (2015). *Guided inquiry: Learning in the 21st century*. Westport, CT: Libraries Unlimited. (Original work published 2007)

Lazonder, A. W. (2014). Inquiry learning. In J. M. Spector et al. (eds.) *Handbook of Research on Educational Communications and Technology*. New York: Springer.

Lloyd, A. (2017). Information literacy and literacies of information: A mid-range theory and model. *Journal of Information Literacy, 11*(1), 91–105.

Lloyd, A. & Talja, S. (2010). *Practising information literacy: Bringing theories of learning, practice, and information literacy together*. New York: Elsevier Science & Technology.

Mackey, T. R. & Jacobson, T. E. (2011). Reframing information literacy as a metaliteracy. *College & Research Libraries, 72*(1), 62–78.

Marchionini, G. (1995). *Information seeking in electronic environments*. Cambridge, MA: Cambridge University Press.

Mayer, R. (1999). Designing instruction for constructivist learning. In C. M. Reigeluth (Ed.), *Instructional design — Theories and models. Vol. II: A new paradigm of instructional theory* (pp.141–159). Mahwah, NJ: Lawrence Erlbaum Associates.

McCandless, D. (2012). *Information is beautiful*. London: Harper Collins.

Merrill, M. D. (1983). Component display theory. In C. M. Reigeluth (Ed.), *Instructional design — Theories and models* (pp. 279–333). Mahwah, NJ: Lawrence Erlbaum Associates.

Merrill, M. D. (1999). Instructional transaction theory: Instructional design based on knowledge objects. In C. M. Reigeluth (Ed.), *Instructional design — Theories and models. Vol. II: A new paradigm of instructional theory* (pp.397–424). Mahwah, NJ: Lawrence Erlbaum Associates.

Merrill, M. D., Jones, M. K. & Li, Z. (1992). Instructional transaction theory: Classes of transactions. *Educational Technology, 32*(6), 12–26.

Neuman, D. (1993). Designing databases as tools for higher-level learning: Insights from instructional systems design. *Educational Technology Research and Development, 41*(4), 25–46.

Neuman, D. (1995). High school students' use of databases: Results of a national Delphi study. *Journal of the American Society for Information Science, 46*(4), 284–298.

Neuman, D. (2016). Toward a theory of information literacy: Information science meets instructional systems design. In S. Kurbanoglu, J. Boustany, S. Spiranec, E. Grassian, D. Mizrachi, L. Roy & T. Cakmak (Eds.), *Information literacy: Key to an inclusive society* (pp.267–276). Selected papers from the Fourth European Conference on Information Literacy, Prague. New York: Springer International.

Park, J. R. & Howarth, L. C. (Eds.). (2013). *New directions in information organization*. Bingley: Emerald Group Publishing.

Pettigrew, K. E., Fidel, R. & Bruce, H. (2001). Conceptual frameworks in information behavior. *Annual

Review of Information Science and Technology, 35, 43–78.

Piaget, J. (1952). *The origins of intelligence in children.* New York: International Universities Press.

Ragan, T. J. & Smith, P. L. (2004). Conditions theory and models for designing instruction. In D. H. Jonassen (Ed.), *Handbook of research on educational communications and technology* (2nd edn). ed.,pp.623–649. Mahwah, NJ: Lawrence Erlbaum.

Reagan, R. (1989, June 14). *The London Guardian*, p. 24.

Reynolds, L., Willenborg, A., McClellan, S., Linares, R. H. & Sterner, E. A. (2017). Library instruction and information literacy 2016. *Reference Services Review, 45*(4), 596–702. https://doi.org/10.1108/RSR-08-2017-0028.

Seels, B. & Richey, R. (1994). *Instructional technology: The definitions and domains of the field.* Washington,DC: Association for Educational Communications and Technology.

Soergel, D. (1985). *Organizing information: Principles of data base retrieval systems.* Orlando, FL: Academic Press.

Spink, A. (1996). Multiple search sessions model of end-user behavior: An exploratory study. *Journal of the American Society for Information Science, 47*(8), 603–609.

Taylor, A. G. (1999). *The organization of information.* Englewood, CO: Libraries Unlimited.

Vakkari, P. & Hakala, N. (2000). Changes in relevance criteria and problem stages in task performance. *Journal of Documentation, 56*(5), 540–562.

Webber, S. & Johnston, B. (2000). Conceptions of information literacy: New perspectives and implications. *Journal of Information Science, 26*(6), 381–397.

Wilson, T. D. (1981). On user studies and information needs. *Journal of Documentation, 37*, 3–15.

Wilson, T. D. (1999). Models in information behaviour research. *Journal of Documentation, 55*, 2249–2270.

Winn, W. (2004). Cognitive perspectives in psychology. In D. H. Jonassen (Ed.), *Handbook of research on educational communications and technology* (2nd edn). ed., pp.79–112. Mahwah, NJ: Lawrence Erlbaum.

第二章
信息丰富的环境：从单一感官到数字化

【摘要】 本章定义了信息丰富的环境，探究了构成这种环境的信息对象的范围，并概述了在互联网和万维网出现之前的数十年研究所确认的信息对象所提供的学习供给。尽管近年来对这种"传统的"环境的研究兴趣已经减弱，但大量早期研究已经产生了至今仍然相关的基本概念和原理、原则。事实上，理解独立的信息对象及其形式如何以独特的方式支持学习，这是在当今相互联通的信息丰富的环境下探索充分学习潜能的先决条件。因此，本章提炼了与单一感官、多元感官和独立信息环境——包括传统的和数字的环境——相关的学习供给的关键性发现。原因有两个：一是阐述这些供给是如何以其特有的方式来支持学习的，二是对于它们如何在当今更为复杂的情境中支持学习，提供思考的基础。本章最后聚焦于交互性——当今信息丰富的环境中最引人注目的主要的学习供给——为从独立的数字环境到第三章所描述的联机环境的转换提供一座桥梁。

在12世纪，修道院是一个信息丰富的环境，它能够提供缮写室和一支技艺高超的书法家、彩饰家队伍。在文艺复兴期间，信息丰富的环境则可能是一个富裕家庭的私人图书馆，它拥有古腾堡的《圣经》以及其他各种最新式技术的结晶，如印刷机。在启蒙运动时期，信息丰富的环境则会是一座收藏了乐谱、伟大的艺术作品、印刷版和手抄版的诗歌、文学作品以及唱片的宫殿——创作、挖掘和管理这些珍贵收藏品的艺术家、音乐家和学者也常驻于此。

如今的信息丰富环境更像启蒙时代的宫殿，而远胜于中世纪的修道院——不同的是，现在的信息丰富的环境没有宫殿城墙的保护，不再被孤立起来，通常也没有技术娴熟和知识渊博的侍臣来回答有关宝藏的问题。事实上，在21世纪，我们不再能够孤立地或离散地谈论信息丰富的环境，因为环境并不是自我容纳的和自我调节的。在线技术已经把孤立的信息环境（无论是丰富的还是贫瘠的）转化为一种"全球的信息村"，里面住满了各种各样的"村民"。如果必须单独地讨论个人的信息丰富环境以帮助我们更好地理解它，并帮助学习者更充分地在环境中发展，我们也必须牢记，没有任何单一的信息环境是独立存在的。学习者必须掌握知识和技能以适应特定的环境，同时建立同环境的互联。

2.1 什么是信息丰富的环境？

一个信息丰富的环境可以是包含任何形式的信息对象的任何场所——正式的或非正式的、现实的或虚拟的——而这些信息可以用来支持学习。如今信息丰富的环境存在于砖瓦和泥灰构筑的实体学校、图书馆和博物馆中，也存在于传统媒体如电视、广播甚至游戏设备之中，当然，也包括各种各样的在线产品。信息丰富的环境可以在正规的教育情境中找到，比如课堂和实验室；也同样存在于非正式的教育情境中，比如本地街区里的公共图书馆和城市中心的艺术博物馆。信息丰富的环境还可以绕过整个教育情境，以娱乐和休闲的形式为学习者提供各种学习的可能性，比如放映关于反抗种族隔离制度的商业电影的电影院，播放关于热点政治议题脱口秀节目的电台，一个让玩家使用坐标模拟在太空中航行并在小行星上着陆的游戏盒子。

当然，这种以互联网和万维网为中心的信息丰富的环境，吸引了我们如今大部分的注意力。伴随着看似取之不尽的文本、声音以及静态和动态的视觉资源，在线场所为学习提供了丰富的"原材料"。它能够对每个个体的问题作出即时回应，能够根据每个人的答案快速地提供反馈，还能支持个体根据自己的学习内容进行创造。它支持最大限度利用信息潜能作为学习工具所需的整个认知过程。在网络世界的巨大雨伞之下，诸多离散的信息丰富的环境，为我们提供了前所未有的丰富信息。学习者必须具备更为多样的概念、态度和技能，才能终其一生幸福地、富有成效地在这样的环境中生活。

2.2 信息丰富环境中的信息对象

信息丰富的环境提供了各种各样的信息对象——物理的和虚拟的实体，包含各种各样的信息，从数学公式到建筑模型。此外，信息丰富的环境以各种形式提供这些对象——打印材料、音频演示、动态媒体（如电影和视频），以及从练习和实践项目、关系数据库到博客、维基、播客和社交媒体网站的数字资源。最丰富的信息环境包括了那些来自各种各样信息形式的对象，比如"沉浸式环境"，可以包括物理的、数字的和虚拟的元素集合创造出的"一种虚幻的经验，从而让你感觉到自己成为周围环境的一部分"。这样的环境要求学习者充分运用概念和技能——从**记忆**到**创造**（Anderson & Krathwohl，2001）——因为他们与各种信息**对象**交互，并将各种类型的内容表征**内化**为知识（Marchionini，1995）。在这样的环境中，信息和学习的相互作用也许是最容易看到的。

为了获得完整的画面，我们必须了解每种信息形式所适应的学习过程和要求。从学习供给的角度来看，对于信息形式，不仅可以根据它们呈现的信息类型（例如，视觉或语言）进行分类。更重要的是，如同罗伯特·克兹马（Robert Kozma，1991）指出的，可以根据它们支持的认知参与的类型和水平进行分类。克兹马（Kozma，1991）根据其"认知相关特征"的媒体类型学彻底改变了教学媒体研究，并为讨论利用信息开展学习提供了一个关键的概念框架。为了创建这门类型学，他从建构主义的角度（而不是从行为主义者的角度）重新分析了几十年的"媒体研究"，并得出结论——媒体是帮助学习者进行知识创造的工具，而不仅仅是发布内容而无关学习过程或结果的"运输卡车"（Clark，1983）。克兹马（Kozma，1991）认为，我们通过一个积极的、建设性的过程（而不是通过一个被动的、接受性的过程）来运用媒体进行学习。他利用几十年的研究来支持自己的观点，即不同的媒体形式——也就是不同的信息表征——能支持不同类型的学习。他的观点是当今的主流观点，但这些观点在25年前首次出现时是革命性的。

根据克兹马（Kozma，1991）的方案，我们可以将信息对象分为三种类型——单一感官的、多感官的和交互式的（包括物理实体和数字实体）。这种分为三部分的方案既阐述了信息形式的本质，也提出了与每种信息形式相关的认知的种类和程度。正如下面解释的，比如通过电影或视频短片学习，所需要的认知活动与通过静态照片学习有所不同。单一的信息对象可以占据不止一个类别的信息形式。例如，一个关于报纸文章的数据库是单一感官的，因为它只包括印刷形式，但是它又是交互式的，因为它允许个性化查询和响应。同样地，从不同种类的信息对象中学习通常涉及技能的重叠与组合，比如前面的例子包括了阅读信息和操作特定的界面。然而，特别关注信息对象所支持的主要的认知技能（或一系列技能）和水平（或多种水平），可以让我们明确学习者必须利用的过程，以最高效和最切实的方式从特定对象中学习。

2.2.1 单一感官信息对象

单一感官的信息对象是仅通过应用一种感官而体验到的内容，通常是通过视觉或者听觉。最常见的单一感官形式，当然是印刷品或口头语言。尽管其他信息形式迅猛增长，尤其是自 20 世纪 90 年代中期以来，但是，印刷品和口头语言——图书、文章、讲座、小组讨论和类似的形式——仍然构成我们在学习和其他探究活动中使用的主要信息对象。甚至像"推特宇宙"（Twitterverse）这种无处不在且充满挑战的信息环境，也包含了下面所描述的单一感官的"印刷"环境中固有的学习供给。因此，语言的流利性仍然是学生在信息丰富的环境中学习时必须培养的基本技能。

2.2.1.1 视觉信息对象

纸上的文字仍然是我们遇到的最普遍的视觉信息对象：教科书、报纸、传单、宣传册、招牌等主要是由文字组成的，这些文字都需要学习者在记忆中解码、理解和组织，从而建构个人知识。即使在网络世界，屏幕上的文字同样构成了我们遇到的信息的主要形态。因此，阅读是从大多数视觉信息对象中学习的关键。几十年来，关于阅读的研究已经揭示了印刷文字所提供的具体的学习供给的大量细节。例如，国际阅读协会（The International Reading Association）指出：协会的《阅读研究季刊》（*Reading Research Quarterly*）40 多年来一直是"所有年龄阶段致力于阅读研究的学习者必读的资料"。辛格和亚历山大（Singer & Alexander, 2017）最近对于几十年来阅读研究的分析将先前的研究带到当今的世界，他们对阅读本质深入、细致的洞察不仅涉及纸质阅读，更是延及数字阅读。

借鉴媒体研究而非阅读研究，克兹马（Kozma, 1991）提供了有关印刷品的学习供给的另一种观点。他指出，印刷品（特别是图书）是一种稳定的、静态的信息形式，它允许学习者设置自己的节奏，根据内容进行停顿、重新阅读，并思考那些困难的或不熟悉的信息，有意地专注于具体的细节。当印刷材料不仅包括文字，还包括图片，学习供给就被放大了：图片帮助学生回忆先前已经学习过的信息，阐明新的信息，并创造包含视觉和语言内容的二维心理模型。正如多媒体专家理查德·梅耶（Richard Mayer）在多年前所写下的著名观点，"人们从文字和图片中学到的东西比单纯从文字中学到的东西更深刻"（Mayer, 2005, p.31）。

举例来说，假设学习者通过传统教科书来学习美国独立战争，他/她可以决定以多快的速度来阅读文本——比如，也许会对其所熟悉的关于早期殖民地的信息一带而过，但是会在不熟悉的将领的名字和战役的部分停留更多的时间。要理解美国独立战争复杂的政治和经济驱动因素，需要付出更多的努力：重新阅读相关章节，悉心关注并理解《印花税法案》和政治动荡之间的关联。关注具体的地点和事件的细节，比如对波士顿倾茶事件的扩展描述，可以让学习者宽泛的理论视角变得更直观。再看看图片——贝琪·罗斯（Besty Ross）那家喻户晓的国旗设计图案，一段厘清事件进展的时间轴，以及保罗·里维尔（Paul Revere）骑行地图——可以丰富学生的理解，提高其记忆信息的能力。学习者手里的教科书——一种印刷的信息对象——为这种学习提供了开阔的环境。

最后，克兹马（Kozma, 1991）得出结论，作为一种形式，印刷支持需要连续（而不是同时）处理、仔细研究和审慎整合细节的学习。印刷形式的稳定性——与视频或电子媒体的动态性相反——支持那些依赖于对特定元素持续关注的学习、复杂而静态的心理模型的发展以及基于语言学的深层理解的建构。印刷的信息对象既可以支持像掌握基本阅读技能这样简单的学习，也可以支持像理解历史、文学和哲学中最具挑战性的观念这样的复杂的学习。

阅读需要语言理解，而从许多印刷信息对象中学习，则需要所谓的视觉理解。根据斯马尔迪诺、劳瑟和罗素（Smaldino, Lowther & Russell, 2008）的研究，要求视觉学习的单一感官信息形式包括静态图片（如照片和幻灯片）、图纸、图表、海报和漫画。每一种形式都有自己的特点，但作为一个群体，这些视觉信息对象往往有相似的优势：它们以一种比口头描述更容易理解的方式来表现想法，简化了信息，并使信息更容易记忆。我们关于独立战争的例子中的图片阐明了所有这些学习供给。用时间轴将战争的进程概念化，比用一系列日期、名字和地点概念化要容易得多。试想，如果用语言来描述贝琪·罗斯设计的国旗的形状和颜色，而不是简单的图画，那将会是多么复杂而冗长。

上述例子都显示了与口头描述相比，信息的视觉表征的可记忆性，但里维尔的骑行地图提供了一个特别有趣的例子，说明了视觉信息对象的力量。根据佩维奥（Paivio, 1986, 1991）的双重编码理论，视觉信息和语言信息是通过不同的认知通道，经由不同的认知过程进行加工的。语言信息，无论是读的还是听的，都必须在其形成长期**语言**记忆的过程中经历和处理；相反，视觉信息是作为一个统一的整体同时被感知，可能会更直接地进入长期**视觉**记忆。尽管视觉记忆处理本身就很复杂，但它似乎没有语言记忆处理那么复杂。在任何情况下，"因为其具体性，图像在促进回忆方面优于文字"（Fletcher & Tobias, 2005, p.119）。因此，地图的视觉内部表征比起对里维尔路线的叙述性说明，更有可能留在学习者的记忆之中。

与阅读研究一样，对视觉与学习的研究也是广泛的。安格林、瓦埃兹和坎宁安

(Anglin, Vaez & Cunningham, 2004)列出了90项有关"静态"视觉在知识获取中的作用的研究，以及78项有关"动态"视觉在这一过程中的作用的研究。尽管很难从如此广泛的、迥然不同的工作中得出明确的结论，作者还是提供了一些关于静态视觉如何影响学习的宽泛原则，例如，"在插图的真实性程度和随后发生的学习之间有一种曲线关系"（p.876）。虽然他们引用了早在20世纪80年代就在特定的学习供给中使用的插图，但他们还是总结道，关于静态视觉对学习的影响这一问题，"还有很多工作要做"，包括研究"学生是否使用或不使用插图"作为学习工具（p.876）。

尽管缺乏关于单一感官语言和视觉信息对象如何支持学习的全面知识，但很明显，它们确实支持学习。显然，除了提供上面提到的"接受—学习"供给，它们还支持学习的表达。创建这样的信息对象——撰写博客、学术论文和富有想象力的文学作品，设计图表和海报，创作和拍摄照片，以及从事类似的工作来构建其他种类的视觉和语言信息对象——这类活动是安德森和克拉斯沃（Anderson & Krathwohl, 2001）分类学中最高层次学习的例证。

2.2.1.2 听觉信息对象

要求在信息丰富的环境中进行听觉学习的单一感官信息形式包括讲座、小组讨论、类似的"现场"活动以及录音带、音频文件、广播和播客。当然，在许多正式的学习场所中，现场演示仍然是主要的听觉信息对象，而"技术性"听觉对象通常被降级为支持性角色。各种媒体上的录音是音乐和文学课程的主要内容，例如，让学生听艾拉·费兹杰拉（Ella Fitzgerald）唱的《月亮有多高》（*How High the Moon*），或体验罗伯特·弗罗斯特（Robert Frost）读的《雪夜林畔小驻》（*Stopping by Woods on a Snowy Evening*），但在更广泛的课程中却没什么用处。这种模式的一个例外是，为有视觉或学习能力障碍的学生以及正在学习一门新语言的学生提供录音文本。对于这些学习者来说，录音信息通常替代或补充了印刷形式的信息。

在非正式的学习场所，听觉信息对象更广泛地存在着。在如今的博物馆里，展品有声导览是标配，流媒体有声读物也陪伴着许多通勤者和旅行者。谈话广播已经成为一种强大的政治工具，它所提供的新闻、观点和分析与报纸在其全盛时期所开创的范围相同。然而，总的来说，关于听觉信息对象（除了讲课）作为学习工具的研究很少受到关注（Barron, 2004），单一感官听觉技术作为学习工具的前景还有待充分开发。也许播客作为一种信息传递形式，其发展将为详细研究听觉媒体的学习供给提供契机。

虽然我们知道声音是一种令人信服的感官刺激，但除了以上提到的显而易见的方式，我们对如何使用它来支持学习知之甚少。有些东西我们凭直觉就知道，比如节奏，一种依赖于声音的特征，可以帮助我们记住乘法表和字母等东西。在更正式的层面上，我们知道语言表达信息的一种关键学习供给来自学习者的接受性词汇量高于表现性词汇量。因为学习者能理解比自己能读或写的信息更复杂的口语信息，现场的和录制的听觉信息对象相较于印刷的信息对象，可以用来向同样的观众传达具有更高概念水平的信息。因此，听觉信息对象有助于促进学习者的概念理解——特别是对他们尚未掌握但处于"最近发展区"（Vygotsky，1978）的事实、概念和程序来说。

　　与视觉信息对象一样，听觉信息对象包括表现性学习供给和接受性学习供给。创造和呈现这些对象——口头解释和论证的播客、口述历史的录音、呈现音乐演奏和音乐作品的流媒体——都是安德森和克拉斯沃（Anderson & Krathwohl，2001）分类学中"创造"层次学习的例证。这些活动，就像它们的视觉对应物一样，要求学习者使用分类法的全部概念和技能——从**记忆**到**创造**——通过与他人交流知识的方式操纵信息，以此来**表示**其**内化**了的知识（Marchionini，1995）。即使是对于这些"最简单"的媒体形式来说，由于学习者自己促成了这些环境的创设，他们可以成为丰富的信息环境中相当积极的参与者。

2.2.2　多感官信息对象

　　多感官信息对象是指通过至少两种感官的应用而触及的内容。它涉及的感官主要是视觉和听觉，尽管其他三种感官也可以发挥作用：触觉是获取信息的常见途径，尤其是对年幼的学习者和有视觉障碍的人来说更是如此；甚至味觉和嗅觉也可以传达关于多感官信息对象的性质和成分的信息，比如家里或生活技能厨房中实验性混合物的好闻和难闻的味道、植物园里开花植物发出的清香四溢的（也许是腐烂的）气味，还有高中生物实验室里刺鼻的甲醛味。

2.2.2.1　静态多感官信息对象

　　学习者通过视觉和触觉最直接地发掘真实物体、模型、操作和展示的潜在信息。然而，他们也通过听取这些信息对象的属性和用途来提取信息。例如，教师在展示所收集的大量岩石，并解释其形成的地质年代时，"声音轨迹"也很重要。同样地，学习者通过对三维模型的看和摸、说和听，来构建对人体骨骼这样的复杂结构的理解。

　　简单的教具，如可移动的人体模型，以及复杂的展示，如博物馆展览、历史服装的收藏和各种各样的手工艺品，会邀请学生通过看、触摸、说和听信息来建构意义。将这些对象作为信息的来源，可以让学习者思考如何关注和提取信息的相关方面（接受性学习），以便建构和呈现有意义的知识（表现性学习）。例如，如果有人要研究 19 世纪 40 年代美国西部的女性角色，关注矿工妻子和酒吧女主人的服装会比关注历史协会举办的"淘金热"展览上的镐头和铲子更有价值。

静态的多感官信息对象也可以支持复杂的表现性学习。例如，制作准确、有效的模型和展示，需要综合运用语言、视觉和空间方面的一系列技能。甚至无处不在的幻灯片演示文稿也提供了一个例子。虽然它的创作和展示依赖于互动技术，但其结果通常是多感官的，而非互动的，是一系列离散的、二维的幻灯片，辅以叙述脚本。创作者和观众都必须处理语言和视觉信息，以便从演示中学习。在这种情况下，计算机的交互性只是作为一种工具，而不是作为学习内容概念上固有的一部分。

2.2.2.2 动态多感官信息对象

"多感官"这个词意味着"技术"信息对象和上面提到的"动手做"的对象：电影、视频和电视都涉及视觉和听觉。这种"动态"对象还具有一个额外的特征——运动，这增强了它们作为信息对象的潜力。虽然运动不像视觉和听觉那样是一种感觉，但它允许对时间和空间的操纵，从而可以强调学习线索。甚至曾反对媒体促进学习这一观点的理查德·克拉克（Richard Clark，1983）也指出，学习供给源于运动，例如，通过动画突出关键信息，通过放大来分离重要因素。

克兹马（Kozma，1991）指出，电视——当时是被研究得最透彻的动态媒体——提供了额外的学习供给。它利用冗余，在语言和视觉上呈现互补的信息，并要求学习者通过不同的认知渠道来处理这些信息。它创造了一个"认知参与窗口"（p.189），允许学习者选择其处理信息的水平：当信息是一般性的或为学习者所熟知的时候，学习者可以毫不费力地进行浅层的信息处理；当一些提示（通常在音频部分）表明该信息重要性的时候，学习者则可以有目的且深度地进行信息处理。当参与的窗口完全打开，学习者积极地内化思想时，他会密切关注细节，为了记住信息而更充分地阐述信息，并基于这些信息得出更全面的推论。

例如，一个学习者在观看《哈姆雷特》（*Hamlet*）的视频时，可能会在浅表水平对于戏剧场景和服装进行可视化描述，或是在一个更深刻的层次上对王子和他母亲之间的关系进行口头批评。另一个学习者可能会因为视觉学习的优势和对戏剧技术方面的强烈兴趣而在这两种水平上作出逆转。在这种多感官的信息形式下，信息对象的复杂性需要学习者调用所有的知识类型和认知过程（Anderson & Krathwohl，2001）来构建高度个性化的意义。那些只参与很少活动的学习者——例如，无聊的学生只关注戏剧中为数不多的喜剧性穿插片段——提醒我们，信息对象没有**吸引**学习者积极参与学习过程。

毫无疑问，动态媒体最重要的认知特征是其动态性，这使得学习者不仅可以构建概念的心理模型，还可以构建过程的心理模型（Kozma, 1991）。这种学习供给能够让学生理解蝴蝶的破茧而出、电流在一系列电路中的流动，以及击打网球的最有效方式。包含"运动的魔力"的信息对象也有助于学习者对非物理过程的复杂理解，追溯1863年7月的三天中葛底斯堡战役进程的视频可以帮助学习者理解，在这一联邦的关键性胜利中，个人因素和军事因素的交织、起落。

西尔斯、富勒顿、贝里和霍恩（Seels, Fullerton, Berry & Horn, 2004）在科教资源信息中心（ERIC）数据库中发现了超过20000篇关于电视的文章，在心理学文献数据库（PsychINFO）中发现了超过6000篇。他们回顾了大量关于从电影和电视中学习的研究，涵盖了历史、技术、社会，甚至流行文化方面，例如看电视是否与缺乏体育活动有关而导致肥胖？西尔斯等人还指出，研究表明，电影"在关于探究式学习和问题解决的教学中富有成效"，同样地，在"培养观察能力和细节关注等教学活动中也很有效"（p.254）。研究的发现强调了动态多媒体信息对象的"信息"组件，这也与克兹马（Kozma, 1991）的研究结论相一致。

他们在综合分析中还讨论了那些同动态媒体的学习供给相关的具体方面的研究。西尔斯等人（Seels et al., 2004）将这些方面分别称为"制作效果"（production effect）和"形式特征"（formal features），并识别出这些支持学习的特定信息对象的若干个别属性。他们得出的结论是，使用诸如"缩放、剪切、分解……对程序节奏的操纵、各种音频和画面特效"这类"制作效果"（p.259），已经成为一种标准实践，因为它们在支持学习方面具有明显价值。他们相信安德森和柯林斯（Anderson & Collins, 1988），关于"形式特征"的大量研究，如"节奏、音频线索、相机效果、动画和编辑技术"，使我们"对电视如何促进认知活动有了非常透彻的了解"（pp.259-260）。

除了对这些个别属性的讨论，作者还强调了加夫里尔·所罗门（Gavriel Salomon, 1972, 1972, 1979）对"电影代码"的开创性研究，以及他关于动态媒体如何以综合方式支持学习的有趣建议。根据所罗门的说法，电影代码作为一种"电视的集体形式特征，是电影和电视所独有的符号系统"（Salomon, 1979; Seels et al., 2004, p.317），它以一种特定的方式表征信息，因此有必要以相应的特定方式处理信息。电影代码的"形式特征"，作为一个整体，创造了一个只有通过将这些特征和彼此之间的关系进行综合考虑的认知活动才能理解的信息对象。

换句话说，渐变、跳跃剪辑和其他标准的电影元素不只是"装置"，而是整体语法的一部分，它们自行传达特定类型的信息——就像名词传达关于人、地点和事物

的信息，动词传达关于动作的信息一样。从关于葛底斯堡战役的电影中学习，需要一种能够阅读和理解语法的思维过程：整个战场的长镜头、罗伯特·李（Robert Lee）将军受伤时脸的特写镜头、夜幕降临时疲惫的军队所听到的低回的音乐。为了构建关于战斗及其重要性的有意义的知识，学习者必须能够"阅读"单个元素，并解释连接这些元素的动态机制。

所罗门（Salomon，1979）的理论认为，儿童可以内化电影代码的组成部分（例如，缩放），然后利用它们来增强自己进行这种特定处理的能力。在像电影这样的动态媒体中，摄像机"放大"关键信息，提供了一种模式，学习者可以利用这种模式来加强自己"放大"重要事实、概念和程序的能力。此外，所罗门表示，将"电影代码"整合到自己整体认知处理技能中的学习者，当动态媒体触发对特定认知活动的需要时，可以利用其组成部分进行这种活动。例如，2005年奥斯卡获奖影片《撞车》（Crash）就以一种关联的、脱节的模式讲述故事，而不是以一种线性的、直接的模式讲述。从电影中获取意义既需要一种特殊的处理，也需要激活理解电影进程和结果所需的电影代码技能。同样地，看完电视剧《我们这一天》（This Is Us），观众需要解读多个时间段的闪回，才能理解一个跨越几十年的非线性故事。因此，当特定的信息对象需要聚焦、排序和推理等技能时，动态媒体可以通过"召唤"这些技能来增强学习。

当然，所罗门并不是"电影文化"的唯一理论家。贾内梯（Giannetti，2016）经典而全面的著作《认识电影》（Understanding Movies）现在已经出版第14版了。然而，对于目前的讨论来说，重要的是，学者和电影导演所共享的一个潜在假设，即信息在动态媒体中独特的表征方式是这类学习媒体最重要的特征。电影代码本身决定了认知加工必要的运作方式，事实上，如果电影观众想要从看电影中得到最大的收获，他们就要成为学习者而不仅仅是电影观看者。所罗门的思想来自教学开发界，贾内梯的思想来自电影研究界，两者都清楚地提醒我们，动态的、复杂的和多方面的信息提供了学习的基本构件。

静态和动态的多感官信息对象都支持学习者的接受性和表现性任务。无论是从博物馆的恐龙展中获取信息，还是创作一个"恐龙栖息地"的立体模型，无论是从南美洲的一部商业短片中学习关于环境威胁的问题，还是为自己所在的社区制作一条关于污染的视频，学习者都可以专注于最为显著的信息维度，对信息进行识别、提取并最终构建个人的理解。尽管这些"非技术"对象的学习潜力并不是今天很多研究的重点，但重要的是，要记住它们提供了许多学习支持，如即时性、相关性、动机力量和多种感官线索。即使是简单的日常物品，也可以是引人入胜的信息丰富环境的一部分，这要求学习者利用从记忆到创造的整个认知过程，以及从事实到元认知的所有类型的知识（Anderson & Krathwohl，2001），将信息**转化**为有关内化知识的个人**表征**（Marchionini，1995）。

2.2.3 交互式信息对象

交互式信息对象是那些要通过"用户某种程度的身体活动"而遇到的内容，"这些活动在某种程度上会改变表征的顺序"（Smaldino et al.，2008，p.371）。尽管我们经常将"交互"这个词的用法限于描述计算机管理的对象，但该术语也适用于那些依赖于手指点击之外的身体动作的信息对象，例如非电子游戏、模拟和交互展示。所有交互式信息对象都依赖于某种层次的用户身体动作来决定或改变它们的进程和方向。无论是在邻居的厨房桌子上玩桥牌，还是在美国国会图书馆的网站上搜索关键文件，用户遇到信息后，都会对其相关性和重要性做出个人决定，并据此采取行动。游戏的胜利或失败、"最佳"信息的发现或丢失，都是用户的某些身体动作的直接结果。

当然，引导身体动作的认知活动是使用交互式信息对象进行学习的关键因素。身体动作的重要性在于，它使学习者能够超越非交互式对象所能提供的方式和程度，来控制自己与信息的接触。事实上，交互性不仅允许而且还要求学习者在认知上和身体上控制所接触的信息。追踪王牌是打出正确牌的必要前提，例如，了解特定历史时期的特征是在多媒体报道中选择"适当"的政治漫画以突出重点的先决条件。因此，交互性是这些信息对象的关键认知特征，因为使用它们需要主动的认知参与，而不是被动的观察。在交互的环境中，无论身体上还是认知上，没有这种参与，什么都不会发生。

因此，交互性允许用户进行某种程度的控制，这远远超出了简单的信息对象操作。证实这种"控制的轨迹"存在于学习者自身而不是受制于教师或信息对象本身，这是交互式信息对象最重要的学习供给的核心。无论好坏，用户控制是所有这些对象的固有组成部分，无论是"传统的"还是数字的。理解它的本质，尊重它的力量，知道如何利用它的可能性并避免它的陷阱，是在一个交互式信息丰富的环境中学习的关键技能。环境越复杂，技能就越关键。

2.2.3.1 传统的交互式信息对象

游戏是世界上最古老的"教学媒体"之一，在中国古代，人们曾用游戏来教授战争技能。教学游戏并没有失去其吸引力。海斯特德和马扎诺（Haystead & Marzano，

2009）对60多项关于课堂游戏的研究的元分析报告称，游戏使学生的成绩提高了20个点。尽管"当前的一个问题……是缺乏为教室情境而精心设计的（商业）游戏"（Gredler，2004，p.573），但是基于商业用途的学习类游戏，如《危险边缘》（*Jeopardy*），都是常见的教师设计的活动。此外，许多网站还提供了一些传统商业游戏的链接，这些游戏也能吸引学生的兴趣。在这类游戏中，学生的动作——口头回答——决定了游戏如何展开，谁的回合结束了，谁可以继续，等等。十多年来，图书馆也将各种各样的游戏纳入收藏（Nicholson，2009），这不仅是为了在不同年龄的读者中践行自己的社会使命，而且也是为了教学生"探究、使用信息资源，参与基于知识的合作，以及获得其他批判性思维技能"（Lipschultz，2009，p.41）。如今，美国图书馆协会以各种形式推广学习类游戏，以扩大图书馆的用户群。尽管现在出现在学校和图书馆的许多游戏无疑是数字化的，而不是"手工"游戏，但我们必须记住的是，所有游戏的内在交互性为游戏提供了关键的学习供给，即使是在不受技术驱动的环境中。例如，即使是历史悠久的拼写比赛，也提供了游戏固有的互动和动机。

类似地，劳动力培训项目通常依靠传统的模拟活动来帮助学员学习每样技能，从如何作战到如何营救在战争中受伤的人。这些活动允许参与者控制其学习环境，并看到自己的不同决定和行动会产生什么结果。消防队员培训项目包括让学员应对老师所"设定"的火灾实战演习，而技工培训则通常涉及一些模拟练习，比如让学生互动式地体验与其所学工艺相关的工具和材料，接管道组件，以及安装部分通风管，或是建造砖墙等。学习者的身体动作决定了各种液体和气体能否以正确的方向通过管道，或者墙壁是直的、弯的还是倒置的。根据格雷德勒（Gredler，2004）的观点，模拟经常给学习者"解决复杂的、不断发展的问题的经验……揭示学生对内容的误解和理解（并）为学生解决问题的策略提供信息"（p.573）。

交互式展览在儿童博物馆和其他博物馆中已经变得如此普遍，以至于一个没有亲身体验项目的展览设施在今天被认为是不正常的。例如，在巴尔的摩的"发现港"（美国五大儿童博物馆之一），孩子们（和好奇的成年人）可以在"20世纪50年代风格的餐厅"做饭、服务并计算食物账单，"破译古埃及的象形文字"，以及"攀爬、匍匐、跳跃、滑过三层楼的城市树屋"。费城的国家宪法中心（号称"美国最具互动性的历史博物馆"）允许游客在真人大小的宪法签署者铜像之间漫步，试穿仿制的最高法院法官所穿的礼袍，看世界贸易中心发出的光束，体验富兰克林·德拉诺·罗斯福（Franklin Delano Roosevelt）的炉边谈话用过的那种麦克风，等等。这样的环境不仅信息丰富，而且像克里萨斯王（Croesus）[①]一样富有。

在安德森和克拉斯沃（Anderson & Krathwohl, 2001）的分类法中，这样的环境为学习者提供了每分每秒利用每一种知识的机会，从事实性知识到元认知知识，涉及从记忆到创造的每一个处理层次。它们要求参观者使用所有的感官来探索大量的信息对象——印刷品、绘画、海报、真实的物体、录制的声音和视频——发展个人对信息的全面理解，从简单到复杂。但是目前关于在这种信息丰富的非正式环境中发生的学习的范围和深度的研究还很少，如果有的话。那么很明显，它们在促使学习者积极地构建信息的内在化表征并将其应用于相关领域这方面，具有非常大的潜力（Bransford, Brown & Cocking, 2000; Marchionini, 1995）。

2.2.3.2 独立数字信息对象

如今对交互式信息对象的关注集中在那些由计算机技术以某种方式实现的对象上。这些环境中的交互性允许学习者输入个人对信息的反应，依赖于算法以不同的方式处理这些反应，并得到与最初反应直接相关的反馈。因此，学习者通过这些信息对象来控制他们的动作顺序——有时在数学练习程序中选择简单的问题，有时在博客或聊天室中参与高度专业化的讨论，有时浏览几十个网站以查找特定问题的答案。无论采用何种途径，都是交互性支撑了这些数字信息对象的关键学习供给。

由于数字信息对象的许多基本学习供给在任何环境下都是相同的，所以关于早期在线材料的研究对所有旨在促进学习的数字信息对象的学习供给来说也是大有启发。事实上，专注于独立的数字信息对象可以让我们更深入地考虑交互性基本供给，而不必分心去考虑在线世界的额外供给——这将在第三章提到。对这些更全面场景的研究往往倾向于假设早先的互动供给，而不是在这个新环境中验证它们，并仔细检查各种附加因素。这种疏忽使得设计师和教育工作者确定在线信息对象对学习的支持程度时，对"传统"供给念念不忘。

早期独立数字信息对象的一个特殊类别在显示信息和学习之间的联系方面特别有价值。被称为"微世界"（Rieber, 1992, 2004）、生成式学习环境（Cognition and Technology Group at Vanderbilt, 1991）、开放的学习环境（Hannafin, Hall, Land & Hill, 1994; Land & Hannafin, 1996; Oliver & Hannafin, 2001）以及其他"以计算机为媒介的学习环境"（Hannafin, 1992; Park & Hannafin, 1993）的这些产品都具有重要的教学和技术特征。最重要的是，它们都使学习者沉浸在自成一体的综合环境中。在这种环境中，学习者指导自己同信息和各种支持工具的互动，以理解思想或

[①] 克里萨斯王是吕底亚国最后一位国王，非常富有。——译者注

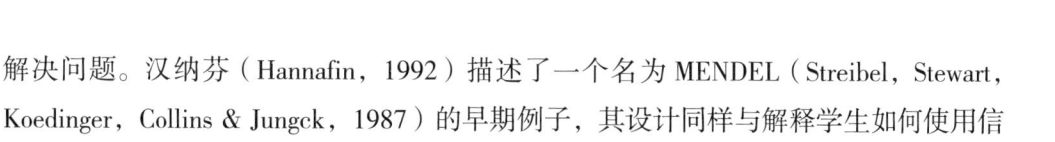

解决问题。汉纳芬（Hannafin，1992）描述了一个名为 MENDEL（Streibel, Stewart, Koedinger, Collins & Jungck，1987）的早期例子，其设计同样与解释学生如何使用信息作为学习工具有关：

> 学生们先是对个体遗传学实验建立初步假设，计算机随后生成与专家预测结果一致的数据。然而，MENDEL 既没有教给学生"正确"的程序，也没有解决他们的问题（即使有一个专家系统可以这样做），而是为学生提供关于如何评估自己的预测与假设、验证自己的设想并逐步完善假设的专家建议（p.58）。

学者们提出了许多在"微世界"和其他独立的数字信息对象中实际的和潜在的内在学习供给。例如，里伯（Rieber，2004）认为，"微世界"具有内在的激励作用，引发沉浸式活动，并通过提供简单的、结构化的、用户可以立即理解的例子，为思想敞开"大门"。因为它们包括学习支持和容易获取的信息，降低了学生的认知负荷，使之能够构建新的理解，而不是主要关注学习或记忆孤立的事实和规则。因此，通过有引导的探究，学生可以"体验和适应复杂的想法"（Rieber，1992，p.93）。如果不通过独立数字信息支持，这些想法将超出他们的认知能力。

兰德和汉纳芬（Land & Hannafin，1996）提到"用有形的和具体的方式来代表和操纵复杂的、通常是抽象的概念的机会"，"个体学习者基于独特的目标和需要决定学习的内容、时间和方式"（p.37），以及让学习者"建立和测试他们有关世界的直觉……观念"的机会，并在当它们被证明是错误的时候加以纠正（p.38）。汉纳芬等人（Hannafin et al.，1994）在一篇摘要文章中解释了一些被其他人讨论过的学习供给：增加灵活性（Spiro, Feltovich, Jacobson & Coulson，1991；Spiro & Jengh，1990），改进个性化（Cognition and Technology Group at Vanderbilt，1991），发现学习的脚手架（Keegan，1995）；信息的操纵、复杂性的改变和产品的创造（Perkins，1991），以及对高阶认知技能的支持（Roth & Roychoudhury，1993）。汉纳芬等人（Hannafin et al.，1994）在总结中也加入了自己的观点：这样的环境为多种视角提供了可能，允许学习者对自己的学习承担责任，并使学习者利用个人经验作为学习的基础。这种类型的交互式信息对象"使学习者沉浸在帮助他们识别、探索、测试和调整个人直觉、信念和模型的经验中"（Hannafin et al.，1994，p.50），允许教师和学习者都关注学习的过程，而不仅仅是这个过程的结果。

独立的数字信息对象如今还较为少见。该类型的许多较好的信息对象已经迁移到在线环境，在那里它们仍然是独立的实体，但学习者可以在线获取，而不是只有早期的自我包含的形式。特别是游戏，导致了这种转变。以简单但广受欢迎的模拟游戏《俄勒冈小道》(*The Oregon Trail*)为例，这款游戏设计于 1971 年，旨在帮助学生了解美国西部早期探索的危险。这款游戏是在一张 5.25 英寸的软盘上启动的，软盘的底色是黑的，印有橙色的印刷体字母和拓荒者简笔画。今天，它已经发展成一款全彩、支持音频、相当逼真并且在网上广泛传播的游戏。正如数字游戏研究联盟（Digital Games Research Association）所记录的，游戏作为一种类型，已经作为数字世界中的一种学习环境被重新发现。吉（Gee, 2003, 2005）写了大量关于游戏（特别是数字游戏）的教学价值的文章，而斯夸尔等人（Squire et al., 2003）则写了一些关于为学习设计数字游戏的最早指南。

无论这些游戏（和其他独立的数字信息对象）放在哪里，重要的是要记住，其学习供给并不依赖于互联网。事实上，这样的对象避免了不受限制的信息访问可能带来的一些问题。它们的学习支持度取决于其内在特征：设计者所包含的信息的丰富性，对这些信息的仔细选择和组织以使学习者专注于特定的概念和任务，以及学习者通过这些工具来操纵信息的互联性。最重要的是，这些供给依赖于其在以学习者为中心的活动中的基础，正是这些活动让学习者负责自己与信息的接触，并要求自己积极接触这些信息，以指导和控制自己的学习进程。

2.2.4　数字信息的交互与学习

当然，交互性是数字世界关键的学习供给。在教学设计的圈子里，任何关于教学交互性和学习的讨论都不可避免地依赖于罗伯特·克兹马的开创性工作。他的研究最早发表于 1991 年，相关的论述在本章的各个部分都有所引用。在 1991 年，克兹马开始关注与数字学习对象相关的研究成果。在学校使用计算机作为学习工具在当时还是非常新鲜的，既有的研究主要集中在独立的程序上，这些程序以今天的标准看来似乎有些古怪。然而，即便在那时，克兹马（Kozma, 1991）也将交互性确定为当时所谓"基于计算机学习"的环境的关键"认知相关特征"(p.179)。因为交互性——计算机能够回应个体输入的信息并操控内容的能力，计算机能够支持复杂的个性化学习方式，这是以前任何教学媒体都无法做到的。自克兹马（Kozma, 1991）的文章发表以来的几十年里，技术、教学和设计的发展既证实了他的最初见解，也扩展了他的认识。

今天的商用和家庭使用的独立程序也许是克兹马（Kozma, 1991）主要观点的最好例证。这些程序例行公事一般地接受一种形式的信息，几乎立即以另一种形式予以呈现。例如，将数据输入电子制表软件，会变成曲线图和饼图，显示这些数字所代表的比例关系和百分比。虽然这个过程看起来很简单，但实际上它反映了一种深刻的认知活动——将信息从一种表征（数字）转化为另一种（视觉资料）。克兹马（Kozma，1991）认为，这种基于计算机将信息转换为不同表征的方式支持了学生对抽象概念的学习。让学习者亲眼看到这样的转换，有助于学习者理解：虽然表征方式是特殊的，但是隐含的信息是相同的。比如，在 4 万美元的预算报表中的 4000 美元的花费，无论是以电子表格中的一组数据来呈现，还是以一幅饼图来呈现，都是一样的。通过允许学生应用各种规则和程序来操纵信息，计算机的交互性支持学习者构建心理模型，其中包括超越具体表征的抽象维度的模型。

尽管个人电脑在 20 世纪 80 年代开始出现在学校，但相对而言，关于这种技术的课堂应用很少能够有效利用信息转换所提供的学习供给。将温度探测器的数据转换成条形图的程序曾经相当普遍，但在万维网出现之前，很少有人探索这种转换的其他可能性。然而，交互性的其他学习供给在绝大多数独立的数字信息对象中都有很好的体现——用户对速度、内容和难度的控制，项目提供的即时反馈和强化，硬件和软件在不同时间向不同用户呈现相同内容的耐心和可靠性。这些学习供给，都是交互性所固有的，让用户能够控制自己体验数字信息对象所包含的信息并与之交互的方式。

数字信息对象的学习供给有很多，因为交互性的力量超越了对顺序、节奏等的简单控制，提供了无限可能，被推崇为最早的基于计算机的教育程序。下面的假设示例说明了交互性如何支持跨数字世界利用信息开展学习，以及这对学习特定主题——在这个示例中，是编剧——的人可能意味着什么。因为我们的学习者每天接触到的信息既包括这里描述的独立的信息对象，也包括第三章讨论的相互关联的信息对象，所以这个例子提供了一座桥梁，连接着供给的理论概念和它们在当今复杂的信息环境中所能支持的学习类型。

> 无论是在正式课程中，还是在社区剧院的志愿工作中，我们的学习者必须确定她想要创作的戏剧。她沉浸在数字信息环境——网络世界中，查看了早期作品的视频档案，决定专注于百老汇音乐剧。她找到了百老汇著名音乐剧的印刷剧本档案（而不是莎士比亚悲剧剧本之类的档案）。进一步的选择可能会带来其他信息——可能是某出戏的舞台指导语、各种演出服装的草图、显示不同剧院表演空间的形状和尺寸的示意图，以及对同一剧院音响和灯光配置的描述。

也许我们的学习者还记得早些时候在百老汇看过的《猫》，已经开始了这个探索，并认为《猫》会是当地剧院的好节目。但数字环境的经验迫使我们对这一理论进行修正：系统中的一个工具允许她通过创建关于不同场景中演员在舞台上的位置的视觉描述来"阻挡"演员，这让她相信，这部戏剧有太多的角色，不适合在当地剧院的舞台上表演。她已经意识到，当地剧院的灯光不足以创造出像百老汇演出那样丰富的特效；实际上，阻止生产——系统的交互工具使复杂的活动变得简单、可访问和有形——从另一个角度说明了问题。在系统中的工具和信息的指导下，我们的学习者在批判性思维和解决问题方面调用了更高阶的技能，构建了个人对情况的新的理解。也许她将探索另一种音乐——也许探索莎士比亚的那些悲剧现在看起来更有吸引力。当然，系统随时准备支持任何一种选择，它"记住"了学习者穿过信息并返回适当的决策点的路径，以此来减轻她的认知负荷。

很明显，上面描述的学习供给是基于信息的：信息相遇是学习者学习过程中每一步的核心。在这里，信息由"世界中的对象"组成，就像原始材料的档案（Marchionini，1995，p.5）。学习需要在六个学习层次上使用四种类型的知识（事实、概念、程序和元认知）：记住关于音乐喜剧的事实，理解舞台理论，应用规则和程序来"阻挡"演员，分析预先存在的知识和通过引导揭示的知识之间的差异；当最初的假设被证明是错误的，评价可选的行动路线，并对错综复杂的舞台艺术产生新的理解（Anderson & Krathwohl，2001）。学习者有大量的机会积极地和创造性地工作，以创造"他们头脑中的内部知识组成部分"（Marchionini，1995，p.5）。

即使是简单的数字信息对象，如教程和小规模模拟，也围绕着交互的关键供给，让学习者直接接触信息，以构建个人对世界的理解。尽管并非所有这些对象都能挖掘出交互所提供的所有潜力，但最好的对象能让学习者接触到各种类型的知识，从事实到元认知策略，并在他们监控自主进展和变得越来越知情的过程中，参与多个层次的学习。由于它提供的交互性和学习者的控制能力，使用这些对象的学习者最终将负责构建自己的知识——无论是像掌握乘法表这样的常规知识，还是像为社交媒体网站制作视频那样复杂的事情。内容和过程、内部和外部，通过丰富而复杂的方式联系在一起，数字信息对象可以培养学习者与动态的、多方面的信息环境的互动。

当然，交互式信息对象支持表现性任务，也支持接受性任务。在数字环境中，我们已经习惯于将文字处理程序、电子表格和绘图程序视为连接我们生成的信息的内置工具。但即使是更简单的交互式信息对象，也能提供独特的供给来交流所学习的内容。在拼字比赛中结结巴巴地说出"antediluvian"（上古者）的正确拼写，上烹饪课时调制新菜，为模拟恐怖袭击中的模拟受害者包扎伤口——所有这些活动都基于信息对象本身直接、无缝地交流知识。在某种程度上，无论是数字的还是非电子的交互式信息对象，交流都离不开其背后的知识。根据信息理论，我们可能会说，画向日葵是对向日葵的心理表征的物理表征，或者一碗杂烩汤是对如何制作它的抽象心理表征的物理表征。与其他信息对象不同的是，交互式的信息对象使学习者在新的理解的交流和构建中与环境融为一体。

2.3 结语

世界本身一直是一个信息丰富的环境，但今天的信息范围比以往任何时候都更广泛，其布局比以往任何时候都更引人注目。事实上，我们周围的信息对象可以帮助我们了解自己生活的生理、社会、心理和精神方面。像书籍和广播谈话节目这样的单一感官对象促使我们通过语言、视觉和听觉能力来学习。一些多感官的对象，比如纪念阵亡英雄的纪念墙，让我们通过观看、触摸和大声朗读信息——那些因公殉职的消防队员和警察的名字——来学习。其他的多感官对象，比如关于濒危物种的电视节目，促使我们通过使用电影密码的复杂语法来学习，也通过观看动物及其栖息地的图片、聆听关于它们衰落历程的叙述来学习。一个简单的互动对象，比如棋盘类游戏《大富翁》，邀请我们在非正式场合学习经济知识。而无数的数字信息对象则正式地邀请学龄前儿童学习英语字母，邀请大学生学习药理学，邀请其他人学习任何可以激发他们兴趣的东西。

将这些日常物品视为信息对象可以促进一种特殊的学习方式：它鼓励人们直接关注所遇到的每个物品中固有的信息种类和层次。它培养了一种有意识的尝试，以识别和提取与手边学习任务最相关的信息部分。当州议会大厦被视为一个信息对象时，它不仅仅是一堆没有区别的、老式的石头，也是关于建筑风格、石雕工艺和对这座建筑所属的社会很重要的符号的信息来源。森林不仅仅是一个下午散步的愉快场所，也是一本关于不同种类的树、鸟、花和各类自然现象的信息百科全书。即使是像教科书中的一个章节这样平凡而传统的东西，也不仅仅是一项任务，也是学习者能够记住、理解、应用、分析、评价并用于创造新知识的具体事实、概念、程序和策略的来源（Anderson & Krathwohl，2001）。

信息对象以多种方式表示信息——静态的、动态的、交互的或组合的。不同类型的表征提供了不同的学习供给——静态表征鼓励并支持对于细节的聚焦,动态表征可以帮助构建理解内在过程的框架,交互式表征提供从接受式学习无缝过渡到表现式学习的脚手架。这些以及本章引用的许多其他学习供给提供了丰富的方法,使人们能够接触和使用信息,并将其作为学习的基本构件。

　　在正式的学习环境中,利用每一个机会来加强学习是最重要的,教师可以通过有意识地选择为手头任务提供最佳学习供给的信息对象,来增强学生学习的可能性。例如,人类心脏三维模型的学习供给,使它比呈现心脏跳动的胶片更适合用来学习右心房和左心室的区别。相比之下,电影的学习供给更有希望让人们了解心脏跳动的健康和不健康节奏。模型的视觉和触觉特性将帮助学习者记住其组成部分(事实)的名称。影片的视觉和语言解释,辅以关于心脏跳动的描述,将有助于学习者理解过程(概念)。通过特别关注要学习的信息类型——事实、概念、程序或策略,以及学习所需的认知水平——记忆、理解、应用、分析、评价和创造(Anderson & Krathwohl,2001),教师和学习者可以在知情的情况下确定哪些信息对象的学习供给最可能鼓励特定类型和水平的学习。虽然这一选择过程很少像示例那样明显,但根据这些方面选择信息对象的基本思想,为在信息丰富的环境中学习提供了一种很有前景的方法。

　　在非正式的学习环境中——画廊、电影院和电脑游戏,学习者也可以通过开发这些环境中可用的各种学习供给来提高自己的学习能力。在当今顶级博物馆提供的"沉浸式环境"中,学习者可以利用全范围信息对象提供的各种供给。比如,对美国早期历史感兴趣的人,可以参观乔治·华盛顿在弗农山庄的家(包括其博物馆和教育中心),从而观察并思考华盛顿所处的实际物理环境,包括奴隶区;还可参观提供全方位的信息对象的展览——从华盛顿假牙这样的人工制品,到真人大小的立体模型,从一系列视频,到数字百科全书。知道如何最有效地利用每一种信息形式,才能提高参观者的学习效果。

　　为了与当前的学习理论保持一致,把信息作为学习的基本构件的观点认为,个体是"主动寻求信息的目标导向的主体",在他们所有的学习环境中都是如此,无论是正式的还是非正式的。他们单独地或与他人一起,"构建新的知识和理解,这是基于他们已经知道的和相信的"(Bransford et al.,2000,p.10)。把世界看作由承载着我们学习所需信息的对象组成的,这加强了学习者的自主性和信息的首要性。它表明了信息和学习是如何融合在一起的——将各自的复杂性和动态性结合在一起,将外部和内部的内容和过程结合在一起。将信息视为"世界上的物体",将其意义转换为"一个人的认知系统,以及……人们头脑中内部知识的组成部分"(Marchionini,

1995，p.5），可以"改变一个人的知识"，从而加深我们对学习和信息的理解。培养一种专注于我们周围物体内在信息的思维习惯，培养好奇心和认知参与，这对于当今全球信息丰富环境中的学习至关重要。

参考文献

Anderson, D. R. & Collins, P. A. (1988). *The impact on children's education: Television's influence on cognitive development*. Washington, DC: U.S. Department of Education, Office of Educational Research and Improvement. (ERIC Document Reproduction Service No.ED 295271).

Anderson, L. W. & Krathwohl, D. R. (Eds.). (2001). *A taxonomy for learning, teaching, and assessing: A revision of Bloom's Taxonomy of Educational Objectives*. New York: Addison Wesley Longman.

Anglin, G. J., Vaez, H. & Cunningham, K. L. (2004).Visual representations and learning: The role of static and animated graphics. In D. H. Jonassen (Ed.), *Handbook of research on educational communications and technology* (2nd ed., pp. 865–916). Mahwah, NJ: Lawrence Erlbaum.

Barron, A. E. (2004). Audio instruction. In D. H. Jonassen (Ed.), *Handbook of research on educational communications and technology* (2nd ed., pp.949–978). Mahwah, NJ: Lawrence Erlbaum.

Bishop, M. J., Amankwatia, T. B. & Cates, W. M. (2008). Sound's use in instructional software to enhance learning: A theory-to-practice content analysis. *Educational Technology Research and Development, 56*(4), 467–486.

Bransford, J. D., Brown, A. L. & Cocking, R. R. (Eds.).(2000). *How people learn: Brain, mind experience, and school*. Washington, DC: National Academy Press.

Clark, R. C. (1983). Reconsidering research on learning from media. *Review of Educational Research, 53*, 445–460.

Cognition and Technology Group at Vanderbilt. (1991). Technology and the design of generative learning environments. *Educational Technology, 31*(5), 34–40.

Fletcher, J. D. & Tobias, S. (2005). The multimedia principle. In R. E. Mayer (Ed.), *The Cambridge handbook of multimedia learning* (pp. 117–134). Cambridge, MA: Cambridge University Press.

Gee, J. P. (2003). What would a states of the art instructional video game look like? *Innovate, 1*(6). Retrieved from http://innovateonline.info/.

Gee, J. P. (2005). *What video games have to teach us about learning and literacy*. New York: Palgrave Macmillan.

Giannetti, L.(2016). *Understanding movies*. Boston: Pearson.

Gredler, M. E. (2004). Games and simulations and their relationships to learning. In D. H. Jonassen (Ed.), *Handbook of research on educational communications and technology* (2nd edn). ed., pp.571–581. Mahwah, NJ: Lawrence Erlbaum.

Hannafin, M. J. (1992). Emerging technologies, ISD, and learning environments: Critical perspectives. *Educational Technology Research and Development, 40*(1), 49–63.

Hannafin, M. J., Hall, C., Land, S. & Hill, J. (1994). Learning in open-ended environments: Assumptions, methods, and implications. *Educational Technology, 34*(8), 48–55.

Haystead, M. W. & Marzano, R. J. (2009). *Meta-analytic synthesis of studies conducted at Marzano Research Laboratory on instructional strategies*. Englewood, CO: Marzano Research Laboratory.

Keegan, M. (1995). *Scenario educational software: Design and development of discovery learning*. Englewood Cliffs, NJ: Educational Technology Publications.

Kozma, R. B. (1991). Learning with media. *Review of Educational Research, 61*, 179–211.

Land, S. & Hannafin, M. J. (1996). A conceptual framework for the development of theories-in-action with open-ended learning environments. *Educational Technology Research and Development, 44*(3), 37–53.

Lipschultz, D. (2009, January/February). Gaming @ your library. *American Libraries*, pp. 41–43.

Marchionini, G. (1995). *Information seeking in electronic environments*. Cambridge, MA: Cambridge University Press.

Mayer, R. E. (Ed.). (2005). *The Cambridge handbook of multimedia learning*. New York: Cambridge University Press.

Nicholson, S. (2009, January/February). Library gaming census report. *American Libraries*, p. 44.

Oliver, K. & Hannafin, M. J. (2001). Developing and refining mental models in open-ended learning environments: A case study. *Educational Technology Research and Development, 49*(4), 5–32.

Paivio, A. (1986). *Mental representations: A dual coding approach*. Oxford: Oxford University Press.

Paivio, A. (1991). Dual coding theory: Retrospect and current status. *Canadian Journal of Psychology, 45*, 255–287.

Park, I. & Hannafin, M. J. (1993). Empirically based guidelines for the design of interactive multimedia. *Educational Technology Research and Development, 41*(3), 63–85.

Perkins, D. (1991). Technology meets constructivism: Do they make a marriage? *Educational Technology, 31*(5), 18–23.

Rieber, L. P. (1992). Computer-based microworlds: A bridge between constructivism and direct instruction. *Educational Technology Research and Development, 40* (1), 93–106.

Rieber, L. P. (2004). Microworlds. In D. H. Jonassen (Ed.), *Handbook of research on educational communications and technology* (2nd ed., pp. 583–603). Mahwah, NJ: Lawrence Erlbaum.

Roth, W. M. & Roychoudhury, A. (1993). The development of science process skills in authentic contexts. *Journal of Research in Science Teaching, 30* (2), 127–152.

Salomon, G. (1972). Can we affect cognitive skills through visual media? A hypothesis and initial findings. *AV Communication Review, 20*(4), 401–422.

Salomon, G. (1974). Internalization of filmic schematic operations in interaction with learners' aptitudes. *Journal of Educational Psychology, 66*, 499–511.

Salomon, G.(1979).*Interaction of meaning, cognition, and learning. An exploration of how symbolic forms cultivate mental skills and affect knowledge acquisition*. San Francisco: Jossey-Bass.

Seels, B., Fullerton, K., Berry, L. & Horn, L. J. (2004). Research on learning from television (Ch.12). In D. H. Jonassen (Ed.), *Handbook of research on educational communications and technology* (2nd edn). ed., pp.249–334). Mahwah, NJ: Lawrence Erlbaum.

Singer, L. M. & Alexander, P. A. (2017). Reading on paper and digitally: What the past decades of empirical research reveal. *Review of Educational Research, 87*(6), 1007–1041.

Smaldino, S. E., Lowther, D. L. & Russell, J. D. (2008). *Instructional technology and media for learning* (9th ed.). Upper Saddle River, NJ: Pearson Prentice Hall.

Spiro, R., Feltovich, P., Jacobson, M. & Coulson, R. (1991). Cognitive flexibility, constructivism, and hypertext: Random access instruction for advanced knowledge acquisition in ill-structured domains. *Educational Technology, 31*(5), 24–33.

Spiro, R. & Jengh, J. (1990). Cognitive flexibility, random access instruction, and hypertext: Theory and technology for non-linear and multidimensional traversal of complex subject matter. In D. Nix & R. Spiro (Eds.), *Cognition, education, and multimedia: Exploring ideas in high technology* (pp.163–205).

Hillsdale, NJ: Lawrence Erlbaum.

Squire, K., Jenkins, H., Holland, W., Miller, H., O'Driscoll, A., Tan, K. P., et al. (2003). Design principles of next-generation digital gaming for education. *Educational Technology, 43*(5), 17–23.

Streibel, M., Stewart, J., Koedinger, K., Collins, A. & Jungck, J. (1987). MENDEL: An intelligent computer tutoring system for genetics problem solving, conjecturing, and understanding. *Machine-Mediated Learning, 2*(1 & 2), 129–159.

Vygotsky, L. S. (1978). *Mind in society: The development of the higher psychological processes*. Cambridge, MA: Harvard University Press.

第三章
信息丰富的环境：在线世界以及信息传播技术

【摘要】在第二章对各种信息丰富环境的性质和供给进行探索的基础上，本章特别关注通过网络平台提供的环境。它扩展了之前关于交互性的讨论，将其定位为这个高度复杂的信息丰富环境的基本学习供给，并解释了交互性如何构成信息传播技术（ICTs）能力的基础，以提供保障和概念上的优势。由于对在线环境中独特的学习供给的研究仍在发展中，本章主要借鉴了早期的研究，同时基于强大的理论基础，提出了使用这里提供的信息进行学习的内在可能性。本章认为，虽然第二章提出的许多供给适用于这种环境，但在信息传播技术中独特存在的几个关键供给和供给组合，对今天和未来的学习具有特殊的意义。这些供给——分布式加工和合作、话语策略和分布式加工、合作和话语策略——为在线环境中的利用信息开展学习开辟了独特的途径。

当然，信息最为丰富的环境是我们生活的世界。人、地点、事物、经验、对话和我们内化的知识储备都提供了无限类型和层次的信息，我们可以利用这些信息作为学习的基础。与朋友、家人、导师交谈——尤其是与那些意见不同于自己的人交谈，可以带给我们一系列新想法。在附近的农贸市场散步，或驾车穿过远方的乡村，都能看到、听到、闻到各种各样的东西，并有机会触摸到这些东西，从而激发学习的热情。当我们反思当天发生的事情时，脑海中掠过的随机想法可以成为新见解的基础。培养对我们内在和周围自然世界中固有信息的意识，是最大限度地利用这个始终遥遥领先的信息丰富的环境的关键。

如今，信息丰富的环境主要通过在线方式提供，其中承载着不断增长的各种信息传播技术。这些工具使几乎所有类型的信息，特别是数字信息的创建、记录、操作和分发成为可能。互联网的底层结构、网络的图形界面和信息传播技术允许这个环境模拟世界本身——在某些情况下甚至予以改进：最早和最简单的信息传播技术之一，电子邮件，超越了自然世界的时间和空间限制，跨越大陆和国际日期变更线，将我们连接起来。最近的信息传播技术，特别是通过移动技术提供的应用程序，成倍地增强和扩展了这种连接。通过无限获取所有的符号系统和所有形式的信息，世界各地各种各样用户的瞬时交流，以及从全彩动态视频到数字音频的丰富特效，网络环境及其同信息传播技术的非凡融合可以让我们非常接近自己在日常世界中遇到的物理、心理和社会经验。就本书的重点而言，我们可以说，这信息丰富的环境能够使用户与足以引导学习的信息进行全面的互动。

有一种信息类型强调了网络环境是如何模仿我们所生活的"真实世界"的，甚至它的流行名字——虚拟现实（VR）——都表明了这种相似性。从《魔兽世界》（*World of Warcraft*）等键盘驱动游戏开始，虚拟现实技术已经应用到包括《召唤者》（*The Invoker*）和《矢量冲刺》（*Sprint Vector*）在内的基于手势识别的游戏。在《召唤者》中，参与者向毫无察觉的对手施咒；在《矢量冲刺》中，参与者挥舞手臂给角色加速。头戴式显示器（Oculus Rift）和体感控制器（Leap Motion）等虚拟现实控制器将用户置于侧重自然交流模式的多模式界面中，甚至可以识别面部表情、眼神和语言模式的变化。如今，虚拟现实已经远远超越了游戏和娱乐领域，在更严肃的领域取得了重大进展。例如，在医学领域，虚拟现实是一种被称为"受控症状引发"（controlled symptom provocation）的技术的基础，在这种技术中，通常在现实生活中表现出来的症状，可以通过参与虚拟现实来表现（van Bennekom, Kasanmoentalib, de Koning & Denys, 2017）。虚拟现实在教育领域的应用也已经远远超越了先驱性的"第二人生"（Second Life）项目，发展为诸如"星图"（Star Chart，允许学习者将手机对准天空并查看星座）和"城市英雄"（Cleanopolis，允许学生互动应对气候变化）等应用程序。在正式和非正式的学习环境中，虚拟现实极其丰富的信息形式及其对与信息交互的多种方式的支持，为在信息丰富的互联网世界中学习提供了充足的机会（参见 McLellan, 2004）。

在线环境中还存在许多其他类型的游戏，但这已经超出了本章的讨论范围。这里的重点是信息传播技术作为一个整体，为第一章所述的基于信息的学习提供技术信息环境。以计算机为媒介的通信技术（Pfaffman, 2008）、计算机支持的协作学习（Stahl, Koschmann & Suthers, 2006）、远程学习（Howard et al., 2005）、媒体

（Jacobson，2008；Jacobson & Azevedo，2008）、在线社区学习（Bruckman，2006）和综合学习环境（Cannon-Bowers & Bowers，2008）相关的经典研究，都为在线环境中的学习提供了重要的见解。虽然这些认识对我们理解利用信息学习的贡献超出了本书讨论的范围，但确实为研究这个广泛的主题提供了许多有效途径。

3.1 在线环境：交互性、信息和学习

也许是因为网络环境的"铃声和哨声"是如此引人注目，以至于交互性——这个环境中学习能力的关键——仍然有待讨论。然而，事实上，所有基于计算机的交互式学习对象所赖以存在的交互性，同样是信息传播技术所固有的基本"认知特征"（Kozma，1991）。互联网结构和网络界面的交互性支持了安德森和克拉斯沃（Anderson & Krathwohl，2001）所说的全部认知加工水平——记忆、理解、应用、分析、评价和创造——和所有知识类型的信息——事实、概念、程序和策略的应用。信息传播技术的硬件和软件能够接受、处理和直接响应每个个体的输入，这使每个学习者能够积累对自己来说非常重要的一系列信息。交互性支持学习者——无论是作为个体还是与他人合作——面对各种信息对象，并将各种类型的内容**表征转化为内在的知识**（Marchionini，1995）。

就像在其他基于计算机的交互式信息对象中一样，信息传播技术环境中的交互性拓展了学习者对所遇到的信息的认知能力。乔纳森、派克和威尔森（Jonassen, Peck & Wilson，1999）对这一现象进行了令人信服的讨论，当时网络环境还相当新鲜，戴德（Dede，2009）在其作品中也继续进行了讨论。其他人，如陈、陈、黄和徐（Chen, Chen, Huang & Hsu，2013），利亚罗卡皮斯和安德森（Liarokapis & Anderson，2010），蒙特罗、扎罗南迪亚、阿埃多和迪亚兹（Montero, Zarraonandia, Aedo & Díaz，2013），以及道利和戴德（Dawley & Dede，2014），将这一概念应用于增强现实（AR），表明认知技能会通过增强现实提供的高度互动的环境而增强。可在线获得信息的规模和种类的数量差异，以及信息传播技术工具的复杂性方面的质量差异，对学习者利用信息学习的方式和学习内容产生了指数级影响。在这里，随着学习者理解能力的增强，交互性使其能够根据不断变化的知识和需求，通过寻找新的信息，对不断增强的理解做出快速而流畅的反应。

考虑一个简单的例子：一个刚被诊断出癌症的人可能会着手在这种交互性环境中了解自己的疾病，他通过搜索网络找到关于癌症特定形式的最基本的、确定的信

息——可能是基于文本的。然后，他可能会点击一个链接，了解各种传统的治疗方案——可能是通过视频进行解释的。然后，他可能会跟随另一个链接，找到关于正在研究中的新方案的信息——也许是用计算机模型来模拟如何攻击特定的癌细胞。根据自己所了解到的情况，他可能会毫不费力地联系美国国家癌症研究所（National Cancer Institute），申请参加临床试验。换句话说，正是这种交互现象强化了他将安德森和克拉斯沃（Anderson & Krathwohl，2001）所说的认知过程的全部范围与自己的知识类型的全部范围相结合的能力，以便从信息中生成个人可用的意义。

与其他数字交互式信息对象一样，信息传播技术以一种更为复杂的方式，帮助学习者在每次接触新信息时跨越内容和过程之间的边界，完善他们寻找下一组信息的方法，并在构建和传达个性化含义的过程中，在不同层次上与这些信息进行接触。即使是简单的基于计算机的交互式信息对象也支持这种内容和过程的结合，但在线世界中大量的信息，以及导航、操作和信息交流的便利性，给了信息丰富的在线环境作为学习场所的独特力量。

3.2 在线环境的学习供给

由于信息与通信技术的环境在不断发展，特别是由于信息与通信技术是如此复杂和多方面，一般的学习供给一直难以识别。它固有的范围、规模和学习机会的多样性——从纯文本的在线课程到具有完整视频和音频功能的社交网站，再到虚拟现实选项，再到根深蒂固的"应用程序"世界——使我们很难找出适用于所有领域的供给。各种信息传播技术的快速和持续改进意味着没有持续的机会深入研究和验证这种一般环境的学习支持：一个有前景的应用出现了，但在一个星期或几个月内就被超越了。例如，还有人在依赖远程登录协议（Telnet）吗？不久以前，这种技术彻底改变了对图书馆和其他资源的访问方式。

然而，一些信息传播技术的一般性供给与学习中使用信息有关，这似乎是显而易见的。在一个层次上是运筹方面的——例如，对一系列信息对象的快速访问；在另一个层次上是相当复杂和深刻的——例如，学习者创造的信息产品的广泛分布的机会。在许多情况下，信息传播技术环境的供给与其他环境的供给相呼应，但其范围和复杂性超过了这些环境本身所能提供的一切。本章讨论了信息传播技术对利用信息学习的特殊供给，并对在线环境作为现在和将来学习的交互式信息空间的前景进行了展望。

3.2.1 访问网络找到信息对象

教师和图书管理员都知道，在线环境中最有用的学习供给之一是访问存储在那里的独立信息对象——数据库、学习游戏、课程材料、模拟游戏等。虽然对信息传播技术提供的海量信息对象进行估值很重要，但同样重要的是要记住，每个信息对象都有自己的供给，与信息传播技术提供的供给是分开的。每一种都可以被划分为单一感官、多感官或独立的交互对象，并且每一种都带有其特定类型的启示。例如，艾米莉·迪金森（Emily Dickinson）作品的数据库本质上是一个**单一感官**的信息对象，任何印刷形式的对象能够支持的一系列处理，它也能支持。类似地，关于蝴蝶生命周期的流媒体视频作品本质上是一个**多感官**信息对象，可以支持对变形过程的学习。最后，一个关于航天飞机飞行的独立模拟本质上是一个独立的**交互式**信息对象，它支持学习驾驶舱的仪表和刻度盘所代表的抽象概念。

每一种信息对象都有其所属类型的独特的学习供给。正如上面的例子所表明的，信息传播技术的更广泛的交互性通常主要是作为获取和传递所有这些类型的信息对象的一种机制，而不是其本身作为一种特殊的学习供给。例如，在"学习和在线教学的多媒体教育资源"（Multimedia Educational Resource for Learning and Online Teaching，MERLOT）中找到的数千个信息对象中的每一个都保留了自己的供给功能，如参考文档、教程、模拟等——这些功能独立于MERLOT服务本身。虽然搜索引擎和目录提供了无与伦比的方法来定位这些自包含的信息对象，但重要的是识别每种信息的本质，以便用最富有成效的方式开发其供给能力。因此，在第二章中讨论的供给与信息传播技术环境中的个体信息对象的相关性，与它们同独立信息对象的相关性是相通的。

3.2.2 适用于信息传播技术的学习供给

除了提供对单个信息对象访问的"运筹供给"，很明显，在线环境也提供了自己特殊的学习供给。研究和理论已经确定了其中的一些，这些探究的热情继续在信息研究和教学设计的共同体内外蓬勃发展，探讨这种技术信息最为丰富的环境中内在学习的可能性，例如，道利和戴德（Dawley & Dede, 2014）、埃文斯和里克（Evans & Rick, 2014）、汉纳芬、希尔、兰德和李（Hannifin, Hill, Land & Lee, 2014）的研究。教育工作者尤其对信息传播技术为有意义的、更高层次的学习提供的机会感兴趣。关于批判性思维、问题解决、基于案例的推理、协作学习和真正独立学习的讨论，在关于信息传播技术的流行的和学术的文献中比比皆是（Dede，2009；Garcia-Valcarcel，Basilotta & Lopez，2014；Milkova，Pekarkova & Salem，2016；Ntuli & Nyarambi，2018）。基恩夫妇和布利堡（Keane，Keane & Blicbau，2016）认为，信息传播技术可以巩固"变革实践"，帮助学习者"超越传统的读写技能"（p.769）进入更深层次的学习。

如上所述，这种学习的可能性源于丰富内容和复杂工具的融合，这些工具用于处理具有无与伦比的交互性的内容。这种融合也反映了另一种融合——第一章中探讨的信息和学习的交织。显然，在信息传播技术环境中，信息和学习都是动态的、复杂的和多方面的，信息是学习者在遍历各种在线资源时构建意义的基本构件。例如，考虑一下上面提到的正在研究癌症治疗方法的患者，计划去新近爆火的旅行目的地的旅行者，或者正在完成清洁能源主题研究任务的学生，他们几乎每天都能获得新的信息。这些学习者沉浸在流动的在线环境中，很难确定信息到哪里结束，学习从哪里开始。

更高层次学习的可能性也源于这样一个事实，即在线环境可以"携带"一些阻碍许多学习者的内容和任务，使他们能够专注于更高级的概念和过程。虽然在某种程度上，**所有**的技术都让我们从携带内容中解脱出来——例如，铅笔让我们记笔记，而不是记住微小的细节——但没有一种技术能像信息传播技术那样彻底和高效地做到这一点。在这里，至少有两种安德森和克拉斯沃（Anderson & Krathwohl，2001）所说的知识类型——事实性知识和概念性知识——被嵌入技术中，或者说可以嵌入技术中，这样学习者就可以随时参考，而不是试图记住。这种嵌入将学习者从必须专注于基本形式的信息中解放出来，并允许他们更直接地专注于更高级的类型——程序性知识和元认知知识。

简单的电子表格提供了最明显的例子：它的即时计算和重新计算价值的能力使预算官员、企业规划者和大学研究人员能够专注于分析、评估和生成任务，而不再忙于烦琐的计算任务。在复杂的应用程序中，如用于统计分析的PASW（原来的SPSS）和支持叙述分析的WordCruncher等一致性程序中，程序知识也可以嵌入，允许学习者直接应用批判性思考或解决问题所需的元认知策略。例如，确定对特定的数据集和研究问题使用哪个特定的PASW应用程序，需要分析和评估；而要解读约翰·斯坦贝克（John Steinbeck）的中篇小说《小红马》（*The Red Pony*），则需要从计算分析揭示的关于主题和其他模式的数据中创建新的意义。

同样，事实性知识和概念性知识的嵌入（Anderson & Krathwohl，2001）也可以使学习者从只关注最低层次的学习（记忆和理解）中解脱出来，从而更充分、更有效地参与高级层次的学习——应用、分析、评价和创造。只需点击几下鼠标，癌症患者就可以找到各种专家的联系信息，并专注于分析谁最适合他，而不是把时间花在寻找一系列可能的医生上面；旅行者可以参考在线地图、照片和评论，花时间评估要预订哪些酒店，而不是收集一大堆印刷的旅游指南和小册子；学生可以随时查阅最新数据，并专注于创建自己的太阳能电池板实施模型，而不是花几个小时追踪最新的信息。综上所述，信息传播技术的内容、工具和交互性的组合提供了一套"认知特征"（Kozma，1991），利用这种技术，可以实现在任何原始的环境中都无法实现的各种类型和水平的学习。

3.3 信息传播技术的学习供给的理论和研究

多年来，关于互联网/网络与学习关系的研究充斥着教学设计的文献。最近谷歌关于"学习与互联网"的搜索产生了近8亿次的点击量。在网络世界中将教学法和政策联系起来，实际上已经成为绝大多数大学和相当数量的专业协会的兴趣，比如教育传播与技术协会（Association for Educational Communications & Technology，AECT）、国际教育技术协会（International Society for Technology in Education，ISTE）和K12在线学习国际协会（International Association for K12 Online Learning，iNACOL）。在美国教育研究协会（American Educational Research Association，AERA）这样基础广泛的组织中，也有致力于设计、教学和认知三个领域研究的特殊兴趣小组，其关注点包括它们的性质及其在网络世界中的用途。

然而，总体而言，信息传播技术对学生学习的积极影响仍然难以衡量，尽管已发表的数千篇实证研究致力于此。诺伦（Nolen，2009）对2003—2007年发表的期刊文章进行分析后发现，只有5.6%的文章探讨了技术与学习之间的联系。即使在今天，环境仍然是如此不稳定和多变，它所提出的问题实在是太多了、太复杂了，以至于无法产生深刻而持久的结论和理论，就像所罗门（Salomon，1979）在学习电影方面所提出的那样。这种复杂性是由不断变化的劳动力需求进一步驱动的，这往往将技能发展置于知识获取之前。随着信息传播技术的不断发展，学校管理者面临着挑战，他们要创造一种环境，让教师保持在创新技术的前沿（与商业和工业相当），并能够摆脱持续困扰学校的根深蒂固的行为和概念（Lowyck，2014）。总而言之，不断变化的网络环境使得研究人员很难探讨信息传播技术和环境所承诺能提供的更深层次的学习之间的直接联系。

尽管如此，揭示基于信息传播技术的学习持续发展的理论已经稳步出现。早在2004年，希尔、威利、尼尔森和汉（Hill，Wiley，Nelson & Han）就确定了一些影响深远的前沿研究，这些研究指向"明确了解这些技术已经和正在对学习**过程**产生的影响"（p.433，黑体强调为引者所加）。随着一代又一代的信息传播技术进入学校，许多其他理论家和研究人员已经记录了学习的突破和障碍，但希尔等人的开创性文章仍然突出，因为它提供了理解过程的概念框架学习的信息。通过对"基于互联网的学习"方面文献的全面回顾，作者确定了四种活动和两种策略，它们在今天的背景下与它们最初出现时一样重要。其中一种活动——知识构建——实际上是基于信息的学习，其他所有活动都对其做出了贡献。"学习者……基于他们使用互联网时所发现的东西，积极参与构建一些独特的东西。"（Hill et al.，2004，p.445）另外三种活动中的两种——收集信息和使用分布式资源——描述了明显基于信息的学习供给。第一种是为了收集信息；第二种是使用从不同地方获得的信息产品，包括非交互式产品。第四种活动——分布式加工，以及两种策略——协作策略和话语策略，代表了学习者与在线信息对象（通常是其他学习者）进行互动以完成这些基于信息的任务的方式。这六个因素要么是网络环境所特有的，要么是由网络环境所促成的。综上所述，它们似乎包含了一组认知特征（Kozma，1991），这些特征是信息传播技术固有的和专有的。也就是说，这些研究提出了一种与信息丰富的在线环境相关的学习供给的基本分类。

这六个因素对信息传播技术嵌入的知识建构的最终活动的贡献是多方面的。其中两个似乎对学习有相当好的影响：收集信息和使用分布式资源可以更容易地通过信息传播技术进行，但每一个涉及的认知过程反映了其他环境中的类似过程。如上所述，这两个因素主要与所在环境中的独立信息对象的访问有关，而且它们通常与个人学习——一般来说，接受性学习——有关。然而，最后三个因素——分布式加工、协作策略和话语策略——在信息传播技术环境中是不同的，很大程度上是因为它们支持群体内部的知识构建，这在这种技术工具出现之前是不可能的，还因为它们超越了接受性学习，也要求表现性学习。这三个因素——我们可以称之为"社会因素"——提供了一个特别有前途的领域，在这个领域中，我们可以检查在线环境为学习供给目录添加了哪些"新"条目。

希尔等人（Hill et al.，2004）为确定信息传播技术对利用信息学习的供给奠定了基础，最近的工作在这一基础上进行了扩展，并开始为今天的学习者"Z世代"指定此类的学习计划。例如，基恩等人（Keane et al.，2016）提出了21世纪CDL模型——一种综合了21世纪技能的学习关系框架，整合运用了比格斯和科里斯（Biggs

& Collis，1982）的 SOLO 分类法（可观察学习成果结构，Structure of the Observed Learning Outcome）和普恩特杜拉（puentedura，2011）的 SAMR 模型（替代、增强、修改和重新定义，Substitution，Augmentation，Modification and Redefinition）。基恩等人的模型侧重于通过信息传播技术的变革阶段而不是传统的发展阶段进行学习，它反映了当代对学习的一般理解，也提出了利用信息开展学习的新方法。

"Z 世代"的成员通常被认为是 1995 年后出生的，是伴随着信息传播技术长大的一代。无论是学术研究还是常识性认识都指出，他们的社交和学习方式与"千禧一代"的人不同。此外，他们通常被描述为具有企业家精神、创新精神和独立精神。他们亲历了科技的迅速发展，但也有证据表明，他们未能对自己在网上收集的信息进行批判性评估（Lee, Grant, Neuman & Tecce DeCarlo, 2016; Lee, Meloche, Grant, Neuman & Tecce DeCarlo, 2019; Seemiller & Grace, 2016）。也有证据表明，沉浸式技术的使用自他们出生以来就塑造了他们，影响了他们的学习能力，进而扰乱了教学环境（Franceschini & Bertoni, 2019）。

"Z 世代"学习者能够随时接触到在线资源，而且他们的社会结构性增强，这表明分布式加工、协作策略和话语策略应该成为他们的第二天性。然而，很明显，培养他们从这些"社会"供给中获利的能力不能靠运气。为了解决这个问题，我们教学生的方式必须转变（Lee, Grant, Neuman & Tecce DeCarlo, 2017）。韦伯（Webb, 2014）的教学和评估模型提供了一种令人鼓舞的方法，将教师从传统的知识分发者的角色中解放出来，并呼吁学习者的同伴发挥重要作用。教师促进讨论，提供数字材料，并监控评估反馈循环。通过信息传播技术资源，学习者激活自己的学习过程，而同伴则扮演知识资源、形成性评估者和社会支持系统的角色。所有这些元素都有潜力让学生参与信息的分布式加工，因为信息通过获取和讨论，在学生学习的话语策略和协作策略中得以增强。由于这些"利用信息开展学习"的能力与在快速变化的工作场所取得成功所需要的能力相同，韦伯的模式在课堂之外也很有用。正如基恩等人（Keane et al., 2016）所强调的，"Z 世代"必须娴熟运用批判性思维、沟通能力、协作能力和创造力——所有这些都要求他们充分利用信息技术的基本供给。

特别是考虑"Z 世代"学习者的性质，希尔等人（Hill et al., 2004）确定的三个"社会因素"似乎提供了一个特别强大的理论和实践结构，以描述这些年轻学习者如何使用信息来学习：分布式加工允许分散在不同地点的学习者接触信息片段，协作策略允许学习者将这些信息片段用来服务于一个大于各部分之和的整体，话语策略允许学习者交流关于他们的学习过程和结果的信息。综合起来看，这三个因素不仅表明在线环境可以用独特的方式支持接受性和表现性学习，而且还表明，这个信息丰富的环境可以用一种未知的方式整合个人意义构建和群体知识构建，从而改变学习过程和结果。当然，在实践中，这三个因素是不可分割地相互交织的；不过，分别讨论不同组合有助于区分它们给整个学习环境带来的影响。

3.3.1 分布式加工和协作

分布式加工和协作在完善的教育场所中有着悠久的历史，它们的结合为信息丰富的在线环境提供了基础的学习支持。分布式加工涉及不同位置的学习者的个人努力，他们负责特定学习项目中固有的不同认知任务。为了完成项目，学习者以各种方式合作，以提炼和整合个人工作的成果。信息传播技术广泛的联通性、海量的信息储备和先进的通信工具为整个过程提供了独特的支持。这种环境使全球互联互通成为可能，进而"知识的社会构建"（Lave & Wenger, 1991）能够让更多的个体参与其中，这比任何其他信息丰富的环境，甚至是自然界所能做到的都要多。有着截然不同的观点、背景和目标的人可以利用信息传播技术的工具和资源共同构建知识体系，这些知识体系不仅对个体学习者有意义，而且还为群体"所有"。基于信息传播技术的分布式加工和协作能够以多种方式支持从信息中构建知识。有些具体应用前景，如协作学习，根植于对学习过程的长期理解（Stahl et al., 2006）。其他的，比如"世界公共网格"（World Community Grid）所实现的交互，几乎没有直接的先例，并使我们超越了人类思维所能做到的。在这个非常广泛的范围内，应用程序体现了安德森和克拉斯沃（Anderson & Krathwohl, 2001）分类法中描述的知识类型和学习水平的全部范围。

在正式学习中，使用信息传播技术支持的分布式加工和协作的例子最多的可能是在线课程。利用 Blackboard 和 Canvas 等学习管理系统，教师设计学生体验，利用信息传播技术的优势让学生参与一系列活动。例如，提出问题，鼓励（或要求）学生在各地通过 VoiceThread 和 Flipgrid 等服务进行协作、讨论；以及邀请客座专家，让学生参与案例和热点问题的讨论，通过 Zoom 和 Collaborate 等会议工具以小组形式构思并理解。无论是同步的还是异步的，这些在线学习工具本质上鼓励学生的表现性学习；提倡在课堂时间之外按时完成任务；允许结合分布式加工和协作来响应学习者的需求，而不是应对房间预订情况、停车费等实体环境的限制。

协作学习——通常涉及一种没有计算机帮助的分布式加工——在美国教育中有着悠久的历史（例如，Cohen, 1984; Premo, Cavagnetto, Davis & Brickman, 2018;

Slavin，1995）。然而，信息传播技术的工具和资源促成的这种协作远远超出了通常在单一、孤立的环境中一起工作的小组之间的协作。即使在基础层面，信息传播技术环境也可以通过跨越时间和空间分配简单的学习任务和实施沟通策略来促进学习。例如，一个教室里的小学生可以与其他国家的在线笔友交流，互相介绍各自的生活，以发展对他们所分享的世界的共同理解（Grant，2006）。

信息传播技术还可以加强关于协作学习的尝试。例如，"切块拼接"模式（jigsaw model）（Aronson，Blaney，Stephan，Sikes & Snapp，1978）就是一个相对完善且仍然流行的模式，每个学生在六个成员组成的团队中开展研究工作，成为要完成的作业中某一部分的"专家"，他们与其他团队中在相同领域具有专长的代表组成新的专家小组，并最终与其原初团队的成员分享所在专家小组的专业知识。在单个教室的层面上，"切块拼接"模式无论在认知水平还是在社会性水平上，都已经被证明是非常有效的（Hanze & Berger，2007；Perkins & Saris，2001；Walker & Crogan，1998）。让我们想象一下，例如，拥有丰富学习经验的小学生可以掌握和交流关于地理、历史、风俗、出口商品、艺术和日本音乐的知识，他们经验的复杂程度甚至堪比他们上高中的哥哥姐姐，尽管哥哥姐姐在上述这些领域中有更深层次的学习。

尽管这种方法复杂而有效，但它通常受限于课堂时间和教室空间。通过吸收更广泛的信息作为专业知识的基础，通过扩大小组本身，通过举办跨大洲而不仅是跨教室的小组活动，以及通过使用电子手段交流每位学习者的新理解，信息传播技术可以增加学生的学习机会。加工过程可以分散，以利用学生的不同文化背景，扩大其合作和交流，并最终丰富其学习内容。再想象一个涉及日本的"切块拼接"项目——但这次是美国和日本的学生在一个信息传播技术支持的"切块拼接"项目中相互学习。这一次，资源可以包括每个国家独有的材料，参与者可以包括拥有两种社会文化经验的学生，小组可以由日本和美国的学生组合而成，而且参与者可以使用博客或维基百科来交换对问题和感兴趣的话题的想法。

贾森项目（Jason Project）是一个更为复杂的项目，它说明了在线环境不仅能让学生共同参与，还能让他们与特定领域的专家互动，从而促进学习。例如，贾森通过"全年的现场互动活动，将贾森社区与鼓舞人心的STEM榜样（包括从事STEM职业的著名科学家和其他专家）联系起来"，吸引学生进入科学界。类似于这个项目提供的经验——将信息问题、一系列资源和充当导师的专家聚集在一起——使学习者能够模仿世界各地记者、研究人员和学者的"现实生活"，开展协作。如今，这些专业人员的日常工作包括通过信息传播技术共享信息，以了解中东的政治发展，分析天气模式及其含义，创建和评估糖尿病的新疗法，等等。

关于这种加强合作的学习的价值，最早也是最显著的例子出现在丹·布特尼（Dan Buettner）1995 年名为"玛雅探索"（MayaQuest）的"交互式探险"中。来自美国各地的学生观察一组"探险家"骑车穿越中美洲，探索玛雅文明奥秘的过程（Buettner & Mason，1996）。该"探险家"小组每周两次将笔记本电脑上的信息上传到卫星，教室里的学生已经订阅了这项任务的相关信息，他们与该小组进行互动。有一次，"探险家"小组在亚马孙遇到了考古学家，当时这些考古学家在石头上发现了一个象形文字，并就其含义进行了实际的（而不是假设性的）争论。他们请学生提出自己的解释，同时石头被送到得克萨斯州的语言学家那里。当"玛雅探索"最终揭示了符号的含义时，参与者发现现场的两位专家都是错的，而一位学生给出了正确的含义。这种从多个角度对信息进行的合作考察，使学生能够通过直接合作发现知识——而不仅仅是得到知识的呈现——并且学习科学是如何运作的，以及知识是如何发展的。

自行车和不稳定的卫星连接很久以前就被更先进的技术所取代了，早期的"学习社区"，如比特纳（Buettner）和他的同事所参与的，已经发展成在线社区，让世界各地的学者和学生参与复杂的信息收集和分析过程，以促进他们自己和他人的学习。大大小小的例子不胜枚举，关于这类社区的研究比比皆是（Barab & Duffy，2000；Barab，Kling & Gray，2004；Chia & Pritchard，2014；Lee & Markey，2014；Riel & Polin，2004）。分布式加工是所有在线学习社区的一个定义特征，而不同种类和模型支持个人学习和共享知识构建的具体方式，一直以来引发了很多猜测和研究（例如，Bos & Shami，2006；Tutty & Klein，2008）。然而，很明显，所有这样的社区都可以支持安德森和克拉沃斯（Anderson & Krathwohl，2001）所说的各种知识和学习水平——特别是信息的分析和评估，以及新知识的创造。

也许"世界公共网格"提供了最有趣的分布式加工和协作的示例。这个项目基于网格计算的概念——使用多个分散的计算机来解决单个问题，依赖于分散的计算机和分散的人类来丰富知识。由科学家（包括学生）、社区顾问、行政人员和技术人员组成的网络分布在世界各地，以小组形式工作，解决诸如寻找更有效的疾病治疗方法、确定如何更有效地利用太阳能等问题。从 2004 年开始，"世界公共网格"允许其志愿者"捐赠设备的闲置计算能力，以帮助科学家解决世界上在健康和可持续性方面的重大问题"，并利用成千上万的个人和组织的贡献做重要的工作，比如在志愿者设备空闲时进行研究计算。新的数据进入知识库中，项目人员在知识库的基础上获得新的理解并继续前进。因此，该项目提供了一个令人惊叹的分布式加工的例子，它超越了人与机器之间的界限，并完美地说明了克兹马（Kozma，1991）的见解，即我们借助媒体学习，而不是从媒体中学习。

虽然分布式加工和协作的重要性已经在正规教育中得到了很好的确立，但也许这种"社会因素"组合最令人兴奋的例子是在许多在线的非正式学习环境中发现的。例如，红迪网（Reddit）拥有数千个围绕共同兴趣组成的社区，任何人都可以加入，并被"添加"到对话中，以增进对这些兴趣的了解。自红迪网 2005 年成立以来，数以百万计的用户使用协作和分布式加工来建立跨领域的共享理解。同样，位智地图（Waze）允许司机提交交通险情报告，这样其他司机就可以了解和使用新的、更有效的路线，交通控制专家也可以了解和标记道路危险，以便司机避开。乐高创意平台（LEGO Ideas）于 2008 年首次允许"设计师"为项目提交想法，由社区成员审查这些想法，以帮助乐高决定哪些想法可以推广（Schlagwein & Bjorn-Andersen，2014）。尽管这种众包方法仍处于起步阶段，但它似乎为利用信息开展非正式的学习提供了无限的机会——不仅包括获取和评估信息，还包括利用它来创造新产品和新想法。分布式加工和协作的结合还能够以其他方式支持从信息中构建知识，这些方式正在迅速出现，并改变着个人和群体的日常生活。

3.3.2 话语策略与分布式加工

话语能够引导学习根植于信息传播技术的本质中——毕竟，信息传播技术中间的那个词是"传播"。虽然希尔等人（Hill et al.，2004）将基于互联网的学习中的话语限制在各种各样的在线讨论中，但重要的是，"传统的"信息与通信技术、单一感官的电话和广播、多感官的电视讲座，以及自成一体的交互式光盘数据库都依赖于话语。当然，当这些工具加入互联网的行列时——例如，网络电话应用 Skype、国家公共广播电台的播客和视频广播，以及基于网络的数据库——话语仍然是它们学习供给的核心（Chen & Wang，2009；Hew，2009）。无论它们提供的是单向的信息传播还是真实的话语，这些工具的有效性都取决于清晰和令人信服的信息交流。

话语策略和分布式加工的结合是上述信息传播技术学习的核心：从"切块拼接"到贾森项目，通过话语，那些经由分布式加工产生的思想不断地被交换和解释。今天的信息传播技术使时间、地点和人员得以扩展，这要求学习者进行广泛而复杂的讨论，以便收集和构建一系列想法，然后提炼和强化它们，使之具有某种共同的意义。因此，信息传播技术支持的广泛而复杂的分布式加工，是这个环境中与话语相关的独特学习供给的基础。事实上，在信息传播技术中，分布式加工和话语的机会几乎是无限的，而且区区几个例子很难涵盖多样的可能性。从 140 个字符的"推文"

（tweets），到像极速（Zoom）这样的交互式视频会议工具中上千兆字节的文件，这些因素的结合，构成了学习者独立产生想法并在本地甚至全球网络中分享、结合或质疑的能力。

关于通信的研究文献，特别是关于计算机媒介的通信和计算机支持的协作学习的研究，为研究分布式加工及话语如何协同工作来帮助人们在信息传播技术环境中利用信息开展学习，提供了一个强大的概念框架。对大量文献进行全面回顾超出了本章的范围，但这一领域的研究显然有望扩展我们对个人和群体如何在知识构建中使用这些启示的理解。基于安德森和克拉斯沃（Anderson & Krathwohl，2001）的理解，这些研究可能会追问：在线学习环境中，什么样的话语模式可以揭示学习者是如何在他们所遇到的像"数学论坛"（Math Forum）这样的学习环境中记住数学事实，在事实基础上理解概念，应用相关程序来解决数学问题，并使用元认知知识来控制整个过程的？更有趣的是，这些研究还可能会追问学习者如何使用分布式加工和话语来分析数学信息，作出评估，并使用它来解决问题并创造新的理解（有关"数学论坛"的更多信息，请参阅 Stahl，2009）。随着正式的在线学习环境在其支持的分布式加工和话语选项方面变得越来越复杂（包括具有越来越强大功能的博客和维基科），在这些不断发展的工具中，关于分布式加工和话语的模式仍将有很多需要学习的内容。

在正规教育环境之外，信息传播技术为分布式加工和话语的结合提供了额外的机会，这有助于知识的构建。像谷歌文档（Google Docs）和分享点（SharePoint）这样的应用平台，允许作者在团队项目中创作和分享项目不同部分的草稿，并在线协作，以完善和丰富各个部分，同时确保最终产品是完整和连贯的。这些工具也可以被很容易地纳入正式环境，以便在"现实世界"为学习者提供掌握新兴信息传播技术的机会，同时利用信息构建知识。再来看看我们关于日本协作学习的例子：一个学习者（可能是班级中气候方面的专家）可能会提出想法，其他人可能会提出问题，需要在信息和/或其表述中进行改进，还有一些人则可能在自己的专长领域内扩展一些段落，等等。在项目中，小组成员不仅可以互相分享、共同创作草稿，还可以获得他们需要的信息，以参与同行评审并分析他们的工作，并提高学习的动机和参与度（Liu & Lan，2016）。

像这样的活动显然是由今天的信息传播技术所促成的，而未来这种技术无疑会为分布式加工和话语策略提供更大的便利。上面提到的红迪网和位智地图的例子显然依赖于社会因素以及上面讨论的分布式加工和协作的结合。在正式和非正式的学习环境中加入这些社会因素的机会正在迅速出现，但刚刚开始被理解。在信息传播技术环境中，利用信息作为表现性学习工具所特有的话语模式和活动的探索才刚刚开始。

3.3.3　协作策略和话语策略

　　协作策略和话语策略的结合巩固了在信息传播技术环境中使用信息进行学习的最令人兴奋的可能性：对知识的实际创造。这是安德森和克拉斯沃（Anderson & Krathwohl，2001）的分类法中最高层级的学习活动。从六年级组协作创造的关于加纳的多媒体报告，到六个国家的大学研究人员开展的"确定人类基因组的序列并识别它所包含的基因"的合作，协作和话语对共享知识的创造和传播有着独特的贡献——这是一种我们刚刚开始理解的基于信息的现象。

　　维基百科可能是这种共享知识构建的最著名的例子。维基百科于2001年开始筹划，现在是"万维网上很受欢迎的通用参考资料，包含用301种不同语言所著的4000多万篇文章"。2005年发表在《自然》杂志上的一份报告指出，"维基百科的准确性接近《大英百科全书》"，《时代》杂志称，维基百科允许任何人编辑词条的开放政策，使其成为世界上最大的，也可能是最好的百科全书"。毫无疑问，维基百科使信息的创造和交流民主化了。尽管它有一些缺点——维基百科社区的一些成员无意地或故意地引入了一些错误的信息——它仍然是协作和话语以一种广泛的、令人兴奋和受欢迎的方式在最高层次上引导学习的最好例子。

　　在维多利亚网（Victorian Web）中可以找到一个例子，它更接近于信息传播技术所支持的正式学习，特别是协作策略和话语策略的结合。1986年，布朗大学的乔治·兰多（George Landow）用今天信息传播技术的先驱技术启动了这个创新的课程项目，为创造各种各样的学习可能性奠定了基础。学生们通过媒体狄更斯网（Intermedia Dickens Web），在一个学期的课堂上张贴了他们被指派的文学调查任务的结果，在下一个学期的课堂上张贴了他们自己的作品和对前人贡献的评论。其他许多班级和学年的学生继续这一过程，创造了一个各自开发但又可以共享的学术知识集合，维多利亚网就这么诞生了。今天，在布朗大学的开创性工作启动30多年后，该网站包括了近24个类别的资源——从视觉艺术、哲学、性别问题到科学。兰多和他的同事们使用的技术，以今天的标准来看是原始的，但以任何标准衡量，他们的教学创意都是进步的。他们所领导的这个非凡的学术集合，是动态的、有机的、原创的。如果没有当今信息传播技术中发现的协作策略和话语策略的结合，这种状态是不可能达成的。

信息传播技术支持的信息丰富环境的其他例子还有很多，而且不断变化，任何特定例子的罗列都不可避免地忽略了其他令人兴奋的创新。不过，"跨大西洋奴隶贸易史料数据库"（Trans-Atlantic Slave Trade Database）和"南方空间"（Southern Spaces）是与协作策略、话语策略的供给特别相关的两个项目。在埃默里大学的领导下，这些项目为研究人员、理论家和学习者指明了道路，使他们能够以信息传播技术所支持的独特方式，更深入地理解信息。它们为学习者提供了使用安德森和克拉斯沃（Anderson & Krathwohl, 2001）分类法中的各种信息内容（事实性知识、概念性知识、程序性知识和元认知知识）的机会，并在分类法的所有学习层次（记忆、理解、应用、分析、评估和创造）中加以应用。

"跨大西洋奴隶贸易史料数据库"的创建是 20 世纪 60 年代开始的一项工作的高潮。当时一些学者开始收集关于 16—19 世纪奴隶贸易航行的数据并进行编码。多年来，几个大洲的学者们在不同的大学里，在一系列资助机构的支持下，创建了这个数据库，记录了近 35000 次奴隶贸易航行——不仅包括日程和路线，也包括 67000 多名非洲人的名字、性别、出身以及登船的地点。该网站提供了对专家创建的图表的访问端口，并允许单个学习者自行操作各种工具。它邀请用户"根据数据库创建清单、表格和地图"，并"使用交互式评估页面来分析我们对奴隶贸易总量的估计"。虽然"创建"和"分析"是唯一在主页上特别提到的分类法（Anderson & Krathwohl, 2001）术语，但其语境清楚地表明，分类法的所有知识类型和学习水平都已嵌入这些任务中。

"南方空间"是一个由同行评议的信息传播技术支持的社区，致力于研究从弗吉尼亚到得克萨斯、从西弗吉尼亚到佛罗里达的 14 个南方州的学术活动。这本开放存取的交互式杂志由埃默里数字学术中心（Emory Center for Digital Scholarship）管理，拥有数百万的记录（包括网站、博客、推送和新闻），涉及十多个主题——不仅有像"文学、语言"和"音乐"这样经常被讨论的话题，还有一些潜在的让人意外的话题，如"饮食方式和传统"以及"体育和休闲"。该网站使用分面搜索系统，允许用户通过搜索不同的方面（如"状态"或"主题"）来访问感兴趣的记录。因此，在这里，信息科学真正实现了教学设计——"分面搜索"，信息科学词典中的一个标准术语，成为获取材料的关键策略，学生可以使用这些材料来支持自己的学习。

这两个项目巧妙而富有想象力地将协作策略和话语策略交织在一起，这为安德森和克拉斯沃（Anderson & Krathwohl, 2001）的分类法的各个层次，特别是最高层次，提供了令人兴奋的例子，说明了信息传播技术作为基于信息的学习工具的可能性。这些"数字集合+"环境不仅说明了学者和专家如何创造知识，还为其他人提供了参与知识创造的机会。即使是基于数据库中的信息生成小图表或地图，或者在一个学术集合中添加哪怕一条记录，都是关于创造知识的令人兴奋和有力的例子。通过加入这些知识创造社区，无论是先进的还是相对稚拙的学习者，都可以利用前所未有的机会，从信息中积极创造知识。

像上面描述的两个项目一样，复杂的信息传播技术支持的信息丰富环境的独特功能扩大了机会。虽然这些项目对协作策略和话语策略的结合来说是特别鲜明的例子，但它们显然也体现了其他所有"社会因素"的各种组合。它们包含了收集信息和使用分布式资源（支持接受性学习）的两种直接的供给，以及分布式加工、协作策略和话语策略（支持表现性学习）的三种更复杂的供给。所有这些供给——无论是单独的还是在其不同的组合中——都是信息传播技术环境所特有的，或者是由信息传播环境所特别促成的。因此，这种环境提供了前所未有的学习机会。

3.4　结语

从简单的电子邮件到复杂的虚拟现实和依赖工具得以增强的数字化收藏，互联网的在线环境构成了今天信息丰富的环境。在这里，任何人都可以接触到几乎无限的信息，并点击进入其中，模仿"真实"的活动，比如买便宜货、参观一个岛屿，甚至安排周六晚上的约会。在这里，任何人都可以找到一个非凡的学习机会，只要他遇到信息，操纵它，并与他人分享。研究人员、理论家、教师和学习者都能够利用这个令人兴奋和不断发展的环境作为学习场所。

尽管我们仍在探索在线环境支持的各种思维和知识构建，但关于其学习供给的一些基本观点似乎很清楚。首要的当然是交互性，它是所有其他因素的基础。即使是现在，在克兹马（Kozma，1991）洞见交互性对学习的强大影响之后的几十年里，这种供给仍然很少被理解。关于如何利用它的各方面来提高基于计算机的"简单"交互式信息对象的学习，我们还有很多需要学习的地方，更不用说如何充分利用信息传播技术提供的额外供给了。然而，作为当今最引人注目的信息丰富环境的基本"认知相关"特征，交互性显然是其重要的供给之一。

基于交互性，一些依赖于信息传播技术的其他供给似乎也很清晰。运筹供给——信息传播技术所提供的快速、方便、灵活地访问一系列信息对象的方式——是一个很容易的起点，想想博物馆和其他文化机构举办的在线展示对学习的贡献就知道了。这些集合独立于信息传播技术本身，但学习者使用信息传播技术来定位它们。当集合包含视觉效果时，它们将包含这些信息对象的供给，如第二章所述。当它们在自身内部支持交互时，它们整合了独立交互式信息对象的供给，这在第二章中也有描述。对象本身可能非常引人注目，但它们处于信息传播技术独有的概念供给之外。

而这些概念供给才是最有趣的。在这一点上，它们不像它们的技术先驱所引用的供给那样完全基于研究和理论。然而，希尔等人（Hill et al.，2004）提出了六个相互重叠的因素，它们为识别在线环境中独特的供给提供了重要的基础结构。信息传播技术增强了最简单的两项功能：收集信息和使用分布式资源，但这两项功能并非信息传播技术所独有。从本质上讲，信息传播技术支持个人以更快、更有效的方式收集信息和使用共享资源，但它们不会改变这些活动的基本性质。然而，希尔等人（Hill et al.，2004）提出的三个更复杂的因素——分布式加工、协作策略和话语策略——在在线环境中是独特的，或者以潜在变革的方式得到该环境的支持。他们认为，表现性学习的供给是这种环境的特征，以前所未有的方式使知识构建——希尔等人提出的第六个因素——成为可能。它们为个人打开了一扇门，让他们在与他人的动态互动中应用、分析、评估信息并进行综合，从而创造出超越个人能力的共享知识。无论是单独地还是结合起来，这些因素都利用了安德森和克拉斯沃分类学（Anderson & Krathwohl，2001）中概述的所有种类的知识和学习水平。

随着信息传播技术的改进和扩展，更多的学习供给肯定会出现。虽然人们对社交媒体、在线游戏、虚拟现实和增强现实的内在可能性感到相当兴奋，但这些场所的学习供给在很大程度上仍有待研究。更小、更快、更强大和更多的移动设备的日益复杂化，也将促使我们识别新的学习供给：适应性技术可能提供什么样的供给来帮助更广泛的学生利用信息开展学习？随着新技术和新教学方法的出现，学校建筑中的创客空间会带来什么独特的供给？每年，新媒体联盟（New Media Consortium）和美国高等教育信息化协会（EDUCAUSE）都会发布一份《地平线报告》（*Horizon Report*），强调未来几年需要关注的技术。每年这份报告都会促使教育工作者考虑一份令人震惊的新发展清单将会提供什么、需要什么。例如，在新工具以及使用这些工具所需的培训和开发方面，机构将如何促进数字公平？机器人技术的整合和人工智能的扩散可能会给未来的教学和学习带来什么供给（New Media Consortium and EDUCAUSE Learning Institute，2018）？

也许最重要的是，越来越多地使用信息传播技术来支持小组学习，将对学习本身的性质提出问题。当然，归根结底，学习是一种个人现象：每个学习者基于自己的经验、能力、兴趣等与信息互动，构建了对世界独特的个人理解。但是，把学习作为群体活动的一部分，特别是在信息传播技术支持下学习，肯定与一个人独自学习的过程有很大的不同。在这样的群体中，个体学习和群体知识建构的交集在哪里？两者如何相互促进？当今和未来的信息传播技术所固有的新供给如何增强或限制学习的结果和过程？未来几年，问题肯定会多过答案。然而，归根结底，在任何信息传播技术支持的环境中学习，始终取决于学习者在安德森和克拉斯沃（Anderson & Krathwohl，2001）分类法的所有级别上访问、评估和使用所有类型、所有形式的信息的能力。无论今天基于网络的系统仍然是信息丰富的环境，还是出现新的信息丰富环境，使用信息进行学习仍将是它们所支持的学习过程的核心。

参考文献

Anderson, L. W. & Krathwohl, D. R. (Eds.). (2001). *A taxonomy for learning, teaching, and assessing: A revision of Bloom's Taxonomy of Educational Objectives.* New York: Addison Wesley Longman.

Aronson, E., Blaney, N., Stephan, C., Sikes, J. & Snapp, M. (1978). *The jigsaw classroom.* Beverly Hills, CA: Sage.

Barab, S. A. & Duffy, T.(2000). Architecting participatory learning environments. In D. H. Jonassen & S. Land (Eds.), *Theoretical foundations of learning environments* (pp.25–55). Hillsdale, NJ: Erlbaum.

Barab, S. A., Kling, R. & Gray, J. (Eds.). (2004). *Designing for virtual communities in the service of learning.* Cambridge, MA: Cambridge University Press.

Biggs, J. B. & Collis, K. F. (1982). *Evaluating the quality of learning: The SOLO taxonomy (structure of the observed learning outcome).* New York: Academic Press.

Bos, N. & Shami, N. S. (2006). Adapting a face-to-face role-playing simulation for online play. *Educational Technology Research and Development, 54*(5), 493–521.

Bruckman, A. (2006). Learning in online communities. In R. K. Sawyer (Ed.), *The Cambridge handbook of the learning sciences* (pp. 461–472). Cambridge, MA: Cambridge University Press.

Buettner, D. & Mason, D. (1996). *MayaQuest: Interactive expedition.* Minneapolis, MN: Onion Press.

Cannon-Bowers, J. A. & Bowers, C. A. (2008). Synthetic learning environments. In J. M. Spector, M. D. Merrill, J. van Merrienboer & M. P. Driscoll (Eds.), *Handbook of research on educational communications and technology* (3rd ed., pp.317–327). Mahwah, NJ: Lawrence Erlbaum.

Chen, D.-R., Chen, M. Y., Huang, T. C. & Hsu, W. P. (2013). Developing a mobile learning system in augmented reality context. *International Journal of Distributed Sensor Networks, 9*(2), Retrieved from https://journals.sagepub.com. https://doi.org/10.1155/2013/594627.

Chen, F.-C. & Wang, T. W. (2009). Social conversation and effective discussion in online group learning. *Educational Technology Research and Development, 57*(5), 587–612.

Chia, H. P. & Pritchard, A. (2014). Using a virtual learning community (VLC) to facilitate a cross-national science research collaboration between secondary school students. *Computers & Education, 79*, 1–15. https://doi.org/10.1016/ j.compedu.2014.07.005.

Cohen, E. G. (1984). Talking and working together: Status, interaction, and learning. In P. Peterson, L. C. Wilkinson & M. Hallinan (Eds.), *The social context of instruction: Group organization and group processes* (pp. 171–177). New York: Academic Press.

Dawley, L. & Dede, C. (2014). Situated learning in virtual worlds and immersive simulations. In *Handbook of research on educational communications and technology* (pp.723–734). New York: Springer.

Dede, C. (2009). Technologies that facilitate generating knowledge and possibly wisdom. *Educational Researcher, 38*(4), 260–263.

Evans, M. A. & Rick, J. (2014). Supporting learning with interactive surfaces and spaces. In *Handbook of research on educational communications and technology* (pp.689–701). New York: Springer.

Franceschini, S. & Bertoni, S. (2019). Improving action video games abilities increases the phonological decoding speed and phonological short-term memory in children with developmental dyslexia. *Neuropsychologia, 130*, 100–106. https:// doi.org/10.1016/j. neuropsychologia.2018.10.023.

Garcia-Valcarcel, A., Basilotta, V. & Lopez, C. (2014). ICT in collaborative learning in the classrooms of primary and secondary education. *Comunicar, 21*(42), 65–74. https://doi.org/10.3916/ C42-2014-06.

Grant, A. C. (2006). *The development of global awareness in elementary students through participation in an online cross-cultural project* (Order No. 3244957, Louisiana State University and Agricultural & Mechanical College). ProQuest Dissertations and Theses, pp.157–157. Retrieved from http://search. proquest. com/docview/305314890?accountid=12085.

Hannafin, M. J., Hill, J. R., Land, S. M. & Lee, E. (2014). Student-centered, open learning environments: Research, theory, and practice. In *Handbook of research on educational communications and technology* (pp. 641–651). New York: Springer.

Hanze, M. & Berger, R. (2007). Cooperative learning, motivational effects, and student characteristics: An experimental study comparing cooperative learning and direct instruction in 12th grade physics classes. *Learning and Instruction, 17*, 29–41.

Hew, K. F. (2009). Use of audio podcast in K-12 and higher education: A review of research topics and methodologies. *Educational Technology Research and Development, 57*(3), 333–357.

Hill, J. R., Wiley, D., Nelson, L. M. & Han, S. (2004). Exploring research on Internet-based learning: From infrastructure to interactions. In D. H. Jonassen (Ed.), *Handbook of research on educational communications and technology* (2nd edn). ed. (pp. 433–460). Mahwah, NJ: Lawrence Erlbaum.

Howard, C., Boettcher, J. V., Justice, L., Schenk, K., Rogers, P. & Berg, G. A. (Eds.). (2005). *Encyclopedia of distance learning*. Hershey, PA: Idea Group.

Jacobson, M. J. (2008). A design framework for educational hypermedia systems. *Educational Technology Research and Development, 56*(1), 5–28.

Jacobson, M. J. & Azevedo, R. (2008). Advances in scaffolding learning with hypertext and hypermedia: Theoretical, empirical, and design issues. *Educational Technology Research and Development, 56*(1), 1–3.

Jonassen, D. H., Peck, K. L. & Wilson, B. G. (1999). *Learning with technology: A constructivist perspective*. Upper Saddle River, OH: Merrill Prentice Hall.

Keane, T., Keane, W. F. & Blicbau, A. S. (2016). Beyond traditional literacy: Learning and transformative practices using ICT. *Education and Information Technologies, 21*, 769–781.

Kozma, R. B. (1991). Learning with media. *Review of Educational Research, 61*, 179–211.

Lave, J. & Wenger, E. (1991). *Situated learning: Legitimate peripheral participation*. Cambridge, MA: Cambridge University Press.

Lee, L. & Markey, A. (2014). A study of learners' perceptions of online intercultural exchange through web 2.0 technologies. *ReCALL, 26*(3), 281–297. https://doi.org/10.1017/S0958344014000111.

Lee, V. J., Grant, A., Neuman, D. & Tecce DeCarlo, M. J. (2016). Using I-LEARN to foster the information and digital literacies of middle school students. In S. Kurbanoglu, J. Boustany, S. Spiranec, E.

Grassian, D. Mizrachi, L. Roy & T. Cakmak (Eds.), *Information literacy: Key to an inclusive society*. New York: Springer.

Lee, V. J., Grant, A., Neuman, D. & Tecce DeCarlo, M.J. (2017). Teaching adolescents about critical information literacy: Connecting world history from the past to the present. Unpublished raw data.

Lee, V. J., Meloche, A., Grant, A., Neuman, D. & Tecce DeCarlo, M. J. (2019). "My thoughts on gun violence": An urban adolescent's display of agency and multimodal literacies. *Journal of Adolescent and Adult Literacy, 62*, 1–12. https://ila.onlinelibrary.wiley.com. https://doi. org/10.1002/jaal.944.

Liarokapis, F. & Anderson, E. F. (2010). Using augmented reality as a medium to assist teaching in higher education. *Proceedings of the 31st Annual Conference of the European Association for Computer Graphics*, pp. 9–16.

Liu, S. H. J. & Lan, Y. J. (2016). Social constructivist approach to web-based EFL learning: Collaboration, motivation, and perception on the use of Google docs. *Educational Technology & Society, 19*(1), 171–186.

Lowyck, J. (2014). Bridging learning theories and technology-enhanced environments: A critical appraisal of its history. In *Handbook of research on educational communications and technology* (pp.3–20). New York, NY: Springer.

Marchionini, G. (1995). *Information seeking in electronic environments*. Cambridge, MA: Cambridge University Press.

McLellan, H. (2004). Virtual realities. In D. H. Jonassen (Ed.), *Handbook of research on educational communications and technology* (2nd ed., pp.461–497). Mahwah, NJ: Lawrence Erlbaum.

Milkova, E., Pekarkova, S. & Salem, A. M. (2016). Information and communication technology in education—current trends. *MATEC Web of Conferences, 76*, 4022. https://doi.org/10.1051/ matecconf/20167604022.

Montero, A., Zarraonandia, T., Aedo, I. & Díaz, P. (2013). Uses of augmented reality for supporting educational presentations. Advanced Learning Technologies (ICALT), 2013 IEEE 13th International Conference on IEEE, pp. 426–428.

New Media Consortium and EDUCAUSE Learning Institute. (2018). *The Horizon report: 2018th edition*. Austin, TX: New Media Consortium.

Nolen, A. L. (2009). The content of educational psychology: An analysis of top-ranked journals from 2003 to 2007. *Educational Psychology Review, 21*, 279–289.

Ntuli, E. & Nyarambi, A. (2018). Instructional technology and meaningful learning: A synthesis for teacher educators for the 21st century. In J. Keengwe (Ed.), *Handbook of research on mobile technology, constructivism, and meaningful learning* (pp.44–67). Hershey, PA: IGI Global. https://doi.org/ 10.4018/978-1-5225-3949-0.ch003.

Perkins, D. V. & Saris, R. N. (2001). A "Jigsaw Classroom" technique for undergraduate statistics courses. *Teaching of Psychology, 28*, 111–113.

Pfaffman, J. (2008). Computer-mediated communications technologies. In J. M. Spector, M. D. Merrill, J. van Merrienboer, & M. P. Driscoll (Eds.), *Handbook of research on educational communications and technology* (3rd ed., pp. 225–231). Mahwah, NJ: Lawrence Erlbaum.

Premo, J., Cavagnetto, A., Davis, W. B. & Brickman, P. (2018). Promoting collaborative classrooms: The impacts of interdependent cooperative learning on undergraduate interactions and achievement. *CBE—Life Sciences Education, 17*(2), ar32.

Puentedura, R. (2011). *Metaphors, models, and flows: Elements for a cartography of technology in learning*. Retrieved 13 April, 2012, from http://www. hippasus.com/rrpweblog/ archives/000061.html.

Riel, M. & Polin, L. (2004). Online learning communities: Common ground and critical differences in designing technical environments. In S. A. Barab, R. Kling, & J. Gray (Eds.), *Designing for virtual communities in the service of learning* (pp.16–50). Cambridge, MA: Cambridge University Press.

Salomon, G. (1979). *Interaction of meaning, cognition, and learning. An exploration of how symbolic forms cultivate mental skills and affect knowledge acquisition.* San Francisco: Jossey-Bass.

Schlagwein, D. & Bjorn-Andersen, N. (2014). Organizational learning with crowdsourcing: The revelatory case of LEGO. *Journal of the Association for Information Systems, 15*(11), 754–778. Article 3.

Seemiller, C. & Grace, M. (2016). *Generation Z goes to college.* San Francisco: John Wiley & Sons.

Slavin, R. E. (1995). *Cooperative learning: Theory, research, and practice* (2nd ed.). Boston: Allyn & Bacon.

Stahl, G. (2009). *Studying virtual math teams* (Computer-supported collaborative learning book series) (Vol. 11). New York: Springer.

Stahl, G., Koschmann, T. & Suthers, D. D. (2006). Computer-supported collaborative learning (Ch.24). In R. K. Sawyer (Ed.), *The Cambridge handbook of the learning sciences* (pp. 409–425). Cambridge, MA: Cambridge University Press.

Tutty, J. I. & Klein, J. D. (2008). Computer-mediated instruction: A comparison of online and face-to-face collaboration. *Educational Technology Research & Development, 56*(2), 101–124.

van Bennekom, M. J., Kasanmoentalib, M. S., de Koning, P. P. & Denys, D. (2017). A virtual reality game to assess obsessive-compulsive disorder. *Cyberpsychology, Behavior and Social Networking, 20*(11), 718–722.

Walker, I. & Crogan, M. (1998). Academic performance, prejudice, and the jigsaw classroom: New pieces to the puzzle. *Journal of Community & Applied Social Psychology, 8*, 381–393.

Webb, M. (2014). Pedagogy with information and communications technologies in transition. *Education and Information Technologies, 19*(2), 275–294.

第四章
当下的学习者与利用信息开展学习：信息研究与教学设计的结合

【摘要】当代信息丰富的环境，尤其是网络环境，已经同时改变了我们看待学习和信息的方式。虽然学习本身仍然是一样的——从与信息的互动中构建个人意义——但学习的途径已经扩展并多样化。挑战也同样并存：对传统信息来源的信任缺失，故意引入的错误"事实"和其他各种类型的虚假信息，挑战了各个层次的学习者。本章首先描述了当今的信息学习者，并描述了学习者为了最大限度地利用周围的学习机会，需要掌握的概念、策略和技能。本章调查了来自信息研究领域、教学设计与开发领域的相关研究和理论，并在此基础上提出建议，即应该如何跨领域开展协作，最终同步改善信息和教学所在的环境。本章还为第五章对数字素养和批判素养的深入讨论奠定了基础，这有助于我们进一步理解如何利用信息开展学习。这一理解，交织了传统的和当代的关键思想，并提供了一系列可能的理论框架，指导我们针对信息丰富环境中的学习开展研究和实践。

流行的观点告诉我们，今天的学习者——至少是年轻的学习者——与前辈们截然不同：他们具有创造性和协作性、直觉性和内联性，具有行动导向性和解决问题的能力。尽管，"数字原生代"的概念一直受到质疑——研究强烈表明，这只是流行观点（Kirschner & De Bruyckere, 2017）——但同样很明显，当代的年轻学习者，像他们之前的无数代人一样，已经掌握了所居住的世界中至关重要的技能。这些技能同时也令许多长辈感到困惑。并且，同样就像之前的几代人一样，今天的年轻学习者在赢得长辈赞赏的同时也引发了担忧——长辈们担心许多年轻人在深入分析、反思和遣词造句方面能力不足（Beheshti & Large, 2015; Brown, 2000; Greenfield, 2009; Howe & Strauss, 2000; Oblinger & Oblinger, 2005）。

  已有研究同样质疑了对当今学生网络学习能力吹嘘的一些说法。例如，里夫和欧（Reeves & Oh, 2008）的研究综述以怀疑主义告终，库姆斯（Combes, 2009）、麦克卢尔和克林克（McClure & Clink, 2009）以及黑德（Head, 2013）讨论了学生在使用数字资源进行研究时遇到的困难。显然，毫无疑问的是，在过去30年里，学生学习的场所和他们在这些场所中蓬勃发展所需的技能都发生了巨大的变化。麦克阿瑟基金会（MacArthur Foundation）的报告（Ito et al., 2008; Jenkins, Clinton, Purushotma, Robinson & Weigel, 2004）描述了数字学习时代最重要的一些早期发展。麦克阿瑟基金会目前在连接学习（Connected Learning）方面的重点是调查校外学习——当今学习研究的一个日益重要的领域（Livingstone, 2010, 2012; Sefton-Green, 2013）。毫无疑问，今天的学习者所面临的挑战和机会与以往的学习者截然不同：他们（我们）通常主要通过网络而不是报纸来形成（或确认）观点，通过社交媒体建立知识网络，在油管（YouTube）上学习织毛衣、弹吉他，甚至驾驶飞机（Baker, 2010）。

  就本书的重点而言，我们可以说，今天所有的学习者都被推入了各种类型、各类来源和各样形式的信息海洋。当我们试图使用信息来理解所在世界时，这些信息以前所未有的方式威胁着我们。这些信息是无处不在的、离散的、不断变化的，而且常常是未被发现的。想想2016年以来不断增长的"假新闻"和"另类事实"现象吧。网络信息的质量和权威性各不相同，既有故意误导的，也有极具学术价值的。信息专业人士和媒体批评人士首先承认，可信、可靠的信息在今天往往很难找到，信息专业人才的作用比以往任何时候都更重要（Eva & Shea, 2018; Rose-Wiles, 2018）。教育者有责任帮助学习者发现信息、批判性地评估信息、创造性地利用信息以构建有意义的个人知识，但他们也首先承认，这种信息素养很难培养。

  那么，作为学习者，为了在当今信息丰富的环境中蓬勃发展，我们必须具备什么样的概念、策略和技能呢？哪些方法是从早期的研究、理论和实践中延续下来的？我们必须开发哪些新技术？在各种信息丰富的环境中，尤其是在全面而复杂的网络世界中，如何支持今天的学习者，我们已经知道了什么，还必须学习什么？这些问题的答案可从几条研究线索以及从实践中产生的众多想法中产生。第二章和第三章详细描述了在当今所能获得的所有信息丰富的环境中，学习是如何得到固有的供给支撑的。从这些供给中推断出的丰富概念和策略，帮助学习者在今天的环境中，以及在更简单的前代环境中，茁壮成长。正如本章下一节所建议的，信息研究也对这一讨论有深刻的见解。总之，将这两个领域的研究、理论和实践中的思想结合在一起，能够提供一套可能的框架，为当今多种多样的信息丰富的环境中的学习者提供支持。

4.1 信息学研究

不足为奇，正是信息研究领域——而不是教学设计与开发领域——引领了试图理解信息使用和学习之间关系的研究。毕竟，"信息"及其所有属性和用途是这一领域最重要的关注点，而教学设计与开发从一个更有针对性的角度来看待信息——关注知识类型而不是"信息"本身的概念。尽管关于信息和学习的研究只占整个信息研究的一小部分，但它的长期持续证明了人们对该主题的兴趣是一致的，即使是分散的。

50多年来，关于信息研究的相关文献，尤其是关于学校图书馆媒体项目的研究文献，至少印证了信息和学习之间的联系。加韦（Gaver，1963）是第一个提出这个问题的人。狄狄耶（Didier，1985）的文章总结了在1982年之前进行的38项研究。这些研究着眼于学校图书馆项目和学生成绩之间的相关性。狄狄耶回顾的大多数研究都集中在学生对进行研究所需要的概念和技能的掌握程度上，也就是学生参与基于信息的学习所需的概念与技能，这也是本书关注的重点。曼考尔、亚伦和沃克（Mancall，Aaron & Walker，1986）主要为学校图书馆实习馆员和媒体专栏作家开展写作，他们的文章是关于学校信息专业人员在信息时代的黎明中的作用，标题为《教会学生思考》（Educating Students to Think），十分经典而有影响力，成为日益被认可的关于信息搜寻和学习之间联系的赞美诗。

沃兹尼（Wozny，1982）是率先在电子环境中解决该问题的人之一。他希望人们注意这种环境的潜力，认为其不仅能够"帮助学生发展搜索策略，提供了一个新机会"（p.42），而且"向学生介绍了一个更广阔的信息世界"（p.40），学生可以在其中应用这些策略。很多人效仿了沃兹尼的做法（例如，Aversa & Mancall，1986；Callison & Daniels，1988；Crane & Markowitz，1994；Lathrop，1989；Mancall，1984；Neuman，1993，1995a，1995b）。所有这些研究都着眼于学习和使用电子资源之间关系的一个或多个方面，像"逻辑""批判性思维""决策"和"高阶思维技能"这样的词汇贯穿在这些文献中。

同时，马奇奥尼尼的研究重点是学生的"心理模型"，他将使用早期电子资源（Liebscher & Marchionini，1988；Marchionini，1989；Marchionini & Teague，1987）相关的信息与认知理论直接联系，正如所罗门（Solomon，1994）的论断，认知复杂的问题推动学生创造更复杂的策略去成功地找到信息。比拉（Bilal，2000，2001）则将七年级学生的信息搜索过程与皮亚杰的发展阶段理论联系起来，而卡法依与贝茨（Kafai & Bates，1997）将小学生的网络搜索与信息素养发展联系起来。菲德尔等人（Fidel et al.，1999）的一项针对高中生的研究引起了人们的关注，他们担心"在学校引入互联网……甚至可能会帮助一些学生养成消极的学习习惯"（p.34）。

纽曼与钟（Neuman，2001a，2001b；Chung，2003；Chung & Neuman，2007）已经将信息搜索和使用直接与布卢姆（Bloom，1956）《教育目标分类学》中的学习水平联系起来，同时也与安德森和克拉斯沃（Anderson & Krathwohl，2001）那部经典著作的修订版联系起来。拉奇等人（Large & Beheshti，2000；Large，Beheshti & Breuleux，1998；Large，Beheshti，Breuleux，& Renaud，1994a，1994b，1995，1996；Large，Beheshti，& Rahman，2002）的许多研究也从信息研究的角度对信息的使用和学习提供了深入和广泛的研究——考察学习者的理解力与文本、动画和字幕等类型信息的关系。哈伦、布鲁斯和勒普顿（Harlan，Bruce & Lupton，2014）通过研究青少年在数字社区中创建和分享内容的经历，延伸了拉奇和其同事的研究。贝赫什提与拉奇（Beheshti & Large，2015）主编的作品继续从信息研究的角度，重点审视了当今学生在通过学习创造信息方面所面临的挑战。

与此同时，学校图书馆和媒体领域的研究人员特别关注研究过程的认知维度，反复强调在电子的和其他类型的各种环境中信息使用和学习之间的基本联系。例如，麦格雷戈（McGregor）做了一系列的研究，追踪学生在为学校项目寻找信息时所运用的高阶思维技能——将他们的工作与布卢姆（Bloom，1956）最初的《教育目标分类学》的各个层次联系起来（McGregor，1994a，1994b；McGregor & Streitenberger，1998；Williamson，McGregor，Archibald & Sullivan，2007）。库尔梭（Kuhlthau，1993）认为学习和信息搜寻都是建构的过程，"图书馆的信息搜寻（应该）放在更大的学习背景中"（p.14）。她把注意力集中在数字图书馆中的学习上（Kuhlthau，1997），并最终发展了"指导性探究"——学生通过研究构建个人知识的过程——这一概念，作为其所有工作的最终结果（Kuhlthau，Maniotes，& Caspari，2007/2015）。皮茨（Pitts，1994）则将学生对信息的利用与其他三条"学习线索"（生活技能、主题内容和视频制作）联系起来，并得出结论：全部四条学习线索相关的"有限的心智模式"（limited mental models）与研究的其他因素，共同限制了学生的成功。托德（Todd，

1995，1999）在其祖国澳大利亚进行的几项研究中，观察了信息搜寻和学习的关系，并进一步与罗格斯大学学校图书馆国际奖学金中心的同事一起，研究美国学生的信息搜寻和学习的关系。

从 20 世纪 90 年代开始，来自各个学科的研究者和理论家，联合基于资源的学习运动（resource-based learning movement），也在寻求记录学生基于直接使用信息而开展学习，即学生使用原始资料和参考资料回答自我生成的问题，有哪些益处（例如，Eisenberg & Small，1995；Hannafin & Hill，2008；Hill & Hannafin，2001；Meyer & Newton，1992；Ray，1994；Small & Gluck，1994）。纽曼（Neuman，2004）考察了这些研究者的假设："①学生个人提出的问题比教师的所有作业更重要；②信息是比教科书和其他传统学习工具更有价值的学习工具"（p.508），并指出了他们对信息研究的贡献，以及将信息本身视为基本学习工具的价值。布鲁斯（Bruce，2008）的"知情学习"（informed learning）概念描述了学习对信息的基本需求，并考虑了这种学习发生的各种背景和经验。布鲁斯等人（Bruce et al.，2017）进一步描述了几种"知情学习"的结构和实践，将几十年的基础工作融入当今时代需求。所有这些努力——观察利用信息和学习之间的一般联系，调查这些联系的细节，研究这些联系是如何在互动式信息环境中形成（或没有形成）的，为研究当代学生和其他人如何利用信息作为学习工具提供了深厚而广阔的概念背景。

4.2 信息素养运动

20 世纪 80 年代末和 90 年代初，所谓的"数字图书馆"的出现为研究信息使用和学习之间的关系提供了一个令人兴奋的新场景。"信息素养"（information literacy）——为各种目的获取、评估和使用信息的能力——的概念在图书馆界扎根，并开始对学校和学术类图书馆的日常工作产生巨大的影响。贝朗（Behrens，1994）记录了这一现象的出现，并指出了美国图书馆协会信息素养总统委员会（President Committee on Information Literacy）1989 年发布的最终报告的重要性：

> 要具备信息素养，一个人必须能够识别何时需要信息，并有能力定位、评估和有效使用所需信息……最终，有信息素养的人是那些学会了如何学习的人。他们知道如何学习，因为他们知道知识是如何组织的，知道如何查找信息，并知道如何以一种可资他人借鉴的方式使用信息。他们是为终身学习做好准

备的人，因为他们总能找到手边任何任务或决定所需的信息（American Library Association，1989）。

这一阐述与本书的重点特别相关，因为它明确了信息利用和学习之间的直接联系。它规定了与有效利用信息相关的高级思维技能，阐明了了解"知识是如何组织的"对信息素养的重要性，并规定"为终身学习做好准备"是信息素养的首要目标。它将学习中固有的概念与那些对利用信息至关重要的概念结合起来，提出了一个理论框架，将信息研究和教学设计中的思想锚定在一起（Neuman，1997）。

随着信息素养运动的开展，与利用信息开展学习相关的具体目标也随之制定。首先是针对 K-12 学生的成果：《学生学习信息素养标准》（Information Literacy Standards for Student Learning），收录于《信息力量：创建学习伙伴关系》（*Information Power: Building Partnerships for Learning*，American Association of School Librarians and Association for Educational Communications and Technology，1998）。大学与研究图书馆协会（Association of College and Research Libraries，ACRL）首先概述了高等院校学生的研究成果《高等教育信息素养能力标准》（*Information Literacy Competency Standards for Higher Education*，2000），并以发表一系列学科信息素养的方式对其进行了进一步定义，涵盖了新闻学、护理学、人类学和社会学、科学与工程/技术、教师教育、政治学、心理学和英语文学等领域。对信息素养的本质和利用方法的研究随之开始慎重推进，出现了专门研究该领域的研究中心。例如，华盛顿大学的工作促成了该大学信息学院联盟（iSchool）的"信息素养项目"（Project Information Literacy）的开展（Head & Eisenberg，2010）。现在，该项目是非营利性的，继续对"学生如何发现、评估和选择信息用于解决课程和日常生活中的问题"进行研究。此外，从 K-12 教育到高等教育各层次，都出现了帮助学生利用信息开展学习的实用指南。其中最引人注目的是托马斯（Thomas，2004）、格拉西安与卡普洛维茨（Grassian & Kaplowitz，2001/2009）的研究。综上所述，过去几十年中所有这些发展，为帮助学者和学生在当今更加复杂的信息环境中茁壮成长奠定了基础。

4.3 当下利用信息开展学习

与早期的数字图书馆相比，今天的信息环境发生了根本的变化。早期的数字信息环境主要基于文本和有限的技术，如今已经演变出成熟的、高度可视化的、高度交互性的在线信息丰富环境。这种在线环境的出现使大量新文件应运而生，它们列出了学生必须掌握的具体概念和策略，以加强他们在正式和非正式环境下的学习。例如，美国学校图书馆馆员协会（American Association of School Librarians，AASL）在其 2017 年的《学习者、学校图书馆馆员和学校图书馆的国家学校图书馆标准》（National School Library Standards for Learners, School Librarians, and School Libraries）中，包含了"学习者标准框架"（Standards Framework for Learners），更新了对利用信息开展学习的看法。同时，ACRL 开发了自己的高等教育信息素养框架（Framework for Information Literacy for Higher Education, 2016），以利用其日益增长、不断扩展的馆藏资源。

AASL 框架描述了六个"共同基础"：探寻（inquire）、涵盖（include）、协作（collaborate）、策划（curate）、探索（explore）和参与（engage）。这份文件不仅指明了一名学生要成为当今优秀的学习者所需要的"基础"，而且指明了"领域和能力"：思考、创造、分享和成长。类似地，ACRL 框架重点提出了六大基础性"结构"：在情境中确立权威，信息创造是一个过程，信息有价值，研究是探寻，学术是对话，搜索是一种策略性探索。这份文件所介绍的"门槛概念"——描述专家如何思考和运用信息素养的核心思想和过程——能够扩展和丰富我们对信息素养的理论理解，也进一步提出了教授信息素养概念和技能的新方法（Hofer, Lin Hanick & Townsend, 2018; Townsend, Hofer, Lin Hanick & Brunetti, 2016）。

在美国以外的国家，教育工作者和研究人员同样也在继续开发和修订信息素养的模型、框架和标准。仅英国就产生了五套相关的模型：特种图书馆和信息专业人员协会（CILIP）信息素养模型（Information Literacy Model）、学院、国家和大学图书馆协会（SCONUL）信息素养七支柱模型（Seven Pillars of Information Literacy Model）、信息素养新课程（A New Curriculum for Information Literacy）、苏格兰国家信息素养框架（National Information Literacy Framework of Scotland）和威尔士国家信息素养框架（National Information Literacy Framework of Wales）。在澳大利亚和新西兰，近年来信息素养已经成为学术对话的重要组成部分，例如克里斯汀·布鲁斯（Bruce, 2008, 2013）的研究，以及澳大利亚和新西兰信息素养框架（ANZIL）（Bundy, 2004）。在全球层面，国际图书馆协会和机构联合会（IFLA）发布了最新的《终身学习信息素养指南》（Guidelines on Information Literacy for Lifelong Learning）。事实上，信息素养运动已经坚实地开展起来并在不断发展。

其他出版物与信息科学专业人员创建的文件，特别是最近为 K–12 学生创建的指导方针，形成合力，共同扩大了它们的影响范围。例如，《国际教育技术协会学生

标准》(*ISTE Standards for Students*)(International Society for Technology in Education，2016)包含六个条目，其一提出了一套"研究和信息流利"技能，其他五个条目下嵌入了一些额外的信息技能和概念："创造力和创新""沟通和协作""批判性思考、解决问题和决策""数字公民"及"技术运营和概念"。虽然该标准的重点是与所有这些领域有关的技术运用，特别是数字技术的运用，但该标准本身假定信息是技术运作的原材料。

乍一看，将所有这些文件中的知识和技能整合成一个无所不包的集合体，似乎为创建一套全面的教育目标分类提供了可能，可以帮助我们了解学习者需要知道什么，以及如何能够使用信息进行学习。然而，实践和概念上的因素都妨碍了这一工作。当然，实际上，叠床架屋的表述太过麻烦了，没有用处。从概念上讲，一系列的困难会限制它的效用。比如，这样一个清单中的语句将在其对应的级别上差异巨大。思考一下以下两个陈述：

> 发展信息素养的学习者在遇到各种不同的，有时是相互矛盾的观点时，会建立并保持开放的心态。(ACRL框架，"Authority is Constructed and Contextual")
> 学习者在参与学习社区时，通过对信息资源和学习产品中表达的观点和意见采取明辨的立场，提出平衡的观点。(AASL框架，"Include")

这些陈述显然描述了相似的结论，但其中一个是针对高等教育学生的，另一个是针对K-12学生的。这些陈述的方向和不同程度的细节反映了其特定受众的需求，也表明了开发一种有效反映所有这些需求的综合材料是多么困难。

此外，这样的标准清单永远无法传达每个语句之间的细微差别，因为它们适用不同的语境，即使在相同的语境中也很难。思考以下陈述：

> 当学生使用科技产品时，包括进行在线社交或使用网络设备时，他们须做出积极、安全、合法和合乎道德的行为。(ISTE学生标准，"Digital Citizen")
> 学习者须合乎道德地理解信息，使用技术和媒体，遵循收集和使用信息的伦理和法律指导方针。(AASL框架，"Engage")

这两段陈述都是在K-12的背景下写的，都呼吁合乎道德地使用技术。然而，一种说法相当宽泛，而另一种则更侧重于在线互动、各种设备的使用以及在线安全。试图创建一条涵盖所有关键技能的陈述确实是具有挑战性的。

也许最重要的是，基于当前思想的清单必然会排除那些尚未被识别的知识和技能，或者那些对利用信息开展学习的重要性尚不为人所知的知识和技能。"利用信息开展学习"是一个非常宽泛的概念，与这个普遍概念相关的具体知识和技能仍在不断涌现。在第二章和第三章中提到的学习供给的方式已被详加讨论，而在今天的信息媒体中如何学习却很少被提及。"标准"声明中描述的学习细节充其量是稀疏的。其他的思想还没有经过彻底研究，例如佩奇洛和奥利弗（Perzylo & Oliver, 1992）以及斯莫尔和费雷拉（Small & Ferreira, 1994）的研究，与儿童在提取和报告多媒体数据库中呈现的视觉信息的能力限制密切相关；纽曼（Neuman, 2001a, 2001b）提出，在互动信息环境中帮助学习者理解如何构造信息尤为重要。

4.4 未来的方向

21世纪初，一些关注整体学习的团体和组织提出了一种看待学习和信息的综合方法，他们不再仅仅关心单个学科对学习的贡献。一个关键的样例是成立于2002年的21世纪技能联盟（Partnership for 21st Century Skills），该组织至今仍在工作，并更名为"21世纪学习联盟"（Partnership for 21st Century Learning）。该联盟的主要出版物《21世纪学习框架》（*Framework for 21st Century Learning*）首次出版于2004年，被各界公认为极具开创性。目前，该框架得到超过25个组织"联盟"的支持，这些组织类型各异，包括专业学术组织、出版社以及商业组织。在这些伙伴关系的持续推动下，该组织更新了框架（2017年），并利用额外资源进行扩展。

该框架包括九项"核心学科"（例如，英语、世界语言、数学和地理等传统课程），以及五个"21世纪跨学科主题"（包括全球意识和环境素养等主题）。对于信息开展学习而言，最重要的是该文件提供了三套技能，支持学生掌握这些核心学科和当代主题："学习和创新技能""生活和职业技能"，以及"信息、媒体和技术技能"。该框架将"信息技能"同"媒体和技术技能"结合起来，将上述早期信息技术和信息素养标准中固有的想法联系起来。通过确定掌握其学科和主题所必需的"信息、媒体和技术技能"，该框架还将"利用信息开展学习"置于其"整体观"的关键位置。

总体而言，联盟框架为学习者使用信息作为学习工具所需要掌握的一般概念、策略和技能描绘了一幅图景。虽然该文件不是在信息研究领域内产生的，但它提倡的学习需要利用该领域40多年来始终关注的核心要素。自从信息素养在20世纪80

年代提出以来，该框架的出现最终让理论赶上了时代的发展，它定义了学习者在当今和未来信息丰富环境中学习的具体概念，陈述了所需策略和技能，提供了方向和一个可以真正指导研究和实践的总体结构。在这个总体结构的框架内，信息研究和教学设计与开发——以及其他领域——的研究人员和实践者，可以在利用信息作为学习工具这方面填补空隙。

4.5 填补空隙

信息专家、教学设计师和其他教育工作者并没有丧失填补这些空隙所需的知识和技能。正如第二章和第三章以及本章开头所论述的那样，与信息学习相关的研究和理论已经开展了一个多世纪。第二章和第三章中提到的学习供给，提供了无数的机会确定概念、技能和策略，告知今天的学习者如何从当代信息丰富的环境中获益。信息研究界的工作，特别是在信息素养方面的工作，也提出了可以适应所有这些环境的学习途径。

然而，许多这方面的工作都是"竖井式的"。信息科学和教学设计的专家以及各个子领域的专家都利用自己掌握的文献，研究自己的现象切片，并建立各自的学科视角。传统上，不同的学术领域之间几乎没有交叉。在社会科学中，"新"问题经常被提出，而可能对这些问题有所启发的相邻学科的工作却很少得到关注。第二章和第三章列举了几个值得注意的例子：电影、游戏和远程教育领域的平行研究都发现了重要的概念，但研究人员很少在自己的工作中处理或建立"外部"概念，或在文献中予以承认。

然而，当代研究的关注点是当今必要的技能和整体的学习方法。这要求跨学科的研究人员汇集各自的理解，以巩固我们的知识，并提出问题，将这些知识向前推进，而不是重新发掘旧的思想，将它们应用于新的环境。通过特别关注利用信息开展学习的概念——也就是说，帮助学习者理解信息本身是如何表示、组织和呈现的，而不仅仅局限于承载信息的容器或机制，或者查找和访问信息的策略——教学设计与开发以及信息研究的领域可以结合在一起，建立在现有的理解之上，产生新的思想，帮助今天的学习者熟练地掌握当代信息丰富环境所需要的那种学习。

4.6 教学设计与开发的贡献

在上述建议的总体方法中，教学设计专业人员可能首先需要考虑第二章和第三章中描述的信息对象的种类——单一感官的、多感官的、交互式的和在线的。通过观察与每种信息类型相关的学习环境供给，并从中推断出利用这些环境所需的概念和技能，我们可以确定学习者在使用各种信息表征进行学习时需要什么。基于这一基本的认识，我们可以继续勾勒出全面的理解，即今天的学习者需要知道什么，才能在信息丰富的环境中成功地进行接受性和表现性学习。即使很简单的信息对象也有自己的"语法"和约定，理解如何"阅读"这些语法和约定是学习包含它们的任何信息对象——无论简单还是复杂——的第一步。

例如，学习单一感官的对象都需要视觉和听觉能力，无论这些对象是作为独立的事物还是作为更复杂的交互事物的组成部分。根据斯马尔迪诺等人（Smaldino, Lowther & Russell, 2008）的观点，视觉素养是"准确理解视觉信息并创造此类材料的学习能力"（p.374）。无论这些信息是简单的图示，比如无处不在的"食物金字塔"海报，还是用Photoshop创建的复杂的演示文稿，学习者都必须具备一些与线条、形状、颜色等相关的基本图形原理知识，才能理解它们传达的内容。为了创造准确、完整、有效交流的视觉信息，学习者需要对一些原则有更深的理解：必须明白为什么在地图上用红色的"X"比用绿色的"X"效果更好，或者为什么应该用饼状图来表达比例，而用线形图来表达趋势。类似地，学习者要想理解最新的新闻——无论是通过广播还是播客——必须能够从一组声音中提取相关信息，跟随并"概括"一个听觉序列，并理解音乐和语调如何影响意义。用当今的数字媒体设备记录口述历史的学习者，则必须利用上述能力来创作自己有趣、有效的作品。

洛尔与高尔（Lohr & Gall, 2008）调查了创建有效表征的各种策略。他们基于研究的深刻见解不仅适用于单一感官信息对象，对于一些种类的多感官信息对象而言同样有用。静态和动态多感觉物体都嵌入了视觉和听觉特征，就像单一感官对象一样，并添加了自己独特的语法和约定。例如，在像博物馆展览这样信息丰富的环境中，静态多感官对象通过在展览的物理安排和音频引导中建立既定的视觉和听觉惯例，创造出特定的效果。这场展览从凡·高忧郁的早期画作开始，到凡·高色彩斑斓、丰富多彩的后期作品结束，创造了一种视觉叙事，支持了学习者对这位艺术家发展历程的理解。一种解释这一发展历程的听觉叙述提供了对这种理解的口头强化。为了创造成功的展览，博物馆策展人显然必须理解与图形、口头教学相关的原则。

即使是最年轻的学习者，在创造课堂展示和立体模型时也需要借鉴类似的知识和技能，才能达到期望的效果。

通过动态多感官信息对象进行学习的过程也在继续：这些对象利用了上面提到的基本的视觉和听觉特征，并以独特的方式强化它们，以支持特定类型的学习（Kozma，1991）。例如，所罗门（Salomon，1974）提出的"电影代码"元素，仍然是创建信息丰富的环境（如电视、录像和流媒体演示）的特殊指导力量的基础。学习动态多感官信息对象，不仅要了解基本的视觉和听觉特征，还要了解如何通过节奏、摄像技术、音频线索、场景并置等方式呈现观点。比如，关于今天的阿拉斯加州的一段视频剪辑，使用画面和音乐来展示熊和鹰的郁郁葱葱的栖息地"最后的边疆"，这段视频会支持气候变化的争论的一方；而一段聚焦于该州快速融化的冰川的视频则支持另一方。在晚间新闻中，从战场景象转场至军队医院的剪辑方式建立了一个特定的战争视角，而从战场转场至阅兵情节的剪辑方式则不具备这个视角。媒体素养是对图像、声音、特效和文本进行批判性分析的能力，建立在基本的视觉和听觉基础之上。利用这些素养才能有效、准确、高效地创造媒体产品。学习者必须具备合理水平的视觉素养和听觉素养，才能形成媒体素养。

使用交互式信息对象进行学习，将这一进程推向了高潮。用独立的互动对象和那些填充在线信息丰富环境的对象来构建意义，依赖于上面提到的所有基本的潜在素养，以及对互动环境（尤其是数字环境）独特元素的掌握。平面设计的基本原则构成了桌面游戏和人机界面的创造基础，而与音频格式和动作媒体相关的约定则应用于在线提供的全套"教学产品"的创造。虽然这些环境嵌入了各自独有的特征——正如在第二章和第三章中所提到的那样——但也不要忘记，它们是建立在上文描述的基本元素之上的。学习者试图从模拟青蛙解剖的过程中理解意义，就必须利用基本的视觉和听觉的概念和技能，以及点击、指向和浏览的能力；当创建自己的多媒体产品和融合作品时，学习者必须利用类似的知识，才能设计和开发具有创造性的、优越的学习材料，真正发挥互动性的优势。

我们对在线环境的了解表明，独特的信息与通信技术阵列为学习，特别是表现性学习，提供了无数额外的机会，超出了上述孤立的信息对象所提供的机会。除了它的各个组件中固有的许多学习环境供给，在线环境作为一种整体的一般供给——分布式加工、话语和协作，独立的或联系的，如第三章中详细介绍的——也激发了早期技术环境下可望而不可即的学习可能性。虽然关于这些一般环境供给以及它们的一般和具体含义仍有很多需要了解的地方，但已经很清楚的是，信息丰富的在线环境，尤其是在网络化时，对当代终身学习发挥着前所未有的强大作用。同样清楚的是，利用这种环境所需的知识和技能是复杂和缜密的。从成功地参与简单的"在线笔友"项目，到协作解决问题和发现问题，再到使用工具套件创建小组项目，今天的学习者必须掌握各种已熟悉的和有待发现的能力，才能在信息时代茁壮成长。

教学设计研究人员需要将他们的工作放在利用信息学习的更大框架中，才能够将数十年的知识运用于当代越来越频繁地作为学习场所的信息系统设计中。类似地，将信息科学库中表示、组织、评估和使用信息的知识（如下节所述）融入设计的细节，设计师才可以利用其相关领域数十年的知识，创建更丰富、更深入的教学体系。当然，信息科学的研究人员也将受益于对教学设计的积极思考，尤其是当他们探索改进信息系统的设计，使更多的用户能够有效使用时（Neuman，1993）。通过共同努力，这两个领域的研究人员可以开发出更有效地同时用于信息科学和教学的系统。

4.7　信息研究的贡献

如上所述，这里描述的许多当代学习框架的元素看起来就像一个主题列表，长期以来一直是信息专业人员的领域。在研究环境和日常实践中，信息专业人员已经具备了该框架关键要素的专门知识。他们知道，信息是如何表示的——音频和视频文件以及基于文本的文件是如何创建、显示和存储的。他们知道，作为整体的一套信息是如何组织的——不仅在书架上，在图书馆的 CD 和 DVD 存储箱里，也在数据库和其他数字收藏中。他们知道，单个学科的信息是如何组织的，什么关键词和搜索策略最有可能找出特定主题相关的"好"信息。他们知道，怎样让信息更"好"——具备相关性、及时性、可信性、适龄性等。他们知道，如何设计和使用界面，哪些网站设计得很好，可以引导用户获得合适的信息，哪些网站会导致概念和逻辑上的死胡同。他们了解与信息使用相关的道德问题——版权、公平使用和新兴趋势。事实上，他们是社会顶级的信息专家。

然而，直到最近，信息研究领域一般都没有把学习作为信息搜寻的研究目标。该学科的基础文献中充满了"信息搜寻模型"，但在大多数情况下，这些模型将信息搜寻作为一种全局技能——并假定一旦找到了合适的信息，这个过程就结束了。早期模型中最著名和最有影响力的——例如，艾丽斯（Ellis，1989）、德玫（Dervin，1992）、库尔梭（Kuhlthau，1993）、莱基等人（Leckie，Pettigrew & Sylvain，1996）、威尔逊（Wilson，1981，1999）以及斯平克（Spink，1998）所创建的模型——都属于这种类型。有几个模型描述了特定环境中的信息搜寻［例如，马奇奥尼尼

(Marchionini, 1995)关于电子环境中的信息搜寻模型], 以及特定主题搜索 [例如, 克哥蒂尔（Cogdill, 2003）的模型, 阐明了执业护士如何为其病人寻求保健信息], 但它们也侧重于获取信息, 而不是将信息用于特定目的。德玟的模型强调的是"意义构建", 库尔梭的模型在教育环境中发展起来并语境化, 但即使是这两种模型, 也没有在信息搜寻和学习之间建立直接联系。在这些早期模型中, 可能威尔逊的研究与学习建立了最紧密的联系。1996 年, 他将典型的信息搜寻模型扩展为"信息行为"模型, 其中包括一个被称为"信息处理和**使用**"的步骤, 从而打开了一扇门, 把学习纳入了信息使用的范畴。在 1997 年, 他发布了一个"信息**问题解决**"模型, 使用了教育者和教学设计师熟悉的术语, 并直接将信息搜寻与特定类型的学习联系起来。

信息素养运动为威尔逊打开了一扇门, 许多信息研究人员也走进了这扇门。德玟在后来的工作中引领了这一方向, 她将对意义构建的讨论扩展到直接解决"知识搜寻和使用"的问题（Dervin, 1998）。同样地, 库尔梭等人（Kuhlthau et al., 2007/2015）将信息搜索过程模型扩展为"指导性探究", 提供了一个完全开发的课程, 前提是教师和图书馆员团队帮助学生使用信息进行学习。值得注意的是, 最近布鲁斯和她的同事探索并推广了"知情学习"概念, 其中"作为'知情学习'体验的核心元素, '信息体验'与'学习体验'的概念不可分割地交织在一起"（Bruce, 2013）, 详细信息见相关论文（Bruce, 2008; Bruce & Hughes, 2010; Bruce et al., 2017）。布鲁斯还经常与他人合作, 详细地记录了高等教育阶段信息素养的演变（例如, Gross & Latham, 2007, 2009, 2012, 2013; Julien, Gross & Latham, 2018）。

一些已经完成的研究, 能帮助我们更好地理解指导式探究对信息使用的影响（Reynolds, 2016; Scott, 2017; Garrison, FitzGerald & Sheerman, 2018）。但是, 总的来说, 在了解信息与学习的关系方面, 实践似乎远远领先于研究。许多从事图书工作的人——当然还有那些在学校和学术研究机构工作的人——早就对这种关系有了很好的认识。事实上, 学校图书馆员和媒体技术专家需要将信息使用和学习结合起来。他们既是教师又是图书管理员, 美国各地的认证要求他们在教学、学习以及信息科学基础方面都要有学术和实践经验。阿塞林与多隆（Asselin & Doiron, 2008）、库尔梭（Kuhlthau, 1993）、斯特里普林与皮茨（Stripling & Pitts, 1998）都在实践层面处理了两者关系。艾森伯格与伯科威茨（Eisenberg & Berkowitz）的"大六"（Big 6）信息解决问题模型在学校图书馆和媒体中心的教学中已经存在了近 30 年（Eisenberg & Berkowitz, 1990; Eisenberg, Lowe & Spitzer, 2004）。AASL 和 ISTE 最近几年发布的标准, 详细介绍了学校图书馆员需要努力帮助学生掌握的信息素养概念和技能, 同样丰富了实际操作的内容。

在学术图书馆方面，ACRL 的一系列信息素养讨论从 2002 年开始就出现了。该组织的一系列指导方针表明，多年来大学和研究型图书馆越来越重视学习。2004 年，贝尔与尚克创造了"混合型图书馆馆员"（blended librarian）一词，确定了一个需要一整套技能的角色，要求其能够将信息研究、教学设计和技术联系起来（Bell & Shank, 2004）。这些技能的融合，以及这种方法如何有助于学生的学习，还需持续讨论（例如，Corrall, 2010; Cherinet, 2018）。混合型图书馆馆员在线学习社区（The Blended Librarian Online Learning Community）则特别关注高校信息素养与学习之间日益加强的关系。

然而总的来说，基于研究，我们更深入、更广泛地理解了信息设计细节如何有助于学习，这必将有助于完善该领域的理论和实践。正如教学设计与开发的同行们需要"跟上"信息科学的概念和技能一样，信息专业人员也需要"跟上"教学设计的理论和实践，才能帮助学习者充分利用当今信息丰富的环境。他们不仅需要关注信息是如何表示、组织和呈现的，增强对各种信息库的访问，而且还需要关注各种支持或阻碍不同类型学习的信息表示、组织与呈现。换句话说，他们需要了解单一感官、多感官、数字和网络信息对象的认知相关特征（Kozma, 1991），才能帮助学习者在各种类型的信息环境中掌握学习技能。

举例来说，想想看，信息专业人士肯定知道，在一般水平上，图片通常比文本更容易帮助学习者理解信息——就像我们都知道的一样。但是为了更好地帮助学习者，他们需要明确地知道视觉表征设计如何帮助或阻碍学习者从这些视觉信息中提取和创造意义。关于人体循环系统的图解——不管这个图解是出现在海报中还是在线视频中——有多少细节对于了解血液流动是有用的，又有多少细节是令人困惑的？类似地，图书馆馆员对馆藏中的各种组织模式如何帮助或阻碍访问有很强的意识，但他们需要知道如何使用这些知识帮助学习者掌握各种学科中固有的基础知识。哺乳动物与爬行动物有何不同？对这种不同的理解如何帮助学习者在生物学参考资料集中——无论是在书架上还是在数据库中——成功地找到并理解信息？信息专业人士已经充分认识到，信息有各种载体和规模，但他们还需要了解，不同难度的信息呈现如何影响不同认知发展水平的学习者。哪些细节可以让一个初次接触希腊神话的中学生更适合使用某一个数据库，而让另一个数据库成为大学古典文学专业师生的更好选择？

信息专业研究当然可以建立在图书馆和信息科学的研究和实践带来的概念和技能的基础之上。该领域已经花了几十年的时间研究各种各样的"用户"并向他们提出建议，因为他们都在搜寻信息。长期以来，研究者和实践者都在研究诸如问题产

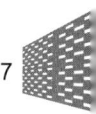

生、搜索策略的发展和应用、根据各种标准评估信息及其来源等问题，因为这些问题涉及所有年龄和类型的信息用户。研究人员和理论家思考了如何组织和呈现信息，以满足各种用户需求，包括不同层次的学习者获取信息的方式、信息的种类、搜寻信息的原因，以及在定位和评估高质量信息方面的困难。尽管这些努力通常与学习本身——即信息相关行为的"使用"部分——并不相关，但关于信息与学习关系的想法显然是蕴含其中的。

最近的发展表明，在信息搜寻和学习之间建立明确的、基于研究的联系，这一思想已经成为该领域关键文件中的一个重要概念。例如，AASL 和 ACRL 发布的新框架中包含的一些声明直接关注此类联系。AASL 将"策划"定义为"通过收集、组织和共享个人相关资源为自己和他人创造意义"，明确地将"创造意义"（即"学习"）与信息联系起来。同样地，ACRL 指出，"正在发展信息素养能力的学习者……在适当的水平上对学术对话做出贡献"。这表明，利用信息创造自己的知识是信息素养相关行为的一部分。虽然这种说明只是每一份文件的一小部分，但它们的存在为进一步讨论提供了背景。

4.8 信息研究同教学设计与开发的结合

很明显，当代关于学习的观点是以信息使用为中心的。通过上述研究发起的关键学习活动，都致力于让学习者了解如何发现、收集、理解、管理和创建信息。这些信息技能描述了当代学习的本质，其趋向性是当代学习研究的焦点，可以在信息研究与教学设计研究和实践之间架起桥梁。此外，一些国际协会（例如 IFLA），也包括 AASL，ACRL，ISTE 等组织，以及 21 世纪学习联盟，都通过新指南的颁布提供了寻找和使用信息的愿景，心照不宣地共同支持这样一项事业：在当代信息丰富的环境中，为了共同推进对学习的理解，将两个领域的见解和假设结合起来。

虽然这两个学科的研究人员偶然地涉及了信息和学习之间的联系，但他们很少一起这样做，或从一个共同的理论角度做。只有纽曼（Neuman，2011，2012a，2012b，2013，2015，2016）的"智慧学习"模型是专门设计来梳理这一理论的。它专门从教学设计和信息研究中总结理论来解释学习中信息的使用。它还是直接结合两个领域概念和策略的唯一方法。研究者基于该模型探索了各类教育领域中利用信息开展学习的情况，结果表明，信息与学习的明确联系有助于教师和学生在信息丰富的环境中形成更复杂和有用的学习概念（参见第八章，以及 Greenwell，2014，

2016；Lee, Grant, Neuman & Tecce DeCarlo, 2016a, 2016b, 2017；Lee, Meloche, Grant, Neuman & Tecce DeCarlo, 2019；Neuman, Grant, Lee & Tecce DeCarlo, 2015；Neuman, Lee, Tecce DeCarlo & Grant, 2017；Neuman, Talafian, Grant, Lee & Tecce DeCarlo, 2017；Tecce DeCarlo, Grant, Lee & Neuman, 2014, 2018）。

4.8.1 研究问题

多年来，一些零散的信息研究人员已经解决了孩子们在学校如何使用数字材料的问题，并提出了改善这些资源的建议，从而使这些资源更有用处，更有可能帮助学生的学习。例如伯格曼等人（Borgman, Hirsch, Walker & Gallagher, 1995）关于儿童使用在线目录的经典著作确定了一些设计上的"修正"，可以让9岁的儿童更容易地进行搜索。《图书馆趋势》（*Library Trends*）的特刊《儿童与数字图书馆》（*Children and the Digital Library*）（Jacobson, 1997）收录了关于儿童在电子环境中的学习体验的各种见解，包括这些环境促进（或阻碍）学习的方式。本章前面提到的那些研究人员很久以前就证实了儿童在这种环境中有效浏览的能力（Large et al., 1994a; Marchionini, 1989），并确定了今天仍然需要关注的问题。其中的两个问题——学生在使用视觉信息以及从所得信息中创建连贯认知结构方面所面临的挑战——仍未解决，而这些问题的解决似乎对当今网络世界的学习尤为重要。

25年前，佩奇洛和奥利弗（Perzylo & Oliver, 1992）研究发现，六年级学生在作业中无法使用《国家地理杂志》（*National Geographic*）光盘产品中高度视觉化的元素，这主要是因为他们缺乏记录和整合非文本成分的手段和策略，而这些非文本成分承载了他们所寻找的很多信息。在这款产品中，学生更容易接受的信息类型依次是：声音、视频、照片和图表，而对于文本信息，他们只乐意读那些言简意赅的……特意选择（比方说）照片的图解文字（p.237）。但是为了完成作业——一份传统的书面报告，学生几乎只能使用文本材料，而其他信息类型提供的想法只能以引用的形式存在。

虽然研究人员承认作业的文本性质和产品的纯文本打印功能明显影响了学生的行为，但这些问题在今天基本上无关紧要。重要的是，研究人员得出的结论是，学生的表现不仅反映了这些"逻辑"因素，而且还反映了一个关键的概念因素："学生似乎没有技能或知识来寻找和记录文本来源以外的信息"（p.238）。在一项对年龄段大致相同的人进行的研究中，拉奇等人（Large et al., 1994b）证实并补充了这一发现："总体而言，使用多媒体的人未能从视觉和语言信息的双重编码中充分受益"

（p.526）。这表明，问题在于学生如何从文本和视觉信息的相互联系中构建意义，这是多感官信息对象的特点。类似地，斯莫尔和费雷拉（Small & Ferreira, 1994）研究发现，使用纸质资源的中学生更倾向于做书面笔记，比起使用多媒体资源且通常只做"心理笔记"的同类学生，他们更倾向于做"提取"行为。

尽管 21 世纪学习联盟的框架等"通用"方法前景光明，但当代似乎鲜有专门针对学习者使用交互式视觉信息的能力的研究。因此，问题仍然是孩子和成人如何学习挖掘非文本形式以获得深入的信息。教师和学生充分利用在线环境中视觉学习所必备的策略——其力量很大程度上源于在线环境提供视觉表现的能力——仍有待发现。然而，佩特森（Pettersson, 2002, 2019a, 2019b, 2019c）以及国际信息设计研究所的工作可能会为指导设计师和信息专业人员在未来解决这个问题的找到方法。例如，施赖弗（Schriver, 2017）注意到了解决"基于技术学习的信息设计"这一领域的重要性，并建议为"优化文本、图形、排版和定量显示的质量"的一系列学习研究提供机会。

类似地，纽曼（Neuman, 1993, 2001a, 2001b）对学生利用电子信息资源的行为进行研究，提出了一个有待进一步探讨的问题：认知结构在使用信息进行学习时有何作用。在两项研究中都出现了该主题的不同变量（涉及 200 多名高中生和初中生）。其中一个例子来自一群有天赋的新生，他们在无机化学相关主题论文的参考书目中包含了与有机化学有关的项目。他们对化学基本组织结构的认识不足，不仅导致在搜索和写作中出现错误，也导致他们对如何构建连贯、合理、准确的化学知识心理模型的认识不足。今天的信息丰富的环境——尤其是在线环境，它最终实现的是从一项资源到另一项资源的点击和浏览——通常没有熟悉的目录、章节标题和提示"传统"文档总体结构的索引。在大多数情况下，学习者必须将自己的认知结构施加在他们从一项资源跳转到另一项资源时所收集的信息上。

但这可能并不容易。另一个关于结构问题的例子来自一组七年级学生，他们需要自己选择一种动物，并对其撰写一篇五段式文章（Neuman, 2001a, 2001b）。项目要求（指导）学生们只能在网上找到自己所需的信息。他们几乎完全依赖于教师制作的一份四页长的模板——实际上是教师强加的结构——他们在作业中用了四次。首先，他们用模板来记录笔记，所以特别关注期末论文所需的信息（饮食、栖息地、捕食者等），并将这些信息记录在所需的总体结构中（引言、三个解释性段落、结论）。其次，他们使用一个类似的模板作为"图示组织者"（graphic organizer），指定信息在每个段落中出现的顺序（主题句后跟两三个解释性句子）。最后，他们用模板起草了文稿。最后，他们用模板作为提交期末论文的形式。

为了让学生写出一篇简单的五段式论文，老师认为有必要提供的结构数量值得注意。同样值得注意的是，在这项研究中，其他三位老师以及图书馆媒体技术专家都使用了类似的模板，并提供了广泛的支持，使学生能够将他们的信息组织成最终成果。从来没有人教导学生"结构"是一个自我的概念，即使是好学生也无法清楚地表达如何把想法放在一起来创造一个整体。那么问题就变成了，在当今信息丰富的环境中，在接触到大量可用信息时，如果没有人提出或强加一种结构，那么学生，尤其是那些水平较低的学生，将会怎么做？有多少学生实际上能够创建和应用自己的模式？他们的个人结构是相对完整和连贯的，还是建立在零散的事实之上的？

同时，像思维导图工具和概念图软件这样的产品是帮助用户组织和构造信息的强大工具，而没有软件在手的初学者如何能够依据自己遇到的信息创建合理的心理模型？最终，对信息独立形成构造的问题可能是一个关键问题。青少年是否能够针对职业前景和教育要求建立一个合理的心理模型，选择一个满意的职业？年轻的父母能否通过各种信息来源——甚至是有信誉的来源——构建一种医疗知识，为生病的孩子做出正确的决定？一个即将结束职业生涯的人是否能够解决财务问题，确保舒适的退休生活？特别是在今天——在线信息环境不仅使快速的跳转、迂回和转变成为可能，而且鼓励这些做法，这很容易转移最初的关注点——所有年龄段和能力水平的学习者将如何学习使用他们发现的东西，创建令人信服的、完整的、有用的心智模型，使自己能够回答问题并解决问题？

这些问题有力地说明了安德森和克拉斯沃（Anderson & Krathwohl, 2001）的"认知过程维度"（表1.2）中信息使用和学习之间最高层级的交集。"形成结构"（Structuring）也就是创建个人的心理模型，在表1.2中以"创造"的形式出现，它被定义为"将元素组合在一起，形成一个连贯的或功能性的整体，将信息元素重新组织成新的模式或结构"的能力（p.68）。从这个意义上说，创造并不涉及写一本布克奖获奖小说或发现费马原理的解。但它确实涉及把想法——事实、概念、规则、程序和策略——放在一起，用新的方法来解决问题，闯出一片天地。这种创造，假设发展了一个合理、准确和连贯的个人结构，它描述了一种学习类型，在当今信息丰富的环境中得到了特别好的支持。嵌入网络的工具不仅支持新知识的创造和传播，而且它们需要新知识。只有学习者从在线信息中创建有意义的结构，他们才能获得这一最高水平的学习能力。

虽然在利用信息学习这一领域，相关的教学设计研究滞后于信息研究对这一课题的关注，但仍开展了一些关键性工作。例如，李、利姆和格拉博夫斯基（Lee, Lim & Grabowski, 2008）总结了多年来关于生成式学习的研究，采用了类似的结构。一些教学设计理论家和研究人员同样始终坚持开展信息使用和学习的交叉研究，取得了可喜的进展。克罗利与阿泽维多（Cromley & Azevedo，2009）在信息设计和教学设计方面进行了相互交织的工作，为他们探讨学生如何在数字资源中定位信息的研究提供了背景理论。汉纳芬等人（Hannafin，Hannafin & Gabbitas，2009）研究了基于网络学习的认知发展，并对"信息超载"问题有所关注。利姆与泰（Lim & Tay，2003）则探讨了不同类型的信息传播技术如何培养更高阶的思维。纽曼（Neuman，2012a，2015）针对教学设计领域的若干关键资源，总结了几个利用信息学习相关的问题。虽然这一研究方向在教学设计领域中只是一个很小的分支，但它的出现令人鼓舞，并且十分重要。如前所述，这项研究与信息研究的联合，及其研究人员的联手，将两种传统研究的精华融合成一个更强大的研究模型。

4.8.2　理论框架

当然，将各个领域的研究结合起来需要一个合适的理论框架。21世纪学习联盟在2017年更新的框架文件中提出的关键概念就提供了这样一个指南。从它的"信息、媒体和技术技能"部分所提取的经验，可以引领来自这两个领域——尤其是合作领域——的研究人员，开展新一轮的探索。将AASL、ACRL和ISTE发布的文件中的方法和成果，嵌入这个总体框架，进行适当扩大，可以让研究人员将工作背景化，以满足单个群体的具体需求。

另一个可能的理论框架来自大卫·乔纳森（David Jonassen）的工作。他是一位开创性的思想家，在教学设计领域提出了技术与建构主义的关系，并提出了信息与学习的间接关系理论。他的著作《作为学校思维工具的计算机：参与批判性思维》（Computers as Mindtools for Schools: Engaging Critical Thinking，1996）帮助研究人员和实践者突破了对如何使用当时新兴的互联网/网络技术支持有意义学习的理解。他后来与另外两位受人尊敬的教学设计理论家一起工作，为教学设计和信息科学思维研究创造了一套强大的概念框架，来处理当代技术所支持的学习。即使在今天——大约在他们首次提出这一框架的20年后——他们所确定的这些技术在支持学习方面可能扮演的五种角色，以及这种支持的表现方式，本质上为研究在信息丰富环境下学习这一问题提供了大量的素材。他们的框架对技术的描述如下：

是支持知识构建的工具
- 用来表达学习者的想法、理解和信念

- 为学习者建立有组织的多媒体知识库

是用于探索知识以支持通过构建进行学习的信息工具
- 用于访问所需信息
- 用来比较观点、信仰和世界观

是支持边做边学的环境
- 用于表示和模拟有意义的现实问题、情况和语境
- 用来表述信仰、观点、论据和其他人的故事
- 为学生的思考确定一个安全可控的问题空间

是通过对话来支持学习的社交媒体
- 用于与他人合作
- 用于探讨、争论和在社区成员之间建立共识
- 支持知识构建的社区之间的讨论

是一个支持通过反思来学习的智能伙伴
- 帮助学习者清楚表达并阐释自己所知道的
- 为了（并支持）反思我们学到了什么，是如何学到的
- 用于支持学习者的内部探讨和意义构建
- 用来构建个人意义表征
- 支持正念思维（Jonassen，Peck & Wilson，1999，pp.13-14）

还有个框架由上文提到的"智慧学习"模型（I-LEARN Model）产生，将在本书的第六章中详细介绍。基于信息研究和教学设计的理论、研究和实践，该模型提出了一种有意识地弥合信息使用和有意义学习之间差距的研究结构。它的六个阶段（鉴别、定位、评价、应用、反思和精通）描述了搜寻和利用信息进行学习的整个过程，特别是后三个阶段在"智慧学习"模型中确立为信息搜寻在学习领域的延伸。类似于乔纳森等人为技术在建构主义学习中所确定的一系列角色，"智慧学习"模型建议教学设计师和信息专家在研究方法和开发材料时要考虑一系列因素，这些因素将帮助今天的学习者熟练掌握信息丰富的环境所需要的学习方式。

4.9　结语

无论是年轻人还是老年人，新手还是专家，今天的学习者必须掌握大量不熟悉

的概念、策略和技能，才能利用更广泛的信息对象高效地学习。几十年的信息研究以及教学设计的研究和实践，为理解这类学习的单个组成部分奠定了坚实的基础，但独立领域的贡献缺乏以信息为基础的学习这一整体视野，而这种视野是今天学习相关讨论的基础。将这两个领域的研究、理论和实践联系起来，可以为理解如何在当今信息丰富的环境中促成更高层次的学习并帮助更多的学生实现这一目标打下坚实的基础。

帮助学习者在信息丰富的环境中茁壮成长是非常重要的。根据常识普查，如今13~18岁的美国青少年平均使用娱乐媒体的时间为8小时56分钟，这还不包括在学校做作业时的使用时间。8~12岁的孩子平均使用娱乐媒体的时间为5小时55分钟：看视频、玩游戏、使用社交媒体、使用互联网、阅读和听音乐。这种媒体使用通常发生在这些孩子做作业的时候：51%的孩子表示在做作业的时候"经常"或"有时"看视频或使用社交媒体，超过一半的人觉得这种做法会影响他们的作业质量（Common Sense Media，2018）。虽然该报告的研究重点是信息丰富的娱乐环境，而不是教育，但该环境涵盖了广泛的主题。很明显，今天的青少年从娱乐媒体中学到了很多东西。他们是否有足够的技能从适当的来源中学习，是一个非常开放的问题。

今天信息丰富的环境几乎是不可抗拒的。皮尤研究中心2018年的一份报告显示，45%的青少年称自己"几乎一直"在上网。这一比例几乎是皮尤研究中心2014年调查数据的两倍（Pew Research Center，2018）。为了这些学习者的短期和长期利益，帮助他们使用这种信息丰富的环境的需求日益迫切。今天，我们才刚刚开始了解如何利用这些环境作为学习场所。随着学习场景本身的不断发展和变化，我们的理论、研究和实践必须相应地做出调整。在一个全面的研究议程中结合信息科学和教学设计的见解，将是一个有效的策略，能够帮我们找到需要的知识，最大限度地实现在信息丰富的环境中固有的学习愿景。在广泛而灵活的概念结构——如21世纪学习联盟的框架文件、乔纳森等人（Jonassen et al.，1999）的课题或"智慧学习"模型——的指导下，这样的战略可能产生引人注目和极为有益的结果。

参考文献

American Association of School Librarians. (2017). *National school library standards for learners, school librarians, and school libraries*. Chicago: ALA Editions.
American Association of School Librarians and Association for Educational Communications and Technology. (1998). *Information power: Building partnerships for learning*. Chicago: ALA Editions.

American Library Association. (1989). *Presidential committee on information literacy: Final report*. Retrieved from http://www.ala.org/ala/mgrps/divs/acrl/ publications/whitepapers/presidential.cfm.

Anderson, L. W. & Krathwohl, D. R. (Eds.). (2001). *A taxonomy for learning, teaching, and assessing: A revision of Bloom's Taxonomy of Educational Objectives*. New York: Addison Wesley Longman.

Asselin, M. & Doiron, R. (2008). Towards a transformative pedagogy for school libraries 2.0. *School Libraries Worldwide, 14*(2), 1–18.

Association of College and Research Libraries. (2000). *Information literacy competency standards for higher education*. Retrieved from http://www.ala.org/ ala/mgrps/divs/acrl/standards/ informationliteracycompetency.cfm.

Association of College and Research Libraries. (2016). *Framework for information literacy education*. Retrieved from http://www.ala.org/acrl/standards/ ilframework.

Aversa, E. & Mancall, J. C. (1986). Managing online information services in school library media programs. In S. L. Aaron & P. R. Scales (Eds.), *School library media annual 1986* (pp. 219–236). Littleton, CO: Libraries Unlimited.

Baker, M. (2010, February 24). YouTube U. *The Philadelphia Inquirer*, pp. E1–E2.

Beheshti, J. & Large, A. (2015). *The information behavior of a new generation: Children and teens in the 21st century*. Lanham, MD: The Scarecrow Press.

Behrens, S. J.(1994). A conceptual analysis and historical overview of information literacy. *College & Research Libraries, 55*(4), 309–322.

Bell, S. J. & Shank, J. (2004). The blended librarian: A blueprint for redefining the teaching and learning role of academic librarians. *College & Research Libraries News, 65*(7), 372–375.

Bilal, D. (2000). Children's use of Yahooligans! Web Search Engine: I. Cognitive, physical, and affective behaviors on fact-based search tasks. *Journal of the American Society for Information Science, 51*(7), 646–665.

Bilal, D. (2001). Children's use of Yahooligans! Web Search Engine: II. Cognitive and physical behaviors on research tasks. *Journal of the American Society for Information Science, 52*(2), 118–136.

Bloom, B. S. (Ed.). (1956). *Taxonomy of educational objectives: Cognitive domain*. New York: Longman.

Borgman, C. L., Hirsch, S. G., Walker, V. A. & Gallagher, A. L. (1995). Children's search behavior on browsing and keyword online catalogs: The Science Library Catalog Project. *Journal of the American Society for Information Science, 46*(9), 663–684.

Brown, J. S. (2000). Growing up digital. *Change, 32*(2), 10–11.

Bruce, C. (2008). *Informed learning*. Chicago: American Library Association.

Bruce, C. (2013). Information literacy and practice: An experiential perspective. In S. Kurbanoglu, E. Grassian, D. Mizrachi, R. Catts, & S. Spiranec (Eds.), *Worldwide commonalities and challenges in information literacy research and practices* (pp.11–30). New York: Springer.

Bruce, C., Demasson, A., Hughes, H., Lupton, M., Abdi, E. S., Somerville, M. M., et al. (2017). Information literacy and informed learning: Conceptual innovations for IL research and practice futures. *Journal of Information Literacy, 11*(1), 4–22.

Bruce, C. & Hughes, H. (2010). Informed learning: A pedagogical construct attending simultaneously to information use and learning. *Library and Information Science Research, 32*(4), A2–A8.

Bundy, A. (2004). *Australian and New Zealand Information Literacy Framework* (2nd ed.). Adelaide: Australian and New Zealand Institute for Information Literacy.

Callison, D. & Daniels, A. (1988). Introducing end-user software for enhancing student online searching. *School Library Media Quarterly, 16*(3), 173–181.

Cherinet, Y. M. (2018). Blended skills and the future role of librarians. *Library Management, 39*(1–2),

93–105.

Chung, J. (2003). *Information use and meaningful learning.* Unpublished doctoral dissertation, University of Maryland, College Park.

Chung, J. & Neuman, D. (2007). High school students' information seeking and use for class projects. *Journal of the American Society for Information Science and Technology, 58*(10), 1503–1517.

Cogdill, K. W. (2003). Information needs and information seeking in primary care: A study of nurse practitioners. *Journal of the Medical Library Association, 91*(2), 203–215.

Combes, B. (2009). Digital natives or digital refugees? Why we have failed Gen Y. *Proceedings of the 38th Annual Conference of the International Association of School Librarianship*, Abano Terme (Padua), Italy.

Common Sense Media. (2018). *The Common Sense census: Media use by tweens and teens.* Retrieved from https://www.commonsensemedia.org/sites/default/files/ uploads/research/census_researchreport.pdf.

Corrall, S. (2010). Educating the academic librarian as a blended professional: A review and case study. *Library Management, 31*(8–9), 567–593.

Crane, B. & Markowitz, N. L.(1994). A model for teaching critical thinking through online searching. *Reference Librarian, 44*, 41–52.

Cromley, J. & Azevedo, R.(2009). Locating information within extended hypermedia. *Educational Technology Research and Development, 57*(3), 287–313.

Dervin, B. (1992). From the mind's eye of the user: The sense-making qualitative-quantitative methodology. In J. D. Glazier & R. R. Powell (Eds.), *Qualitative research in information management* (pp.61–84). Englewood, CO: Libraries Unlimited.

Dervin, B. (1998). Sense-making theory and practice: An overview of user interests in knowledge seeking and use. *Journal of Knowledge Management, 2*(2), 36–46. https://doi.org/10.1108/13673279810249369.

Didier, E. K. (1985). An overview of research on the impact of school library media programs on student achievement. *School Library Media Quarterly, 14*(1), 33–36.

Eisenberg, M. B. & Berkowitz, R. E. (1990). *Information problem solving: The Big Six approach to library and information skills instruction.* Norwood, NJ: Ablex.

Eisenberg, M. B., Lowe, C. A. & Spitzer, K. L. (2004). *Information literacy: Essential skills for the information age.* Westport, CT: Libraries Unlimited.

Eisenberg, M. B. & Small, R. V. (1995). Information-based education: An investigation of the nature and role of information attributes in education. *Information Processing and Management, 29*(2), 263–275.

Ellis, D. (1989). A behavioural approach to information retrieval design. *Journal of Documentation, 46*(3), 318–338.

Eva, N. & Shea, E. (2018). Marketing libraries in an era of "fake news". *Reference & User Services Quarterly, 57*(3), 168–171.

Fidel, R., Davies, R. K., Douglass, M. H., Holder, J. K., Hopkins, C. J., Kushner, E. J., et al. (1999). A visit to the information mall: Web searching behaviors of high school students. *Journal of the American Society for Information Science, 51*(7), 646–665.

Garrison, K. L., FitzGerald, L. & Sheerman, A. (2018)."Just let me go at it": Exploring students' use and perceptions of guided inquiry. *School Library Research, 21*, 1–37.

Gaver, M. (1963). *Effectiveness of centralized library service in elementary schools.* New Brunswick, NJ: Rutgers University Press.

Grassian, E. S. & Kaplowitz, J. R. (2009). Information literacy instruction: Theory and practice. New York: Neal-Schuman. (Original work published 2001)

Greenfield, P. M. (2009). Technology and informal education: What is taught, what is learned. *Science, 323*(5910), 69–71.

Greenwell, S. (2014). Using the I-LEARN Model to design information literacy instruction. In S. Kurbonaglu, S. Spiranek, E. Grassian, D. Mizrachi & R. Catts (Eds.), *Information literacy: Lifelong learning and digital citizenship in the 21st century* (pp. 400–407). New York: Springer.

Greenwell, S. (2016). Using the I-LEARN Model for information literacy instruction. *Journal of Information Literacy, 10*(1), 67–85.

Gross, M. & Latham, D. (2007). Attaining information literacy: An investigation of the relationship between skill level, self estimates of skill, and library anxiety. *Library & Information Science Research, 29*, 332–353.

Gross, M. & Latham, D. (2009). Undergraduate perceptions of information literacy: Defining, attaining, and self-assessing skills. *College & Research Libraries, 70*(4), 336–350.

Gross, M. & Latham, D. (2012). What's skill got to do with it?: Information literacy skills and self-views of ability among first year college students. *Journal of the American Society for Information Science &Technology, 63*(3), 574–583.

Gross, M. & Latham, D. (2013). Addressing below proficient information literacy skills: Evaluating the efficacy of an evidence-based educational intervention. *Library & Information Science Research, 35*(3), 181–190. https://doi.org/ 10.1016/j.lisr.2013.03.001.

Hannafin, M. J., Hannafin, K. & Gabbitas, B. (2009). Re-examining cognition during student-centered, Web-based learning. *Educational Research and Technology, 57*(6), 767–785.

Hannafin, M. J. & Hill, J. R. (2008). Resource-based learning. In J. M. Spector, M. D. Merrill, J. van Merrienboer, M. P. Driscoll & M. P. (Eds.), *Handbook of research on educational communications and technology* (3rd ed., pp. 525–536). Mahwah, NJ: Lawrence Erlbaum.

Harlan, M.A., Bruce, C.S. & Lupton, M. (2014). Creating and sharing: Teens' information practices in digital communities. *Information Research*, *19*(1), Paper 611. Retrieved from http://InformationR.net/ir/19-1/paper611.html.

Head, A. (2013*). Learning the ropes: How freshmen conduct course research once they enter college.* Retrieved from http://projectinfolit.org.

Head, A. J. & Eisenberg, M. B. (2010). *Project information literacy: A national study about early adults and their information-seeking behaviors, competencies, and the challenges they face when conducting research in the digital age.* Retrieved from http://projectinfolit.org/.

Hill, J. R. & Hannafin, M. J.(2001). Teaching and learning in digital environments:The resurgence of resource-based learning. *Educational Technology Research and Development, 49*(3), 37–52.

Hofer, A. R., Lin Hanick, S. & Townsend, L. (2018). *Transforming information literacy instruction.* Westport, CT: Libraries Unlimited.

Howe, N. & Strauss, N. (2000). *Millennials rising: The next greatest generation.* New York: Vintage Books.

International Society for Technology in Education. (2016). *ISTE standards for students.* Retrieved from http://www.iste.org/.

Ito, M., Horst, H., Bittanti, M., boyd, d., Herr-Stephenson, B., Lange, P. G., et al. (2008). *Learning and living with new media: Summary of findings from the Digital Youth Project.* Chicago: John D. and Catherine T. MacArthur Foundation. Retrieved from www.macfound.org.

Jacobson, F. F. (Ed.). (1997). Children and the digital library. *Library Trends, 45*(4), 575–806.

Jenkins, H., Clinton, K., Purushotma, R., Robinson, A. J. & Weigel, M. (2004). *Confronting the challenges of participatory culture: Media education for the 21st century.* Chicago: John D. and Catherine T.

MacArthur Foundation. Retrieved from www.macfound.org.

Jonassen, D. H. (1996). *Computers as mindtools for schools: Engaging critical thinking.* Columbus, OH: Merrill Prentice Hall.

Jonassen, D. H., Peck, K. L. & Wilson, B. G. (1999). *Learning with technology: A constructivist perspective.* Columbus, OH: Merrill Prentice Hall.

Julien, H., Gross, M. & Latham, D. (2018). Survey of information literacy instructional practices in U.S. academic libraries. *College & Research Libraries, 79*(2), 179–199.

Kafai, Y. & Bates, M. (1997). Internet Web-searching in the elementary classroom: Building a foundation for information literacy. *School Library Media Quarterly, 25*(2), 103–111.

Kirschner, P. A. & De Bruyckere, P. (2017). The myths of the digital native and the multitasker. *Teaching and Teacher Education, 67*, 135–142.

Kozma, R. B. (1991). Learning with media. *Review of Educational Research, 61*, 179–211.

Kuhlthau, C. C. (1993). *Seeking meaning: A process approach to library and information services.* Norwood, NJ: Ablex.

Kuhlthau, C. C. (1997). Learning in digital libraries: An Information Search Process approach. *Library Trends, 45*(4), 708–725.

Kuhlthau, C. C., Maniotes, L. K. & Caspari, A. K. (2015). Guided inquiry: Learning in the 21st century. Westport, CT: Libraries Unlimited. (Original work published 2007)

Large, A. & Beheshti, J. (2000). The web as classroom resource: Reactions from users. *Journal of the American Society for Information Science, 51*(12), 1069–1080.

Large, A., Beheshti, J. & Breuleux, A. (1998). Information seeking in a multimedia environment by primary school students. *Library & Information Science Research, 20*(4), 343–376.

Large, A., Beheshti, J., Breuleux, A. & Renaud, A. (1994a). A comparison of information retrieval from print and CD-ROM versions of an encyclopedia by elementary school students. *Information Processing & Management, 30*(4), 499–513.

Large, A., Beheshti, J., Breuleux, A. & Renaud, A. (1994b). Multimedia and comprehension: A cognitive study. *Journal of the American Society for Information Science, 45*(7), 515–528.

Large, A., Beheshti, J., Breuleux, A. & Renaud, A. (1995). Multimedia and comprehension: The relationship between text, animation, and captions. *Journal of the American Society for Information Science, 46*(5), 340–347.

Large, A., Beheshti, J., Breuleux, A. & Renaud, A. (1996). The effect of animation in enhancing descriptive and procedural texts in a multimedia learning environment. *Journal of the American Society for Information Science, 47*(6), 437–448.

Large, A., Beheshti, J. & Rahman, T. (2002). Design criteria for children's Web portals: The users speak out. *Journal of the American Society for Information Science, 53*(2), 79–94.

Lathrop, A. (1989). Online information as a research tool in secondary school libraries. In A. Lathrop (Ed.), *Online and CD-ROM databases in schools: Readings* (pp.287–339). Englewood, CO: Libraries Unlimited.

Leckie, G. J., Pettigrew, K. E. & Sylvain, C. (1996). Modeling the information seeking of professionals: A general model derived from research on engineers, health care professionals, and lawyers. *The Library Quarterly, 66*(2), 161–193.

Lee, H. W., Lim, K. Y. & Grabowski, B. L. (2008). Generative learning: Principles and implications for making meaning. In J. M. Spector, M. D. Merrill, J. van Merrienboer, M. P. Driscoll, & M. P. (Eds.), *Handbook of research on educational communications and technology* (3rd ed., pp.111–124). Mahwah, NJ: Lawrence Erlbaum.

Lee, V. J., Grant, A. G., Neuman, D. & Tecce DeCarlo, M. J. (2016a, November). A collaborative I-LEARN project with kindergarten and second-grade teachers and students at a university-assisted school. *Urban Education*. https://doi.org/ 10.1177/0042085916677344.

Lee, V. J., Grant, A. G., Neuman, D. & Tecce DeCarlo, M. J. (2016b). Using I-LEARN to foster the information and digital literacies of middle school students. In S. Kurbanoğlu, J. Boustany, S. Špiranec, E. Grassian, D. Mizrachi, L. Roy, & T. Cakmak (Eds.), *Information literacy: Key to an inclusive society* (pp.480–489). New York: Springer.

Lee, V. J., Grant, A. G., Neuman, D. & Tecce DeCarlo, M. J. (2017). Teaching adolescents about critical information literacy: Connecting world history from the past to the present. Unpublished raw data.

Lee, V. J., Meloche, A., Grant, A., Neuman, D. & Tecce DeCarlo, M. J. (2019). "My thoughts on gun violence": An urban adolescent's display of agency and multimodal literacies. *Journal of Adolescent and Adult Literacy*. Retrieved from https://ila.onlinelibrary.wiley.com/doi/full/10.1002/jaal.944.

Liebscher, P. & Marchionini, G. (1988). Browse and analytical search strategies in a full-text CD-ROM encyclopedia. *School Library Media Quarterly, 16*(4), 223–233.

Lim, C. P. & Tay, L. Y. (2003). Information and communication technologies (ICT) in an elementary school: Students' engagement in higher order thinking. *Journal of Educational Multimedia and Hypermedia, 12*(4), 425–451.

Livingstone, S. (2010). Digital learning and participation among youth: Critical reflections on future research priorities. *International Journal of Learning and Media, 2*(2–3), 1–13.

Livingstone, S. (2012). Critical reflections on the benefits of ICT in education. *Oxford Review of Education, 38*(1), 9–24.

Lohr, L. L. & Gall, J. E. (2008). Representation strategies. In J. M. Spector, M. D. Merrill, J. van Merrienboer, M. P. Driscoll, & M. P. (Eds.), *Handbook of research on educational communications and technology* (3rd ed., pp. 85–96). Mahwah, NJ: Lawrence Erlbaum.

Mancall, J. C. (1984). Training students to search online: Rationale, process, and implications. *Drexel Library Quarterly, 20*, 64–84.

Mancall, J. C., Aaron, S. L. & Walker, S. A. (1986). Educating students to think: The role of the school library media program. *School Library Media Quarterly, 15*(1), 18–27.

Marchionini, G. (1989). Information-seeking strategies of novices using a full-text electronic encyclopedia. *Journal of the American Society for Information Science, 40*(1), 54–66.

Marchionini, G. (1995). *Information seeking in electronic environments*. Cambridge, MA: Cambridge University Press.

Marchionini, G. & Teague, J.(1987). Elementary students'use of electronic information services: An exploratory study. *Journal of Research on Computing in Education, 20*, 139–155.

McClure, R. & Clink, K.(2009). How do you know that? An investigation of student research practices in the digital age. *Libraries and the Academy, 9*(1), 115–132.

McGregor, J. H. (1994a). Cognitive processes and the use of information: A qualitative study of higher-order thinking skills used in the research process by students in a gifted program.

In C. C. Kuhlthau (Ed.), *School library media annual 1994* (pp.124–133). Englewood, CO: Libraries Unlimited.

McGregor, J. H. (1994b).Information seeking and use: Students'thinking and their mental models. *Journal of Youth Services in Libraries, 8*(1), 69–76.

McGregor, J.H. & Streitenberger, D. C. (1998). Do scribes learn? Copying and information use. *School Library Media Quarterly Online*. Retrieved from http://www.ala.org/aasl/SLMQ/scribes.html.

Meyer, J. & Newton, E. (1992). Teachers'views of the implementation of resource-based learning.

Emergency Librarian, 20(2), 13–18.

Neuman, D.(1993). Designing databases as tools for higher-level learning: Insights from instructional systems design. *Educational Technology Research and Development, 41*(4), 25–46.

Neuman, D. (1995a, October). *High school students'use of databases: Competing conceptual structures.* Paper presented at the Annual Meeting of the American Society for Information Science, Chicago.

Neuman, D. (1995b). High school students'use of databases: Results of a national Delphi study. *Journal of the American Society for Information Science, 46*(4), 284–298.

Neuman, D. (1997). Learning and the digital library. *Library Trends, 45*(4), 687–707.

Neuman, D. (2001a). Learning in an information-rich environment: Preliminary results. In D. Callison (Ed.), *Proceedings of the treasure mountain research retreat #10* (pp. 39–51). Salt Lake City: Hi Willow.

Neuman, D. (2001b, November). *Students'strategies for making meaning from information presented on the Web*. Paper presented at the annual conference of the American Society for Information Science and Technology, Washington, DC.

Neuman, D. (2004). The library media center: Touchstone for instructional design and technology in the schools. In D. H. Jonassen (Ed.), *Handbook of research on educational communications and technology* (2nd ed., pp. 499–522). Mahwah, NJ: Lawrence Erlbaum.

Neuman, D. (2011). Constructing knowledge in the 21st century: I-LEARN and using information as a tool for learning. *School Library Media Research, 14*. Available at http://www.ala.org/aasl/sites/ala.org.aasl/files/content/aaslpubsand journals/slr/vol14/SLR_ConstructingKnowledge_V14.pdf.

Neuman, D. (2012a). Learning in information-rich environments. In N. M. Seel (Ed.), *Encyclopedia of the sciences of learning*. New York: Springer.

Neuman, D. (2012b, January–February). Here comes the future: Information is the building block for learning. *Knowledge Quest, 40*(3), 24–28. (Invited for special issue on "Futurecasting")

Neuman, D. (2013). I-LEARN: Information literacy for learners. In S. Kurbanoglu, E. Grassian, D. Mizrachi, R. Catts, & S. Spiranec(Eds.),*Worldwide commonalities and challenges in information literacy research and practice* (pp.111–117). New York: Springer.

Neuman, D. (2015). Information, technology and media literacies. In J. M. Spector (Ed.), *Encyclopedia of educational technology*. Thousand Oaks, CA: Sage.

Neuman, D. (2016). Toward a theory of information literacy: Information studies meets instructional design. In S. Kurbanoglu, J. Boustany, S. Spiranec, E. Grassian, D. Mizrachi, L. Roy, & T. Cakmak (Eds.), *Information literacy: Key to an inclusive society* (pp. 267–276). New York: Springer.

Neuman, D., Grant, A., Lee, V. & Tecce DeCarlo, M. J.(2015). Information literacy in a high-poverty urban school: An I-LEARN project. *School Libraries Worldwide, 21*(1), 38–53.

Neuman, D., Lee, V. J., Tecce DeCarlo, M. J. & Grant, A.(2017). Implementing I-LEARN with K-2 students: The story of a successful research partnership. In S. Hughes-Hassell, P. Bracy & C. Rawson (Eds.), *Libraries, literacy, and African-American youth: Research & Practice*(pp.205–221). Santa Barbara, CA: Libraries Unlimited.

Neuman, D., Talafian, H., Grant, A., Lee, V. J. & Tecce DeCarlo, M.J. (2017). *The pedagogy of information literacy: Using I-LEARN to teach*. Paper presented at the Fifth European Conference on Information Literacy, St. Malo, France.

Oblinger, D. G. & Oblinger, J. L. (2005). Is it age or IT? First steps toward understanding the net generation. In D. G. Oblinger & J. L. Oblinger (Eds.) *Educating the net generation* (pp.2.1–2.20). Retrieved from www.educause. edu/educatingthenet/gen.

Partnership for 21st Century Learning. (2017). *Framework for 21st century learning*. Retrieved from http://www.p21.org/.

Perzylo, L. & Oliver, R. (1992). An investigation of children's use of a multimedia CD-ROM product for information retrieval. *Microcomputers for Information Management, 9*(4), 225–239.

Pettersson, R. (2002). *Information design: An introduction.* Amsterdam: Benjamins.

Pettersson, R. (2019a). *Information design: Graphic design.* Tullinge: Institute for Infology.

Pettersson, R. (2019b). *Information design: Message design.* Tullinge: Institute for Infology.

Pettersson, R. (2019c). *Information design: Text design.* Tullinge: Institute for Infology.

Pew Research Center. (2018). Teens, social media, & technology 2018. Retrieved from http://www.pewinternet.org/2018/05/31/teens-social-media-technology-2018/.

Pitts, J. M. (1994). *Personal understandings and mental models of information: A qualitative study of factors associated with the information seeking and use of adolescents.* Unpublished doctoral dissertation, Florida State University, Tallahassee.

Ray, J. T. (1994). Resource-based teaching: Media specialists and teachers as partners in curriculum development and the teaching of library and information skills. *Reference Librarian, 44*, 19–27.

Reeves, T. C. & Oh, E. (2008). Generational differences. In J. M. Spector, M. D. Merrill, J. van Merrienboer, & M. P. Driscoll (Eds.), *Handbook of research on educational communications and technology* (3rd ed., pp. 295–303). Mahwah, NJ: Lawrence Erlbaum.

Reynolds, R. B. (2016). Relationships among tasks, collaborative inquiry processes, inquiry resolutions, and knowledge outcomes in adolescents during guided discovery-based game design in school. *Journal of Information Science, 42*(1), 35–58.

Rose-Wiles, L. (2018). Reflections on fake news, librarians, and undergraduate research. *Reference & User Services Quarterly, 57*(3), 200–204.

Salomon, G. (1974). Internalization of filmic schematic operations in interaction with learners' aptitudes. *Journal of Educational Psychology, 66*, 499–511.

Schriver, K. (2017). *Implications of information design for technology-based learning.* Presented at EdMedia: World Conference on Educational Media and Technology. Retrieved September 8, 2018, from https://www.learntechlib.org/ primary/p/180527/.

Scott, R. J. (2017). Assessing the impact of a guided inquiry unit on Year 5 pupils' information literacy: A student case study. *Journal of Information Literacy, 11*(1), 220–226.

Sefton-Green, J. (2013). *Mapping digital makers: A review exploring everyday creativity, learning lives and the digital.* Retrieved December 20, 2018, from https://clrn.dmlhub.net/publications/mapping-digital-makers-a-review-exploring-everyday-creativity-learning-lives-and-the-digital.

Smaldino, S. E., Lowther, D. L. & Russell, J. D. (2008). *Instructional technology and media for learning* (9th ed.). Upper Saddle River, NJ: Pearson Prentice Hall.

Small, R. V. & Ferreira, S. M. (1994). Multimedia technology and the changing nature of research in the school library. *Reference Librarian, 44*, 95–106.

Small, R. V. & Gluck, M. (1994). The relationship of motivational conditions to effective instructional attributes: A magnitude scaling approach. *Educational Technology, 34*(8), 33–40.

Solomon, P. (1994). Children, technology, and instruction: A case study of elementary school children using an online public access catalog (OPAC). *School Library Media Quarterly, 23*(1), 43–53.

Spink, A. (1998). Multiple search sessions model of end-user behavior: An exploratory study. *Journal of the American Society for Information Science, 47*(8), 603–609.

Stripling, B. & Pitts, J. M.(1998). *Brainstorms and blueprints: Teaching library research as a thinking process.* Englewood, CO: Libraries Unlimited.

Tecce DeCarlo, M. J., Grant, A. G., Lee, V. J. & Neuman, D. (2014). Information literacy in the kindergarten classroom: An I-LEARN case study. In S. Kurbanoglu, S. Spiranec, E. Grassian, D.

Mizrachi, & R. Catts (Eds.), *Information literacy: Lifelong learning and digital literacy in the 21st century* (pp.243–252). New York: Springer.

Tecce DeCarlo, M. J., Grant, A. G., Lee, V. J. & Neuman, D. (2018). Information and digital literacies in a kindergarten classroom: An I-LEARN case study. *Early Childhood Education Journal, 46*(3), 265–275.

Thomas, N. P. (2004). *Information literacy and information skills instruction: Applying research to practice in the school library media center.* Westport, CT: Libraries Unlimited.

Todd, R. (1995). Integrated information skills instruction: Does it make a difference? *School Library Media Quarterly, 23*(2), 133–138.

Todd, R. (1999). Utilization of heroin information by adolescent girls in Australia: A cognitive analysis. *Journal of the American Society for Information Science, 50*(1), 10–23.

Townsend, L., Hofer, A. R., Lin Hanick, S. & Brunetti, K. (2016). Identifying threshold concepts for information literacy: A Delphi study. *Communications in Information Literacy, 10*(1), 23–49.

Williamson, K., McGregor, J., Archibald, A. & Sullivan, J. (2007). Information seeking and use by secondary students: The link between good practice and the avoidance of plagiarism. *School Library Media Research, 10*. Retrieved from http://www.ala.org/ala/mgrps/divs/aasl/aaslpubsandjournals/slmrb/schoollibrary.cfm

Wilson, T. D. (1981). On user studies and information needs. *Journal of Documentation, 37*(1), 3–15.

Wilson, T. D. (1999). Models of information behavior research. *Journal of Documentation, 55*(3), 249–270.

Wozny, L. A. (1982). Online bibliographic searching and student use of information: An innovative teaching approach. *School Library Media Quarterly, 11*(1), 35–42.

第五章
扩展信息素养：数字素养和批判素养在利用信息开展学习中的作用

【摘要】本章内容建立在前几章介绍的关于学习和信息本质的基础之上。在"信息素养"总体概念下，学习与信息相结合，而且在当今各种信息丰富的环境中，这种结合发挥着重要作用。有了这个基础，本章得以继续讨论最近出现的两种相互交织的素养。这两种素养扩展并丰富了我们对利用信息学习的理解，这就是数字素养和批判素养。数字素养帮助学习者掌握数字信息的"语法"，以进行扎实的研究，并通过广泛、不断变化的技术平台与多媒体产品，准确而合乎道德地创造和展示新知识。批判素养鼓励学习者超越评估信息的传统标准，从不同的社会和文化角度审视信息，对信息的价值做出敏锐和细致的评估。在开发以上"新"素养这方面，尤其是将它们作为利用信息学习的渠道时，虽然我们只有最近开展的相对小规模的研究提供指导，但很明显，这些研究构建了坚实的核心组件，提供了当下基于证据的知识，在未来将变得更加重要。

　　信息的爆炸式增长，尤其是数字信息的增长，在过去的十年里对利用信息学习产生了深远的影响。不仅信息量呈指数级增长，信息本身也在很大程度上从专业人士创造和策划的传统的信息丰富环境中"解放"出来，进入了日常生活的每个角落。在当今的信息环境中，经过审查和验证的数字信息与随机的、虚假的、故意误导"事实"和"理论"的信息竞争，吸引学习者的注意力。当传统的、可信的信息来源——比如美国国会图书馆的数据库——继续扩充其内容并扩大其覆盖范围时，其他平台却在努力维持其可信度和价值。一般来说，像油管（YouTube）这样的知名网站，它提供的课程质量同样参差不齐，其内容则范围广泛，覆盖了从学习各种形状的学前教育课程到关于如何在工作场所增强影响力的成年人课程。黑暗网（Darker）资源提供的思想和行为指导远谈不上是良性的。热门新闻网站红迪网汇集了会员针对各种主题提交的大量信息，这些信息不仅促成了"科学游行"的组织（March for Science，一群科学家和其他人聚集在华盛顿国家广场，讨论气候变化问题），也促成了"比萨门"的宣传（Pizzagate，一个不存在的阴谋，声称总部位于华盛顿一家比萨店是虐待儿童团伙）。

由于越来越多的数字工具出现，人们可以用前所未有的方式使用或加工信息，因此各个层次的学习者都需要在生活中理解数字信息创造、传播背后的想法和机制。这些工具及其用户正变得越来越复杂——这导致信息产品的创造在准确性和可靠性方面有很大差异。想想有多少数字信息是在无视传统职业道德和责任准则的情况下创造和传播的，例如，在脸书（Facebook）或推特（Twitter）等网站上发布的帖子，既有明智的意见，也有破坏稳定的咆哮。十多年来，用 Photoshop 软件处理过的图片一直在引发潜在的问题，而最近出现的"深度造假"引发了更严重的警报。所谓"深度造假"是一种"基于人工智能的……技术……用于将现有的图像和视频组合并叠加到源图像或视频上"，通常会产生"一个或几个人表演的……在现实中从未发生过的假视频"（Fake News，n.d.）。数字技术以前所未有的方式挑战着我们。我们需要具备能力时刻判断哪些信息是假的、哪些是可靠的、哪些是讽刺的、哪些是真的、哪些是骗局、哪些是有针对性的报复。显然，学习者必须掌握与数字素养相关的复杂技能，以确保在求助于互联网时能够依靠准确的、基于证据的内容来做出有关医疗保健、政治问题和文化习俗的决定。同样清楚的是，他们必须培养一种强烈的道德意识，引导自己在相关领域创造自己的信息产品。

批判素养相关的复杂技能——包括伦理智慧——在数字世界中是必不可少的，因为这个世界中只有很少的"把关人"，却有各种各样的"信息创造者"。批判素养以读写素养研究为基础，强调信息的社会和文化方面，鼓励学习者从不同的角度评价信息，最终对信息的价值作出明智和合理的评估。它要求学习者超越"批判性思维"，超越传统信息评估标准，如权威的、通用的，对在文本和其他多模态对象中被边缘化的观点和声音提出质疑，而这些观点和声音或许已被边缘化了几个世纪。它呼吁学习者审视作者和读者的观点（以及潜在的偏见），将不同资讯环境中的社会问题与更大的社会及全球问题联系起来，并思考这些因素如何影响以各种形式呈现的信息的可靠性。尽管批判素养通常与数字信息无关，但在这个领域中，批判素养对学习越来越重要，因为在这个领域中，诋毁他人的企图往往伪装成"信息"。只要考虑 2019 年在林肯纪念堂引发冲突的视频，就能理解批判性读写能力与在数字世界中学习信息的相关性。那些视频涉及以色列黑人（Black Israelites）、戴着 MAGA 帽子的"卡温顿儿童"，以及一名美国土著鼓手：在不同的时间、不同的角度和不同的距离拍摄的视频呈现了关于事件的非常不同的"信息"。

5.1 数字素养

定义"数字素养"很复杂。这个概念本身的变化如此之快，以至于要确定一个具体的定义几乎是不可能的。许多已有的定义都受时间和创新的限制，并没有解决现在和未来的学习者必须"学术性地"接触今天的数字技术的方式，更不用说那些肯定会在未来出现的技术。例如，传统的（现在可能认为是古老的）数字素养包括在多媒体空间中的读写能力——也就是说，能够像拉纳姆（Lanham，1995）描述的那样，"就像理解文字句法的微妙之处一样，解读复杂的图像和声音"（p.168）。这一定义在当时无疑是开创性的，清楚地显示出运用数字信息开展学习的挑战。然而，它并没有开始适应人工智能和奇点等技术创新的微妙本质，也没有考虑到这些创新对一般性学习和利用信息的学习的影响，而在这些技术创新中，人类和机器开始作为一个整体进行学习和交流。

巴登（Bawden，2008）最近的定义则明智地采取了非常广泛的方法，将数字素养定义为"使用当时的技术和格式处理信息"的能力（p.18）。即便如此，"处理"信息的概念意味着一种相当片面的事，并不能适应教与学的社会性质。相比之下，洛佩兹与萨尔塞多（Tristán-López & Ylizaliturri-Salcedo，2014）则将数字素养描述为"在日常生活中使用高科技"，用以整合社交方面。在他们看来，数字素养是信息与通信技术的一个子集，其重要性在于缩小差距——由不平等造成的技术获取方面的差距和社会差距等实际差距。这种观点表明，真正的数字素养是使用特定工具（台式电脑、平板电脑或手机）连接互联网并与社会互动的能力，从而超越先前的定义，将信息素养和计算机素养结合起来。重点是适当地利用信息增加社会和经济活动。

5.1.1 数字素养的概念化

在使用信息学习方面，数字素养可以定义为对希尔等人（Hill, Wiley, Nelson & Han, 2004）早就确定的六种基于信息的活动和策略的实际掌握：收集信息；利用分布式信息资源；从事信息的分布式加工，以及关于这个过程和产物的论述；合作发现和开发信息；并最终基于发现、讨论和开发的信息构建知识。如第三章所述，这些活动和策略构成了利用数字资源中的信息进行学习所体现的核心知识和基本技能。

而希尔等人（Hill et al.，2004）的研究为我们现在所说的"数字素养"提供了强有力的理论基础。在实践中，既要确定一个强调信息使用的具体定义，又要掌握数字素养技能是如何在正式和非正式环境中出现的，两者都更加困难。例如，很明显，所有年龄段的人都在使用数字技术，在家里、学校、工作场所和社区进行广泛的信息化活动（Meyers，Erickson & Small，2013）。他们可以使用智能手机 App 阅读一家新餐厅的评论，通过平板电脑访问网站，预订从纽约到伦敦的机票，或者在台式机上用 Excel 做家庭预算。在这样随意的学习环境中参与这些活动，为今天的学习者提供了一系列非正式的机会来发展他们的数字素养技能。使用数字信息学习的其他非正式机会也很多。例如，由于互联网连接了来自世界各地的用户，有特定兴趣和爱好的个人可以建立和加入亲和小组（譬如，红迪网上的小组），可以几乎无缝地提高他们的知识和技能。

金姆（G. M. Kim，2016）发现，来自多个大洲的青少年在参加一个关于韩剧的在线论坛时，运用了她所说的"跨文化数字素养"。在这种非正式的学习环境中，青少年分享了在线观看这些电视剧的最佳方式，并互相教韩语短语。他们也能够建立跨文化身份，通过使用混合的信息格式——语言、图像和发布风格——来表示自己，并由此参与同其他剧迷的对话。在另一个非课堂环境中，马蒂等人（Marty et al.，2013）探索了孩子们如何使用平板电脑 App"栖息地追踪器"（Habitat Tracker），在佛罗里达州的一个野生动物园里进行真实的科学探究。该 App 使学生能够收集有关动物行为的数据，然后操纵这些数据验证假设，并着手根据他们收集和分享的信息得出结论。研究人员发现，这些孩子利用数字素养技能来获取信息、评估信息，并编制和创建数字产品。学习者可以将这些相同的技能转移到更正式的学习环境中，如学校，只要他们有机会和平台，就能够这样做。

然而一些问题依然没有得到解决。例如，数字素养技能的出现是否会促进学生更好地理解基于学校的概念，如语言和素养习得（在基础水平上）。学科驱动的知识（更高层次），并最终通过非学校环境（如博物馆和档案馆）中所维护的数字档案和收藏的信息进行自主学习。最近，许多学者试图弄清正规教学环境中数字素养的性质和贡献，包括纽曼等人（Neumann，Finger & Neumann，2017），他们为新兴的数字素养创造了一个概念框架，强调了动态的社会文化环境。在这个环境中，数字工具在儿童获得知识的方式中发挥了关键作用。这些作者认为，数字和传统体验（大声朗读、沉浸式课堂环境等）对新兴的数字素养和新兴的传统素养都有同样的贡献。除了儿童课堂，教育工作者还在努力平衡"数字原生代"在休闲活动中使用互联网信息的能力，以及准确、有意义地使用互联网信息的能力（Neumann et al., 2017; Sorgo, Bartol, Dolničar & Boh Podgornik, 2017; Stahl, 2017）。

毫不奇怪，在教育环境中发展数字素养对于管理者、教师和学生都是一个多方面的任务。特别是，教师不仅必须应对新兴的数字技术和不断变化的信息格式，而且需要以有意义的方式将工具和各种信息表示形式集成，应对学术事业中的挑战。然而，目前学校的数字素养通常是以评估学生使用信息与通信技术的能力为面貌开展的（参见第三章）：教师衡量学生在数字素养方面的现有差距（无论其定义如何），并试图通过改进对技术和高质量信息资源的获取方式来缩小这些差距（Tristán-López & Ylizaliturri-Salcedo, 2014）。显然，学生获得了信息与通信技术并不等同于获得了应用信息与通信技术的技能，更不等于拥有了运用信息进行学习的能力（Czerniewicz & Brown, 2005）。以促进数字素养的方式使用技术应该是当代管理者愿景的重要组成部分。

不同班、不同年级、不同学校、不同社区对数字素养技能的掌握要求各不相同。我们知道，许多年轻人精通智能手机，能在瞬间创造多媒体产品，能够上传或下载原创音乐或艺术作品，还可以用各种有创意的方式与街道对面、镇上或世界上的朋友交谈。然而，使用先进技术作为学习工具，可能是一个相对陌生的概念——无论是对年长的学习者还是对年轻的学习者来说。在基本水平上，所有学生都需要了解如何操作或使用网络浏览器、搜索引擎、电子邮件、文本编辑器、维基百科、博客、照片增强软件、演示软件、视频创作/编辑软件等，作为探索、收集和创建信息的手段。然而，更重要的是，学生还需要了解如何参与信息处理活动，使自己能够实现学习并加以展示。这并不像听起来那么容易，特别是在低收入和中等收入地区，这些地区甚至连基本的数字接入都受到收入的严重限制（Igun, 2011）。即使在技术获取不受成本限制的地方，学校也需要"赶上"不断进步的技术——以及它带来的学习问题——这对学习者以新的和多样化的方式掌握数字素养技能构成了严重的障碍（Hincu, Fratila & Tantau, 2011）。此外，社交媒体上对信息的大量故意歪曲表明，我们还需要帮助学生处理道德问题和复杂情况，为正式环境之外的学习打下基础。这给教师（和其他人）带来了挑战，他们需要与学生一起工作，共同掌握访问、评估以及在当今的数字环境中使用信息的复杂技能。事实上，许多问题仍然存在，比如学生如何以及是否能够将他们的数字素养技能从校园转移到非正式环境中，以满足自己的学习需求，而大部分成人利用信息学习很可能发生在非正式环境中。

5.1.2　通过数字素养利用信息开展学习

对今天的教师而言，主要的教学目标是将学生的学习从依赖传统的教育模式和信息形式（文字）转移到更注重创新的模式和形式（互动式多媒体）。从事数字素养技能教学工作的教师得到了很多政策的大力支持，包括《不让一个孩子掉队法案》（No Child Left Behind）、《小学和中学教育法》（Elementary and Secondary Education Act）等，以及绝大多数专业教育协会制定的文件和标准，这些协会包括21世纪技能联盟、教育传播与技术协会、国际教育技术协会、美国学校图书馆馆员协会、大学与研究图书馆协会等。许多这样的政策通过创建数字教室使教授和学习新技术合法化，并制定了框架（Lemke, Coughlin, & Reifsneider, 2009）。也许更重要的是，数十年的研究表明，使用技术进行教学和学习对K-12学生的成绩有良好的积极影响，教师也会从正式的数字环境教学准备中受益（Lee, Longhurst & Campbell, 2017）。

使用信息，即寻找、评估信息和应用信息来回答问题和解决问题，是数字素养的核心。因此，教授数字素养技能必须是一项有目的的工作，以理解信息的性质和用途为基础。下面的例子显示数字素养及其潜在的"信息"组件是如何在近期和当前的教育中设置的，如何为更复杂的数字素养构建基础。这些工作是学习者在当前和新兴的数字环境中茁壮成长所必需的。

5.1.2.1　计算机支持的协作学习

也许最著名的数字学习环境的例子是斯特尔等人（Stahl, Koschmann, & Suthers, 2006）所提出的计算机支持的协作学习（Computer-Supported Collaborative Learning, CSCL）。在利用信息开展学习方面，CSCL将希尔等人（Hill et al., 2004）的六种基于信息的活动无缝地嵌入其中，以至于很难确定其中一种活动到哪里结束，另一种活动从哪里开始。在最好的情况下，CSCL包括一个具有高超技能的课堂教师，创建一个以结果为导向的项目，将一些学生放在同一个物理教室或不同的教室，在这样的安排中，他们可以锻炼自己的创造力和解决问题的能力，共同完成重要和独特的工作。研究清楚地表明，基于实体教室的CSCL可以比基于个人的学习环境表现得更好，因为合作提供了多视角、同伴反馈和有意义的修改（Goodyear, Jones & Thompson, 2014）。针对这种类型环境的教学工具多种多样，主要根据能否在一个教室内完成CSCL的闭环而有所不同，如在一个或多个教室完成，在校内或校内外完成。这些情况都需要一个或多个具有高技能和积极性的教师，学习场所也需要高速和可靠的互联网连接，允许学习者访问一个巨大的免费工具世界，以支持探索各种信息形式。这些工具包括交互式白板、仿真模型和移动设备。当然，在任何情况下，最重要的"工具"是能够构建、设计和引导学生体验的教师（Kershner, Mercer, Warwick & Staarman, 2010）。

  在典型的 CSCL 教学中，课堂教师会让学生调查他们认为很重要的，通常对他们居住的地区、县、州或国家也很重要的思想、概念或现象。对于任何一组学生来说，围绕一个简单的基于信息的问题开展讨论通常会产生一个中心主题："关于 X、Y 和/或 Z，你想知道什么？"这类问题适用于任何水平的学习者。例如，幼儿园老师可能会提出这样的问题："关于南瓜，你想知道什么？"而高中历史老师可能会提出这样的问题："关于中世纪西班牙的种族主义，你想知道什么？"在这两种情况下，回答问题的关键都涉及学生之间关于探究方向的话语和社会协商，即如何确定问题的细节；使用何种数字工具以系统的方式收集相关信息；细致评估该信息的标准；在数字化项目开发中应用相关信息的策略；如何确定项目是否真正回答了这个问题；最后，如何以新颖和创造性的方式使用这些新知识，从而引发新的探索。无论是深入探究一个普通葫芦的生长周期，还是深入探究现代社会问题与 16 世纪表现出来并根植于时代的问题之间的联系，这个过程都是一样的。在这两种案例中，都需要搜索和使用信息驱动项目，而数字工具提供了设计和创建项目的机制。同样是在这两种案例中，产生的项目展现了供给，即在有效的 CSLC 中使用信息学习的关键贡献，远远超过任何一个单独的学习者所能完成的，是由一群学习者共同创造的知识。正如狄隆伯格与费舍尔（Dillenbourg & Fischer, 2007）所指出的，CSCL 的研究重点是学习者如何超越个人学习，"建立对任务或学习环境的共同理解"（p.114）。

5.1.2.2 个性化学习系统

  个性化学习主要指在学习环境中创造一个开放的环境，使学生可以自我评估、反思，并对学习过程承担一定的责任（Miliband, 2006）。它侧重于概念的掌握，并依赖教师促进个性化的经验的产生。在当代个性化学习系统中，数字技术是一个关键组成部分，因为它作为信息来源、评估工具和分析学生表现的创新手段，发挥着突出的作用。

  高质量数字工具和平台的普及，为个性化、自我引导的学习提供了几乎无限的潜力和可能性。虽然这些伪人工智能系统本身有一定的局限性，但教育本身的基本框架——内容、方法、评估和交流——将很快受到人工智能的影响。一些常见的基于计算机的学习系统［例如学习岛（Study Island）和指南针学习（Compass Learning）］已经对学生进行了几十年的教育（通常是为了补救），但支持个性化学习的新兴系统是不同的——智能系统不是在整个任务结束时给出反馈，而是每一步都提供反馈，就像人类老师一样（Chassignol, Khoroshavin, Klimova & Bilyatdinova, 2018）。

新兴的个性化学习系统要么被贴上"适应性"标签,要么被贴上"智能"标签,因为它们监控学生的进步,并相应地调整教学策略(Brusilovsky & Peylo,2003)。大多数学者还根据是否支持静态建模或动态建模来区分个性化学习模型(Vandewaetere & Clarebout,2014)。"静态"形式包括程序化的概念,如所谓的"信用恢复"(设置预测试,自适应释放模块,以利于学生掌握),其中基于计算机的系统根据不同的学生需求而表现不同。例如,在一个典型的在线信用恢复代数1课程中,一个已经掌握了图形和线性方程等概念但对基本方程缺乏理解的学生,会"绕过"已知概念,只关注基本方程。然后,一个课堂检测确认学生掌握了知识,或者指导学生重新学习有问题的概念。相比之下,"动态"形式包含基于特征的学习者模型,这些模型根据每个学习者与模型的交互而更新。这些系统会设计一个学习者模型,并设置学习者的初始轮廓。这一步骤通过人工智能的形式创建了一个基于个人学习和认知风格的教学平台(Vandewaetere & Clarebout,2014)。一个新近的例子是纽顿(Knewton)公司的 Alta 学习系统。在教师输入预期的学习目标后,Alta 通过访问数字信息资源为学生分配学习任务,然后针对每个学习者的独特材料和评估情况,动态诊断和纠正学生的问题。Alta 进而帮助学生获取并关注与任务相关的信息,并确保每个学生都可以获得(物理上和概念上),它可以帮助所有学生"记住、回忆并应用他们在课堂上所学的东西"。

静态系统和动态系统是以计算机为媒介、以能力为基础的学习方法众多案例中的两个。这些方法使毕业具有灵活性和多种途径。正如 Alta 所展示的,这些系统已经进化到以超个性化的方式适应学习者特征,并成为进一步研究和发展个性化学习的人工智能的起点。现在的问题是,人工智能系统的出现如何影响我们对数字素养的严格定义,以及如何影响对帮助学生利用信息学习的技术供给的理解。虽然没有简单的答案,但有几个因素需要考虑。第一,我们已经知道,在线学习系统可以作为各种形式的信息存储库(例如,模拟实战、内容视频和讲座)和协作学习的平台。在这样的体系中,教师有时扮演设计者角色,但最重要的是扮演评估者角色。但人工智能可以取消评估角色,并取代设计角色,由此改变教师在课堂上的传统定位。第二,由学习者而不是教师来决定获取和使用哪些信息。正如巴登(Bawden,2008)在他对数字素养的定义中指出的,与教师相比,学习者在学习新技术和"处理当下的技术和形式"方面处于更好的位置,这也恰如洛佩兹与萨尔塞多(Tristán-López & Ylizaliturri-Salcedo,2014)提出的"在日常生活中使用高科技"。这些定位强调了年轻学习者的技术能力,但仍对他们获取有用信息的能力、评估信息的相关性和有效应用信息的能力(即学习能力)留下了疑问。目前仍需要进一步探索如何创建个性化的学习系统，最大限度地提高学习者利用信息学习的技能。

5.1.2.3 基于数字游戏的学习

基于游戏的学习（Game-based Learning，GBL）一直被认为是一种对学生学习有积极影响的教学策略，特别是当它与学习者动机（Woo，2014）、学习表现（Admiraal et al.，2014）、学习者认知（Kazimoglu，Kiernan，Bacon & MacKinnon，2012）相联系时。今天，GBL已经转向数字化，并且已经远远超越了使用电子游戏作为学习奖励的"传统"做法。事实上，数字游戏正逐渐被认为是"平衡读写项目"的关键组成部分，因为它们具有吸引人的互动功能，能够以全新且令人兴奋的方式促进学习（Pivec & Pivec，2011）。这些游戏采用了教学设计师在开发数字素养技能时试图囊括的所有共同元素——规则、目标、挑战，并提供了与他人在线互动的机会（Smith & Bowers，2016）。

用希尔等人（Hill et al.，2004）的术语来说，为学习而设计的数字游戏也利用了基于信息的学习供给，如收集信息、使用分布式信息资源、使用话语和协作基于所探索信息来构建知识。例如，游戏《气象》（Weatherlings）使用来自不同城市的真实雨水数据创建游戏环境，在此环境中，玩家必须根据天气变化的信息调整游戏策略。该游戏有助于学习如何解释和提炼有关天气的信息，学习如何使用信息作为解决问题的基础（Sheldon et al.，2010）。威尔逊等人（Wilson et al.，2017）的研究提供了另一个利用信息来学习的数字游戏案例。这些研究人员发现，《维罗纳》（Verona）和《巴伐利》（Bavari）两款游戏可以帮助高中生通过GBL环境学习特定和一般的信息素养技能。这两款游戏都要求学生使用侦探技巧调查不同的案件。《维罗纳》模拟了罗密欧与朱丽叶的背景和故事，帮助学生专注于信息分辨的技能，如识别权威、可靠的来源，以解决他们的案件。《巴伐利》则要求学生完成"真实世界的数据解释任务"（p.3），例如，确定主要和次要来源。研究人员发现，玩过这两种游戏中的任何一种的学生，在信息素养测试评估方面的表现都优于对照组的同学，这突出了GBL对学生利用信息学习的有利影响。

与人工智能一样，基于游戏的学习已经扩展甚至颠覆了我们对信息和数字素养的传统理解。游戏行为允许玩家参与多模式环境——通过视觉、听觉和印刷形式接触信息，利用聊天室参与讨论，分享战略信息，协作构建基于信息的知识，即"在社会情境和关系中语境化"（Spires，2015）。如同阿纳布等人（Arnab et al.，2012）曾经提出的，由GBL产品创建的协作和创造性环境也可以帮助学生培养诸如解决问题、决策和探究等技能。

GBL也会在非正式场合进行。一个令人兴奋的例子是《我的世界》（Minecraft），这是一款著名的多人沙盘制作游戏（Ekaputra, Lim & Eng, 2013），类似于在线的乐高玩具（Legos）。《我的世界》促进了广泛的基于信息的学习。它可以促进合作（Davis, Boss & Meas, 2018），通过收集信息进行学习，通过探索各种资源进行学习，通过教与学的论述来学习。玩家创建亲和论坛进行讨论，并通过维基百科和油管（YouTube）以多种信息形式分享他们的创作。内贝尔等人（Nebel, Schneider & Rey, 2016）描述《我的世界》如何支持玩家在探索城市的虚拟版本时学习古罗马，并收集历史上准确的信息来支持提升城市景观的设计——他们可以使用《我的世界》的交互式构建工具进行建造。结合希尔等人（Hill et al., 2004）所确定的信息策略和活动的所有内容，这款流行的游戏对信息提供者、教学设计师、教师以及不同年龄和能力的学习者使用信息进行学习有很大的帮助。

5.1.3　数字环境与利用信息开展学习

三种基于学校数字环境的学习方法——计算机支持的协作学习、个性化学习和基于数字游戏的学习——在几十年来得到了良好的研究。所有这些都可以帮助学生掌握数字技术的"语法"，这是应对当今数字信息冲击并了解如何使用它来学习的第一步，因为这三种学习方法——最显著的是计算机支持的协作学习——都能让学习者广泛地定位、评估和应用来自数字资源的信息。它们还能帮助不同年龄段的学生超越语法，理解如何确定信息的数量、准确性和质量，进行富有成果的研究，并设计出能够创造性地、有效地使用信息的产品。然而，数字素养未来所面临的挑战，远远超出了这些基础扎实的方法，并将所有年龄和背景的学习者引入一个远没有那么结构化、远没有那么正式的信息世界。这个世界越来越数字化，越来越不完善。为了在这个世界中生存和发展，学习者还必须学会理解和评估各种信息创造者的观点——一套可以归入"批判素养"的概念和技能。

5.2　批判素养

作家奇玛曼达·恩戈兹·阿迪契（Chimamanda Ngozi Adichie）曾讲述了"单一故事的危险"，成为有史以来科技、娱乐、设计大会（TED）演讲中观看次数最多的演讲。阿迪契描述了自己在尼日利亚长大，读的都是英国和美国的书，而书中的所有人物都是白人。阿迪契解释说，她很小的时候就相信儿童读物"必须有外国人，必须是我个人无法认同的东西"。成年后刚到美国上大学时，她遇到了一个认为自己不会说英语的室友。室友对她不能创作"部落音乐"感到失望，还惊讶地得知她会用炉子。阿迪契在她的 TED 演讲中指出，"在（室友的）单一故事中，非洲人不可能在任何方面与她相似，不可能有比怜悯更复杂的感情，不可能有作为人类的联系。"

批判素养化解了接受一个关于个人的单一故事的危险，这些故事可能是我们亲身经历的，可能出现在我们读到的故事中，可能在媒体和其他展示中。这些故事基于的假设和陈述，没有经受过对其起源和真实性的批评或质疑。批判素养代表了信息素养的一个重要的新前沿，为人们提供了理论基础和实践方法，去合理质疑以各种形式呈现的思想和信息中的想当然的假设。事实上，由 ACRL（Association of College and Research Libraries，2016）和 AASL（American Association of School Librarians，2017）发布的信息素养指导文件中也包括了一些与批判素养相关的声明。桑德斯（Saunders，2017）指出，ACRL《高等教育信息素养框架》应该受到赞扬，因为它"承认并阐明了与信息相关的社会公正问题，并描述了信息素养如何解决这些问题"（p.64）。

5.2.1 批判素养概念化

瓦斯奎兹（Vasquez，2017）将批判素养与批判性思维区分开来，指出前者侧重于能力结构，而后者侧重于推理和思考。虽然这两者都支持一种重视质疑或怀疑的思维方式的发展，但批判素养特别关注信息本身隐含的文化信仰和价值观。然而，正如瓦斯奎兹所指出的，批判素养的理论家们并没有形成一个统一的定义，在她广泛的文献综述中出现的关键概念包括：

- 文本是由特定的观点进行社会建构和发展的。
- 所有的文本都以特定的方式定位读者，因此作者的观点应该受到质疑。
- 批判素养有助于改变社会不平等和相关做法。

ACRL 的框架（2016）阐述了瓦斯奎兹的要点，并提出了六个核心观点，这些观点展示了关于信息的复杂概念，将更大的责任放在学生"'理解'信息世界的轮廓和动态"上。特别是如下两个概念，"权威是在一定语境中被构建的"和"信息有价值"，提供了与批判素养的理论相一致的观点。例如，"权威是在一定语境中被构建的"这一框架提供了如下陈述：

专家们以一种理智怀疑的态度看待权威，并对新的观点、额外的声音和思想流派的变化持开放态度。专家们理解，有必要确定不同权威所创造的信息的有效性，并承认某些权威来源优于其他来源的偏见，特别是在他人的世界观、性别、性取向和文化取向方面。

通过"怀疑主义"的视角来评估信息，承认"偏见"和"特权"，这与批判素养的关注点有关，即文本中真相是如何呈现的，这种呈现为谁服务，以及谁有权获得或主张特定类型的话语和知识（Luke，2012）。此外，该框架明确包括了2000年ACRL指南中所没有的有关人权和社会正义问题的表述，并提供了比先前版本更"关键的信息素养方法"（Saunders，2017，p.63）。

ACRL对随后"信息有价值"部分的描述也是如此：

专家们明白，价值可能会被强大的利益集团加以利用，方式就是将某些声音边缘化。然而，个人和组织也可以利用价值来影响公民、经济、社会或个人收益的变化。

显然，该框架强调学习者在学习过程中的积极参与，强调了信息中蕴含的社会政治信息，以及提高学习者解读这些信息的信息素养能力的必要性。

瓦斯奎兹（Vasquez，2017）关于批判素养本质的结论得到了其他在发展这一理论中起到重要作用的学者的支持。例如，艾拉·肖尔（Ira Shor，1999）在其开创性文章《什么是批判素养？》（What is Critical Literacy？）中提出，这一理论的历史根源可以追溯到约翰·杜威（John Dewey）、霍勒斯·曼（Horace Mann）和保罗·弗莱雷（Paulo Freire）。肖尔还注意到当代理论家的贡献，如亨利·吉鲁（Henry Giroux）、彼得·麦克拉伦（Peter McLaren）和多纳尔多·马塞多（Donaldo Macedo）。最后，肖尔将批判素养描述为一种态度和一种运动。在这种运动中，个人可以质问造成社会分层和不平等的权力结构、身份和话语，从而做到：

挑战现状，努力发现自我和社会发展的替代路径。这种文化——反思世界的文本，及社会中的自我异议——将政治和个人，公共和私人，全球和地方，经济和教育联系起来，重新思考我们的生活，促进正义取代不平等。

卢克（Luke，2012）强调要改变剥夺某些群体公民权的现有体制和结构，通过这一目标为批判素养理论增加了另一个维度：

> 批判素养的重点是在被边缘化和被剥夺权利的社群中利用素养促进社会正义……批判素养的明确目标是批判和改变主导的意识形态、文化、经济、制度和政治体系。（p.4）

根据卢克（Luke，2012）的理论，批判素养"将社会、政治和文化的辩论、探讨，与文本和话语如何工作、在哪里工作、产生什么后果、为谁的利益而进行等分析相结合"（p.5）。卢克关注的对话语（或语言）和文本的批判是批判素养的另一个维度。

作为一种理论，批判素养的发展伴随着与它息息相关的教育学的发展，而保罗·弗莱雷在这一发展中尤其有影响力。根据肖尔（Shor，1999）的说法，弗莱雷让人们注意到20世纪60年代巴西文盲农民的困境，他展示了文化如何被把握，成为一种武器，使他们处于受压迫的地位而不自知。他认为，教巴西农民识字是必要的，这样他们才能上升到足够高的地位，从而改变社会地位。在《被压迫者教育学》（Pedagogy of the Oppressed，1970）中，弗莱雷对"银行教育"一词作了界定，认为它指的是将学生视为教师储存知识的空仓库。弗莱雷认为，教师应该利用他们的权威"促进而不是压制学生的主体性"（Shor，1999，p.14），并应该邀请学生参与探讨"教育以及更广泛的全球社会中的政治、权力和社会正义"问题（Giroux，2009，转引自Gregory & Higgins，2013）。肖尔还赞扬了弗莱雷提出的关键问题，即如何以标准话语引导所有学生进入课堂，以及是否应该允许学生在课堂上使用自己的（从他们的社区/家庭中学到的）语言。

卢克（Luke，2012）还描述了教育工作者开展的一项运动，即在学校推广"经典文本"以外的内容，采用以边缘化社区的故事和作者为特色的流行文化文本。卢克以此作为批判素养影响课程决策的例证。例如，他指出，肖尔（Shor，1999）赞扬杜威采取的反对"文化素养传播模式"的立场，那种模式强调传统的写作形式，比如今天仍在学校教授的五段式文章（p.11）。

最近，瓦斯奎兹（Vasquez，2017）总结了她在该领域文献综述中发现的教学原则：

- 批判素养应视为教学的一个框架，而不是课堂上讲授的一个主题。
- 课堂课程应该从学生的背景和文化知识以及对他们来说重要的疑问和不解中

汲取知识。
- 批判素养帮助学生理解"他们赖以生存的政治体系，并质疑这些体系"。
- 学生创作的文本应该解决现实生活中的问题。
- 批判素养帮助学生思考"重建和重新设计文本、图像和实践……以传达更具社会公正性和公平性的……具有现实效果和现实影响的信息"。

瓦斯奎兹所捕捉到的批判素养的显著特征表明，这一理论已经作为一种路径应用于当前现实中，已经作为质疑文本（所有形式）、构建多模态文本、转换不公正和不公平的系统和实践的方法。

5.2.2 利用信息开展学习：批判素养视角

毫无疑问，信息和学习之间的关系是复杂的。在这一组合中加入批判素养的视角，既加深又复杂化了这种关系。显然，将这个领域的理论和实践融入利用信息学习的研究，有望提高我们对学生如何在日益复杂的信息丰富的环境中学习的认识。因此，下面的研究结果为未来的研究提出了有趣的想法。

5.2.2.1 批判素养与流行文化

可以邀请学习者批判性地思考信息，首先学着提出关于他们所知道的世界的相关问题，包括流行文化的强大世界。如何使用流行文化文本（所有形式）来教学生批评这些文本并探索更大的社会问题？教育工作者和研究人员长期以来一直对此十分感兴趣。阿尔韦曼等人（Alvermann, Shelley & Carpenter, 2003）指出，小学生对阅读漫画、观看超级英雄有关的电视节目和电影很感兴趣，并提到将学生的背景和兴趣同教学目标和课堂目标联系起来的重要性。他们认为"超级英雄流派"为学生提供了一个了解性别偏见和刻板印象的机会："超级英雄角色传统上是男性。教师可以挑战学生，让他们审视流行文化中超级英雄形象中的性别偏见和刻板印象。"（p.9）作者指出，教儿童如何质疑在电视上或书中看到的东西，有助于培养他们对媒体如何塑造超级英雄的批判意识。

托利弗（Toliver, 2017）提供了另一个强有力的例子，利用流行文化来帮助学生学习一些构成批判素养基础的关键概念。她解释说，《卢克·凯奇》（*Luke Cage*）是在网飞（Netflix）上播放的电视剧，改编自20世纪70年代创作的漫画系列。主角卢克是一位黑人男性超级英雄，他有一段往事：被判有罪，但他并没有犯罪。托利弗研究了卢克的读写能力和其他非裔美国人角色的读写能力。她发现卢克不符合黑人男性角色技能低下、成绩不佳的刻板印象，因为他读了一系列有助于发现超级英雄任务线索的书。托利弗还提出了建议，告知教师如何在课堂上使用流行文化帮助学生挑战关于文化/种族的群体思想和自己的读写能力。例如，他们可以要求学生在各种来源中寻找信息，并通过提问引发讨论，如"阅读和写作练习是否挑战了电影或电视中的规范性例子？"以及"谁在阅读和写作？"（p.7）。

批判素养也可以用来批评其他形式的流行文化，比如电视真人秀节目（Mathews，2009），新闻及其他媒介（Esposito & Edwards，2018），以及网站、游戏和虚拟世界等跨媒体空间。例如，沃尔文德（Wohlwend，2017）关于儿童与虚拟玩具屋互动的研究表明了，玩具屋的活动是如何"使女孩的期望被驯化和正常化"的（p.1），并主张在学校教授批判性的媒体素养，这样学生就可以学习跨媒体如何复制关于某些性别角色的意识形态。此外，埃斯波西托和爱德华兹（Esposito & Edwards，2018）对流行文化解释非裔美国女孩性别表现的方式提出了关键疑问，并认为这是有问题的，并使她们在学校面临风险。

5.2.2.2 批判素养、青年学习者和双语学习者

人们经常从批判素养的角度审视印刷文本，以便与年轻学习者一起解决社会问题。例如，利兰等人（Leland, Harste, and Smith, 2005）研究了金伯利·胡贝尔（Kimberly Huber）如何与她一年级的白人农村学生一起运用批判素养，以捕捉他们对关注无家可归、种族主义和战争的文学的反应。她发现，这些文学作品帮助学生更加了解社会问题，孩子们想要帮助那些（与无家可归者一起）斗争的人，就像所读书中的人物一样，学生批判性文本的写作质量明显高于非批判性文本。胡贝尔反映，通过阅读有关社会问题的文献，讨论种族问题以及这些问题如何影响自己以外的其他文化和种族群体，她的学生学会了"质疑他们眼中的平凡或'正常'的东西"（p.266）。

瓦斯奎兹（Vasquez，2007）还调查了学龄前儿童的"日常文本"的批判素养运用实践，将其定义为"作为日常生活一部分的口头或书面文本"（p.7）。她用一个重新设计的盒子包装一种孩子欢迎并熟悉的水果零食，引导孩子们谈论这个盒子是如何通过变化来吸引消费者的。孩子们有机会注意到重新设计盒子的事情并谈论此事，以及新设计可能对消费者产生的影响。瓦斯奎兹还鼓励学生谈论他们对"好的和坏的文本和视觉图像"的评价，以及他们将如何重新设计盒子（p.8）。她的研究清楚地表明，即使是很小的孩子也能学会使用批判素养进行实践，"检查他们从上学之初带到教室的日常文本所倡导的意识形态"（p.10）。

也有一些对特殊情况的儿童进行批判素养训练的课堂，比如双语儿童（S. J.

Kim，2016）、移民儿童（Keller & Franzak，2016；Sembiante，Baxley & Cavallaro，2018）以及国际环境下的儿童（Kim & Cho，2017）。此外，教育工作者通过将批判素养教学法应用于不同背景的儿童和青少年，探索敏感和有争议的社会问题。例如，奥普（Hope，2018）进行了一项小学教师案例研究，这些教师使用玛丽·霍夫曼（Mary Hoffman）的《家的颜色》（*The Color of Home*）一书帮助幼儿理解难民搬到一个新国家所面临的挑战。邓克利等人（Dunkerly-Bean，Bean & Alnajjar，2014）使用"世界批判素养"（即认识全球人权，超越地方问题）向中学生介绍世界各地的人权问题。学生们观看了青年人权组织的短片，并参与课堂讨论和模拟，利用该组织网站或研究人员开发的资源，了解世界各地的具体人权问题。

所有这些研究都与克兹马（Kozma，1991）提出的信息对象的类型相关——单一感官、多感官和交互式（详见第二章）。克兹马指出，学习每一种对象和形式都需要不同的技能集，学习者需要一套交叉的技能集来学习不同的对象和形式。克兹马的观点明确了学习需要不同环境下的不同技能，这补充了批判素养，并促使当代研究人员扩展他们的发现，以解决更广泛的问题：在一个日益全球化的社会中，作为一个学习者意味着什么？在正式和非正式教育环境中，文化和社会政治力量如何影响利用信息学习？

5.2.2.3 批判素养与大学生

在学院和大学，研究显示了批判素养是如何用来支持边缘学生群体的，如成人第二语言学习者（Hayik，2018；Ko & Wang，2013；Kuo，2015），以及需要额外支持才能成功完成英语基础课程的过渡性英语课程学生。此外，一些大学图书馆馆员还与大学教师合作，举办提供批判素养视角的研讨会。在高等教育之外，成人教育者在正规和非正规教育环境中，将批判素养融入他们与成人学习者的工作中，目的是通过素养和中介机构来增强学习者的能力（Beck，2005；Kim，2005）。虽然成人学习者仍在探索各种信息形式的学习，但目前强调更多的是学科特定的成果、课程目标以及成人教育的大学和职业准备标准（College and Career Readiness Standards for Adult Education，2013）所规定的成人教育课程成果。

大学图书馆馆员将批判素养的观点融入与教师和学生的工作中，他们认为自己的贡献超越了过时的观念，他们的角色是向学习者介绍通过图书馆可以获得哪些资源，提供关于使用图书馆资源进行研究的信息，为相关课程提供研究材料并教授学生如何分析这些材料，由此支持教师。例如，艺术与设计图书馆的两位馆员（Grimm & Meeks，2017）描述了他们如何将批判素养融入教学实践。他们向学生们展示了由流行漫画和电影制作人创作的角色，这些角色以消极和刻板的方式描绘了来自边缘社区的个人。他们还讨论了这些材料的历史背景和观众。这一指导的一个关键部分是介绍了一套评估视觉资源的标准，并要求学生考虑如何使用自己的作品来"抵消他人常见的、不舒服的和压抑的经历"（p.187）。

还有一些案例中，大学图书馆馆员利用批判素养加深学生与特定课程成果相关的信息素养技能。例如，贝林和伦纳德（Beilin & Leonard, 2013）描述了一门由大学图书馆提供的新的学分课程，该课程展示了学术诚信、剽窃和把关（编辑如何决定谁出版）的主题，并要求学生讨论企业、大学领导、作者和其他实体是如何考虑这些主题的。博德和罗德（Bauder & Rod, 2016）综合论述了几个在图书馆研讨会和各种大学课程中将批判素养实例化的例子。其中一个例子涉及一位人类学教授，他要求学生探究美国人口普查局自1790年至今使用过的种族和民族类别，以调查这些类别是如何随时间变化的，是如何反映其历史与社会背景的。他们的另一个例子讲述了大学如何使用批判素养。教师设计了一个任务，让学生创建一个主要来源列表，从不同的材料中（如报告、视频和信件）调查一个单一主题的相关信息。这一练习帮助学生了解体裁如何影响作者表达信息的方式，评估体裁在向读者传达某些观点时的适当性。图韦尔（Tewell, 2018）采访了13位来自不同机构的图书馆员，调查他们如何将批判素养融入大学教学实践。一些受访者讨论了如何使用美国国会图书馆的分类系统来讨论"知识是如何以反映和维持主导信仰体系的方式组织起来的"（p.16），并考虑哪些学科比其他学科更突出。其他受访者描述了如何教给学生传统的学术知识，以及在高等教育中获取信息的途径。图书馆馆员邀请学生们提出问题：信息是如何在同行评议的期刊上发布的？为何某些声音和观点获得特权，而其他声音和观点被排斥？学术期刊的订阅费用如何使信息获得特权，并只对大学领域的群体开放？

开发教育课程拥有另一种背景，在这种背景下，批判素养用来支持学生从高中过渡到中学后教育。虽然批判素养的研究和实践在这一背景下并没有像在K-12课堂里那样得到很好的体现，但这些学习者的经验也具有指导意义。例如，莱斯利（Lesley, 2001）邀请学生在一节发展性阅读课上阅读一些故事。故事中，学生在教育上的迷茫反映了阅读者自己的经历。老师要求学生质疑这门课本身的补救性质。她报告说，作业和课文促进了学生读写能力的增长，从"技能发展到批判性反思和质疑"（p.184）。同样，韦纳（Weiner, 2002）也将批判素养原则整合到两门发展性阅读课程中。在这两门课程中，大多数学生来自工人阶级或服务水平低下的社区，老师教授学生运用批判性探究的方法来"阅读"各种形式的文学——电影、广告、壁画和录像。通过鼓励学生提出有关大学文化和学术文化的问题，他将读写能力与文化、政治意识形态、实践联系起来（p.153）。韦纳在他的发展性阅读课上实施了提问教学法，"将习得和学习的知识领域混合起来，试图使课堂成为世界的延伸"（pp.160-161）。当学生们在课堂上思考和讨论时，问题的使用支持了学生批判性探究技能的发展。

5.2.2.4　批判素养和国际学习者

批判素养也在一些以英语作为外语的国际学生（EFL学生）的学习中得以使用。研究表明，批判素养的观点不仅可以帮助学习者提高英语语言技能，而且还将语言学习与更广泛的社会和政治问题联系起来。哈耶克（Hayik，2018）进行了一项参与性行动研究，研究对象是以色列一所师范学院的29名阿拉伯学生。她使用"照片之声"（PhotoVoice）作为捕捉视觉、听觉素材和书面文本的工具。这个平台可以用来提高学生的表达和写作技能，并为社会行动提供一个场所。学生们需要拍摄"他们想要强调的周围问题"的照片（p.461），围绕自己的照片撰写文章，并在展览期间向其他学生和教授展示他们的项目。哈耶克发现，学生们学会了如何在书面和口头陈述中使用"批评的语言"、个性化的回应、修辞性的问题，以及行动（改变）的呼吁。通过批判性的视角来处理"照片之声"项目，可以使学生看到自己的课堂作业有一个更宏大的目的，与他们希望在社区中看到的社会变化密切联系在一起。

柯与王（Ko & Wang，2013）通过对中国四名英语水平各不相同的大学生进行定性个案研究，发现批判素养教学有助于提高学生的阅读理解能力。特别是，学生学会了如何"检查文本中的空白和沉默，并打乱文本中想当然的假设"（p.223）。以英语为外语的学生拿到了安吉尔（Angier）和常（Chang）在《纽约时报》（*New York Times*）上发表的文章《两性脑灰质：科学上的灰色地带》（*Gray Matter for the Sexes: A Gray Area Scientifically*），该报告讨论了科学研究在解释男女在科学和数学方面的能力差异时所表现出来的优点。在分析了学生的采访记录和对文章的书面思考后，柯与王得出结论，无论他们的英语水平如何，所有的学生都"从批判的角度阅读新闻故事"，批判素养可以教会学生如何以复杂的方式分析信息文本（p.227）。

5.2.3　批判素养与利用信息开展学习

基于素养研究领域而不是信息研究或教学设计，批判素养体现了一种核心哲学和关键概念，对今天的学习至关重要。它的理论为我们提供了许多利用信息进行学习的工具，对儿童、青少年和成年人如何利用各种各样的信息对象进行学习提供了细致入微的视角和理解，介绍了信息环境如何受到社会、文化、制度和政治的更大力量的影响。这是一个重要的方法，使我们可以通过各种各样的视角来评估信息，尤其是那些经常被忽视的视角。批判素养不仅能培养公平性，还能培养准确性，这是因为它包含了多种观点，并在评估任何形式的信息时坚持怀疑论。

5.3 结语

2016年美国总统大选清楚地表明，互联网和社交媒体上信息丰富的环境可以提供促进知识发展的机会，同时也有可能破坏和扭曲知识。这次选举还强调了一种紧迫性——必须向今天的学生教授一套关键知识和数字知识方面的技能和概念，以使他们能够安全地、成功地融入这种环境。最近的研究突出了其中一些问题。例如，奥尔科特和根茨科（Alcott & Gentzkow, 2017）分析了选举前几个月被事实核查网站认定为"虚假"的156篇与选举有关的报道。其中有115篇有利于某位候选人的虚假报道，在脸书上被分享了3000万次；还有41篇有利于另一位候选人的虚假报道，被分享了760万次（p.212）。戈特弗里德和希勒（Gottfried & Shearer, 2016）认为，更多的成年人从社交媒体上获取新闻（62%），而不是从主流媒体上获取新闻（48%），这一引述也反映了这个问题。

此外，在选举前，斯坦福历史教育集团对12个州的初中、高中和大学的7804名学生开展了公民在线推理任务（Breakstone, McGrew, Smith, Ortega & Wineburg, 2018; Breakstone, McGrew, Ortega, Smith & Wineburg, 2018; McGrew, Ortega, Breakstone & Wineburg, n.d.; Wineburg & McGrew, 2016），并发现许多参与者"缺乏区分可靠信息和误导性信息的技能"。两位作者毫不拐弯抹角地提出，区分合法信息和误导性信息的能力应该是民主制度的基石。最终，该研究小组得出结论，即使是最精通互联网的学生，也可能受到看似合法但旨在误导的文章和网站的欺骗。

新兴的研究和日常观察都表明，今天的学习者需要一系列新的能力，以有效、负责任、合乎道德地参与数字环境。例如，斯坦福大学的两位作者发现了一些事实核查员的策略，这些人以评估在线内容为职业，为甄别在线信息中的优劣提供指导。这些专业人士需要：

- 横向阅读，离开一个网站去了解更多。
- 在谷歌上展示"点击限制"，而不是依赖于第一次或第二次搜索建议；花时间研究搜索描述和链接，并在打开链接之前滚动几页。
- 使用维基百科中的参考资料，而不是分析主要文章。

使用事实核查员的策略可能会帮助学习者在作者所称的"危险的在线领域"中导航,但是这些策略本身只涉及使用在线信息进行学习的几个基本要素——也就是说,掌握摆在他们面前等他们去学的信息。今天,几乎每个人都能创造和接收数字信息,而学习者还必须掌握一系列设计和创造数字信息的技能。目前对这类创作的了解较少,但有些想法似乎很清楚。例如,在允许合作的空间中,学习者必须熟练地陈述观点,提出问题,给予和接受反馈等。同样,在创造数字产品时,解决道德问题的能力也越来越重要:尊重不同的观点,避免有偏见的陈述,承认个人偏见和假设,等等。

虽然今天对数字素养和批判素养的需求特别明显,但对这种需求的认识由来已久。2009 年,国际阅读协会在《新读写素养和 21 世纪的技术》(New Literacies and 21st Century Technologies)中发表了一份声明,认为技术对学生、对信息的本质都会产生深远的影响,并警告称:"广泛出现的信息,往往来自有强烈的政治、经济、宗教或意识形态立场的人,这深刻影响了他们向他人展示的信息的本质。"十年前,国际阅读协会呼吁人们关注教授"新读写素养"的紧迫性,认为它能够帮助学生成为在线空间中"重要的信息消费者和创造者"。目前,人们才刚刚开始了解这些"新读写素养"的性质和种类,而这些素养对于利用信息进行学习是必不可少的。

参考文献

Adichie, C. N. (2009, July). Chimamanda Ngozi Adichie: The danger of a single story [Video file]. https://www.ted.com/talks/chimamanda_ adichie_the_danger_ of_a_single_story/transcript?language=en#t-566358.

Admiraal, W., Huizenga, J., Heemskerk, I., Kuiper, E., Volman, M. & ten Dam, G. (2014). Gender-inclusive game-based learning in secondary education. *International Journal of Inclusive Education, 18*(11), 1208–1218. https:// doi.org/10.1080/13603116.2014.885592.

Alcott, H. & Gentzkow, M. (2017). Social media and fake news in the 2016 election. *Journal of Economic Perspectives, 31*(2), 211–236.

Alvermann, D. E., Shelley, H. X. & Carpenter, M. (2003). Children's everyday literacies: Intersections of popular culture and language arts. *Language Arts, 81*(2), 145–153.

American Association of School Librarians. (2017). *AASL standards framework for learners*. Retrieved from http:/standards.aasl.org/.

Arnab, S., Berta, R., Earp, J., De Freitas, S., Popescu, M., Romero, M., et al. (2012). Framing the adoption of serious games in formal education. *Electronic Journal of e-Learning, 10*(2), 159–171.

Association of College and Research Libraries. (2016, January). *Framework for information literacy for higher education*. Retrieved from http://www.ala.org/ acrl/standards/ilframework.

Bauder, J. & Rod, C. (2016). Crossing the thresholds: Critical information literacy pedagogy and the ACRL framework. *College & Undergraduate Libraries, 23*(3), 252–264.

Bawden, D. (2008, December 29). Digital literacy. *SciTopics*. Retrieved from http://www.scitopics.com/Digital_Literacy.html.

Beck, A. S. (2005). A place for critical literacy. *Journal of Adolescent and Adult Literacy, 48*(5), 392–400.

Beilin, I. & Leonard, A. E. (2013). Teaching the skills to question: A credit-course approach to critical information literacy. *Urban Library Journal, 19*(1), 1–10.

Breakstone, J., McGrew, S., Ortega, T., Smith, M. & Wineburg, S. (2018). Why we need a new approach to teaching digital literacy. *Phi Delta Kappan, 99*(6), 27–32.

Breakstone, J., McGrew, S., Smith, M., Ortega, T. & Wineburg, S. (2018). Teaching students to navigate the online landscape. *Social Education, 82*(4), 219–221.

Brusilovsky, P. & Peylo, C. (2003). Adaptive and intelligent web-based educational systems. *International Journal of Artificial Intelligence in Education (IJAIED), 13*, 159–172.

Chassignol, M., Khoroshavin, A., Klimova, A. & Bilyatdinova, A. (2018). Artificial intelligence trends in education: A narrative overview. *Procedia Computer Science, 136*, 16–24.

Czerniewicz, L. & Brown, C. (2005). Access to ICTs for teaching and learning: From single artefact to inter-related resources. *International Journal of Education and Development using ICT, 1*(2), 42–56.

Davis, K., Boss, J. A. & Meas, P. (2018). Playing in the virtual sandbox-students' collaborative practices in minecraft. *International Journal of Game-Based Learning (IJGBL), 8*(3), 56–76.

Dillenbourg, P. & Fischer, P. (2007). Basics of computer-supportive collaborative learning. *Zeitschrift fur Berufs-und Wirtschaftspadagogik, 21*, 111–130.

Dunkerly-Bean, J., Bean, T. & Alnajjar, K. (2014). Seeking asylum: Adolescents explore the crossroads of human rights education and cosmopolitan critical literacy. *Journal of Adolescent and Adult Literacy, 58*(3), 230–241.

Ekaputra, G., Lim, C. & Eng, K. I. (2013, December). Minecraft: A game as an education and scientific learning tool. In *The Information Systems International Conference (ISICO) 2013*(pp.237–242). Retrieved from http:// is.its.ac.id/pubs/oajis/index.php/home/detail/1219/Minecraft-A-Game-as-an-Education-and-Scientific-Learning-Tool.

Esposito, J. & Edwards, E. B. (2018). When Black girls fight: Interrogating, interrupting, and (re)imagining dangerous scripts of femininity in urban classrooms. *Education and Urban Society,50*(1), 87–107.

Fake News. (n.d.). In Wikepedia. Retrieved March 8, 2019, from https:// en.wikipedia.org/wiki/Fake_news.

Freire, P. (1970). *Pedagogy of the oppressed*. New York: Bloomsbury.

Goodyear, P., Jones, C. & Thompson, K. (2014). Computer-supported collaborative learning: Instructional approaches, group processes and educational designs. In *Handbook of research on educational communications and technology* (pp. 439–451). New York, NY: Springer.

Gottfried, J. & Shearer, E. (2016, May 26). *News use across social media platforms 2016*. Retrieved from https://www.journalism.org/2016/05/26/news-use-across-social-media-platforms-2016/.

Gregory, L. & Higgins, S. (2013). Introduction. In L. Gregory & S. Higgins' (Eds.), *Information literacy and social justice: Radical professional praxis* (pp. 1–11). Sacramento: Library Juice Press.

Grimm, S. & Meeks, A. (2017). Break the stereotype! Critical visual literacy in art and design librarianship. *Art Documentation: Journal of the Art Libraries Society of North America, 36*, 173–190.

Hayik, R. (2018). Through their eyes: Israeli-Arab students speak up through participatory documentary photography projects. *Language Teaching Research, 22*(4), 458–477.

Hill, J. R., Wiley, D., Nelson, L. M. & Han, S. (2004). Exploring research on Internet-based learning: From infrastructure to interactions. In D. H. Jonassen (Ed.), *Handbook of research on educational communications and technology* (2nd ed., pp. 433–460). Mahwah, NJ: Lawrence Erlbaum.

Hincu, D., Fratila, L. & Tantau, A. (2011). Gap indicator for measuring digital divide. *Management Research and Practice, 3*(2), 74–89.

Hope, J. (2018). "The soldiers came to the house:" Young children's responses to the *Color of Home. Children's Literature in Education, 49*(3), 302–322.

Igun, S. E. (2011). Bridging of digital divide in Africa. *International Journal of Information and Communication Technology Education (IJICTE), 7*(1), 11–20.

International Reading Association. (2009). *New literacies and 21st century technologies: A position statement of the International Reading Association.* Retrieved from https://www.literacyworldwide.org/docs/default-source/where-we-stand/new-literacies-21st-century-position-statement.pdf?sfvrsn=6.

Kazimoglu, C., Kiernan, M., Bacon, L. & MacKinnon, L. (2012). Learning programming at the computational thinking level via digital game-play. *Procedia Computer Science, 9*, 522–531.

Keller, T. & Franzak, J. (2016). When names and schools collide: Critically analyzing depictions of culturally and linguistically diverse children negotiating their names in picture books. *Children's Literature in Education, 47*(2), 177–190.

Kershner, R., Mercer, N., Warwick, P. & Staarman, J. K. (2010). Can the interactive whiteboard support young children's collaborative communication and thinking in classroom science activities? *International Journal of Computer-Supported Collaborative Learning, 5*(4), 359–383.

Kim, G. M. (2016). Transcultural digital literacies: Cross-border connections and self-representations in an online forum. *Reading Research Quarterly, 51*(2), 199–219.

Kim, J. (2005). A community within the classroom: Dialogue journal writing of adult ESL learners. *Adult Basic Education, 15*(1), 21–32.

Kim, S. J.(2016). Possibilities and challenges of early critical literacy practices: Bilingual preschoolers exploring multiple voices and gender roles. *Journal of Early Childhood Research, 14*(4), 370–388.

Kim, S. J. & Cho, H. (2017). Reading outside the box: Exploring critical literacy with Korean children. *Language & Education: An International Journal, 31*(2), 110–129.

Ko, M. Y. & Wang, T. F. (2013). EFL learners' critical literacy practices: A case study of four college students in Taiwan. *The Asia-Pacific Education Researcher, 22*(3), 221–229.

Kozma, R. B. (1991). Learning with media. *Review of Educational Research, 61*, 179–211.

Kuo, J. (2015). Gui Gui goes to college: Promoting critical literacy in Taiwan. *TESL-EJ, 19*(1), 1–20.

Lanham, R. A. (1995). Digital literacy. *Scientific American, 273*(3), 198–199.

Lee, H., Longhurst, M. & Campbell, T. (2017). Teacher learning in technology professional development and its impact on student achievement in science. *International Journal of Science Education, 39*(10), 1282–1303.

Leland, C. H., Harste, J. C. & Smith, K. (2005). Out of the box: Critical literacy in a first-grade classroom. *Language Arts, 82*(4), 257–268.

Lemke, C., Coughlin, E. & Reifsneider, D. (2009). *Technology in schools: What the research says: An update.* Culver City, CA: Commissioned by Cisco.

Lesley, M. (2001). Exploring the links between critical literacy and developmental reading. *Journal of Adolescent and Adult Literacy, 45*(3), 180–189.

Luke, A. (2012). Critical literacy: Foundational notes. *Theory Into Practice, 51*, 4–11.

Marty, P. F., Alemanne, N. D., Mendenhall, A., Maurya, M., Southerland, S. A., Sampson, V., et al. (2013). Scientific inquiry, digital literacy, and mobile computing in informal learning environments. *Learning, Media and Technology, 38*, 407–428.

Mathews, S. A. (2009). Disrupting "the amazing race": Education, exploration, and exploitation in reality television. *Theory and Research in Social Education, 37*(2), 247–272.

McGrew, S., Ortega, T., Breakstone, J. & Wineburg, S. (n.d.). The challenge that's bigger than fake news. Retrieved from https://www.aft.org/ae/fall2017/ mcgrew_ortega_breakstone_wineburg.

Meyers, E. M., Erickson, I. & Small, R. V. (2013). Digital literacy and informal learning environments: An introduction. *Learning, Media and Technology, 38*(4), 355–367.

Miliband, D. (2006). Choice and voice in personalised learning. In OECD (Ed.), *Schooling for tomorrow personalising education* (pp.21–30). Paris: OECD Publishing.

Nebel, S., Schneider, S. & Rey, G. D. (2016). Mining learning and crafting scientific experiments: A literature review on the use of minecraft in education and research. *Educational Technology & Society, 19*(2), 355–366.

Neumann, M. M., Finger, G. & Neumann, D. L. (2017). A conceptual framework for emergent digital literacy. *Early Childhood Education Journal, 45*(4), 471–479.

Pivec, P. & Pivec, M. (2011). Digital games: Changing education, one raid at a time. *International Journal of Game-Based Learning (IJGBL), 1*(1), 1–18.

Saunders, L. (2017). Connecting information literacy and social justice: Why and how. *Communications in Information Literacy, 11*(1), 55–75.

Sembiante, S. F., Baxley, T. P. & Cavallaro, C. J. (2018). What's in a name: A critical literacy and functional linguistic analysis of immigrant acculturation in contemporary picture books. *Indigenous & Minority Education, 12*(1), 28–41.

Sheldon, J., Perry, J., Klopfer, E., Ong, J., Chen, V. H. H., Tzuo, P. W., et al. (2010). Weatherlings: A new approach to student learning using web-based mobile games. In *Proceedings of the Fifth International Conference on the Foundations of Digital Games* (pp.203–208). Monterey, CA:ACM.

Shor, I. (1999). What is critical literacy? *Journal of Pedagogy, Pluralism and Practice, 1*(4), 1–32.

Smith, P. A. & Bowers, C. (2016, March). Improving social skills through game jam participation. In *Proceedings of the International Conference on game jams, hackathons, and game creation events* (pp.8–14). Monterey, CA: ACM.

Sorgo, A., Bartol, T., Dolničar, D. & Boh Podgornik, B. (2017). Attributes of digital natives as predictors of information literacy in higher education: Digital natives and information literacy. *British Journal of Educational Technology, 48*(3), 749–767.

Spires, H. A. (2015). Digital game-based learning. *Journal of Adolescent & Adult Literacy, 59*(2), 125–130. https://doi.org/10.1002/jaal.424.

Stahl,G., Koschmann,T. D. & Suthers, D. D. (2006). Computer-supported collaborative learning: An historical perspective. In R. K. Sawyer(Ed.), *Cambridge handbook of the learning sciences* (pp.409–426). Cambridge: Cambridge University Press.

Stahl, T. (2017). How ICT savvy are digital natives actually? *Nordic Journal of Digital Literacy, 3*, 89–108.

Tewell, E. C. (2018). The practice and promise of critical information literacy: Academic librarians'involvement in critical library instruction. *College and Research Libraries, 79*(1), 10–34.

Toliver, S. R. (2017). Unlocking the cage: Empowering literacy representations in Netflix's *Luke Cage* series. *Journal of Adolescent and Adult Literacy*. https://doi.org/10.1002/jaal.721.

Tristán-López, A. & Ylizaliturri-Salcedo, M. A. (2014). Evaluation of ICT competencies. In *Handbook of research on educational communications and technology* (pp.323–336). New York, NY: Springer.

U.S. Department of Education Office of Vocational and Adult Education. (2013). College and career readiness standards (Publication No. ED-CFO-10-A-0117/0001). Retrieved from https://lincs.ed.gov/ publications/pdf/CCRStandardsAdultEd.pdf.

Vandewaetere, M. & Clarebout, G. (2014). Advanced technologies for personalized learning, instruction, and performance. In *Handbook of research on educational communications and technology* (pp.425–

437). New York, NY: Springer.

Vasquez, V. (2007). Using the everyday to engage in critical literacy with young children. *New England Reading Association Journal, 43*(2), 6–11.

Vasquez, V. (2017, March). Critical literacy. *Oxford Research Encyclopedia of Education*. Retrieved from http://education.oxfordre.com/view/10.1093/ acrefore/9780190264093.001.0001/acrefore-9780190264093-e-20?rskey=SPB9zT& result=6.

Weiner, E. J. (2002). Beyond remediation: Ideological literacies of learning in developmental classrooms. *Journal of Adolescent and Adult Literacy, 46*(2), 150–168.

Wilson, S. N., Engler, C. E., Black, J. E., Yager-Elorriaga, D. K., Thompson, W. M., McConnell, A., et al. (2017). Game-based learning and information literacy: A randomized controlled trial to determine the efficacy of two information literacy learning experiences. *International Journal of Game-Based Learning, 7*(4), 1–21.

Wineburg, S. & McGrew, S. (2016). Why students can't Google their way to the truth. *Education Week, 36*(11), 22–28.

Wohlwend, K. E. (2017). Monster high as a virtual dollhouse: Tracking play practices across converging transmedia and social media. *Teachers College Record, 119*(12), 1–20.

Woo, J. C. (2014). Digital game-based learning supports student motivation, cognitive success, and performance outcomes. *Journal of Educational Technology & Society, 17*(3), 291–307.

第六章
"智慧学习"：利用信息开展学习的一种模式

【摘要】本章对"智慧学习"模型的介绍是本书的核心，本章也是书中篇幅最长的一章，使用详细的文本和图示来阐释"智慧学习"模型的性质，以及在信息丰富的环境中学习如何应用它。本章解释并扩展了在前几章中提出的观点，夯实了"智慧学习"的基础，说明了它在正式和非正式环境中的应用，并反映了在整个教育领域中进行的模型验证研究所得出的见解。"智慧学习"模型是循环的，而非线性的，它包括 6 个阶段和 18 个相互交织、重叠的元素。这些阶段和元素以概念而不是具体步骤的形式呈现，突出强调了模型在广泛情境中的灵活性和适用性。本章还提供了详细的示例，为模型的概念化和实施提供了广泛的指导。本书主张，世界本身就是信息丰富的终极环境，获取、评价和利用各种信息的能力是在其中学习的关键。"智慧学习"模型是一种工具，它将传统的信息搜寻模式扩展为直接关注学习的模式，为利用信息进行有意义的学习所需的概念和技能提供了蓝图。

要想在信息时代成为高效的学习者，个体必须熟练地管理自己所处的信息丰富的环境。无论是"数字原生代"还是"数字移民"，他们都必须能够访问、评估和使用各种各样的信息，作为学习整个人类知识光谱的基础。换句话说，他们必须具备信息素养。如第四章所述：

（他们）必须能够识别何时需要信息，并有能力定位、评估和有效使用所需信息……最终，有信息素养的人是那些学会了如何学习的人……他们是为终身学习做好准备的人,因为他们总能找到手边任何任务或决定所需的信息（American Library Association, 1989）。

"信息素养"（information literacy）的这一定义意义重大,因为它明确了学习和信息使用之间的本质联系,扩展了早期信息素养的概念,即获取、评估和使用信息的一般能力;明确了信息行为的根本原因,即收集和使用信息作为学习的基础。近年来,人们对相关类型的"素养"产生了浓厚的兴趣,如技术素养、数字素养、多媒素养、批判素养等。信息素养特别侧重于信息本身,继续将信息置于学习过程的中心。

信息素养的最新定义与1989年美国图书馆协会定义的"学习"重点相呼应。例如,ACRL（Association of College and Research Libraries）在2000年指出:

> 信息素养是终身学习的基础。它对所有学科、所有学习环境和所有教育水平而言都是必要的。它使学习者能够掌握内容并扩展调查,变得更加自主,并对自己的学习拥有更大的控制力。(p.2)

在国际上,由教科文组织、国际图书馆协会联合会和国家信息素养论坛共同主办的高级别会议,通过《布拉格宣言》（Prague Declaration, 2003）和《亚历山大宣言》（Alexandria Proclamation, 2005）提高了国际上对信息素养的关注度。这些文件不仅将信息素养与学习联系起来,而且将信息化学习定位为一项基本人权:

> 信息素养是终身学习的核心。它使各行各业的人能够有效地寻求、评估、使用和创造信息,以实现其个人、社会、职业和教育的目标。这是数字世界的一项基本人权,有助于促进所有国家的社会包容。(《亚历山大宣言》)

随着对信息素养定义的不断更新和扩展,大家对信息与学习的基本关系的理解也持续加深。2007年,美国的两个协会AASL和ISTE在K-12学生学习标准中重申了信息素养的基本要素。两年后,时任美国总统巴拉克·奥巴马（Barack Obama）宣布2009年10月为国家信息素养宣传月,呼吁美国人民认识到信息在日常生活中扮演的重要角色,更好地了解其影响。白宫在2016年10月再次强调了奥巴马的宣言。

其他当代发展包括由美国图书馆协会以及同教育有关的两个部门发布的信息素养新指导方针。2016年,ACRL发布了《高等教育信息素养框架》。2017年,AASL发布了《学习者标准框架》。虽然这两个文本都避免了其早期标准文档中描述的具体结果，并在一个广泛的框架内根据不同情况来使用信息学习，但它们都清楚地关注利用信息开展学习。例如，学校图书馆制定的标准是：通过收集、组织和共享个人相关的资源，为自己和他人创造意义。

最后，第一章描述的对信息素养的兴趣激增和第四章描述的当前倡议，表明国际上日益关注将利用信息开展学习放在 21 世纪所有学习的中心（Neuman，2013，2016）。信息素养的概念跨越年龄、情境、职业和地点，继续成为信息时代学习的关键构件。

6.1 信息素养与教学

尽管今天人们对信息素养的重要性有了广泛的认识，但实际的信息素养教育在很大程度上仍然是大学图书馆、K-12 学校图书馆和媒体中心的信息专业人员的领域。更进一步说，目前的信息素养教育主要限于教学生获取信息、评估信息并运用信息来回答特定的问题或完成特定的项目、作业，而没有将这些技能应用到当前的情境之外。20 年来，由 K-12 和高等院校图书馆及信息科学联盟颁布的国家指导方针充实了这三个阶段，详细列出了多种标准、基准和概念，定义了当前所教授的信息素养所包含的知识和技能的范围。尽管 ACRL 和 AASL 的最新文件已经将信息应用置于更广泛的主题中，但如上所述，关于如何处理这些问题的讨论在信息专业领域还处于初级阶段，尚未被教育界的其他人完全了解。

在当今图书馆的日常教学环境中，"获取—评价—使用"的顺序经常被认为是一个"信息搜寻"（information-seeking）过程，而不是一个"学习"过程。在实践中，教师会定期教学生如何访问各种数据库及其他资源，这在某种程度上，还涉及了如何评估其准确性以及与自己需求的相关性（Julien, Gross & Latham, 2018）。但是，实际"应用"的部分通常被认为是图书馆教学之外的领域，被留给了学生、中小学教师或教授。因此，教学先于意义学习，并为意义学习做准备。当然教学过程会涉及一些学习，但没有关注学习本身的实际过程和结果。尽管当今社会普遍强调利用信息作为各种学习的基础，但在实践中，基于学校的信息素养教学面临着时间、人员和资源的限制，往往把信息行为最终的、关键的组成部分留给他人。在非正式场所——例如公共图书馆——进行的信息素养教育，就不太注重信息的最终使用，因为图书馆和信息专业人员致力于保障读者在不受监督或干预的情况下搜寻和使用他们所寻找的任何信息。

6.2 "智慧学习"模型：引论

"智慧学习"模型（I-LEARN Model）——鉴别（Identify）、定位（Locate）、评价（Evaluate）、应用（Apply）、反思（Reflect）、精通（kNow）——提供了一种方法来明确信息使用和学习之间的基本联系，无论是在当前的教学实践内部还是外部。该模型建立在信息素养的三个成熟维度之上，并将其扩展到对学习的具体关注，直接关注利用信息开展学习。该模型的6个阶段（图6.1）和18个元素（每一个元素都将在下面对应的阶段进行解释）说明了在所有信息丰富的环境中，信息如何构成当代学习的构件。信息与学习之间的这种直接联系是"智慧学习"模型的关键贡献。它的名字看似简单——六个阶段各提供了一个容易记住的"谐音"[①]。但模型本身却离不开数十年有关信息本质和学习本质的研究和理论（参见第一章的阐释）。每个模型的阶段和元素可以用多种方式加深和扩展，应对学习者各种各样的需求、兴趣和目标。"智慧学习"名字简易好记，为探索如何以各种方式利用信息开展学习提供了一条捷径。

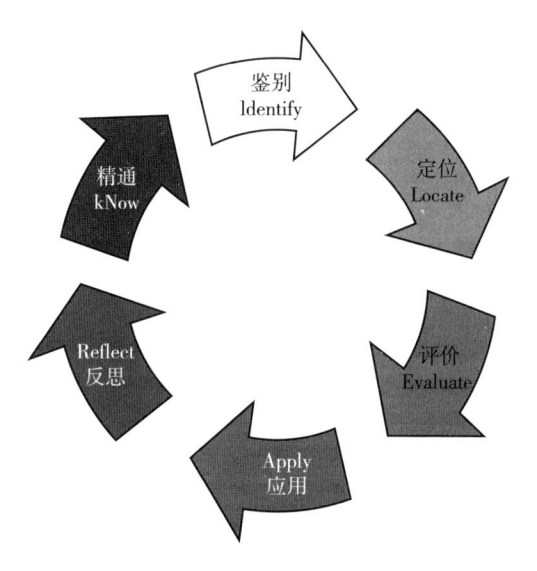

图6.1 "智慧学习"模型（I-LEARN Model）

自该模型首次在纽曼（Neuman，2011a，2011b）的著述中出现以来，多年来的一系列研究证明了它在小学、中学和中学后学习环境中，在城市和郊区的学校，

[①] I-LEARN 由各个阶段英文名称的首字母构成（但第六个阶段提供的不是首字母）。

对弱势儿童和非弱势儿童等学习者的效用（Greenwell，2013，2014，2016；Lee，Grant，Neuman & Tecce DeCarlo，2016a，2016b；Lee，Meloche，Grant，Neuman & Tecce DeCarlo，2019；Neuman，Grant，Lee & Tecce DeCarlo，2015；Neuman，Lee，Tecce DeCarlo & Grant，2017；Neuman，Talafian，Grant，Lee & Tecce DeCarlo，2017；Tecce DeCarlo，Grant，Lee & Neuman，2014a，2014b）。"智慧学习"模型以理论为基础，用实践作检验，为发展信息时代意义学习所需的概念和技能提供了蓝图。

如图6.2所示，"智慧学习"模型在几个重要方面扩展了传统的信息素养模型。首先，它从"学习"过程中的一个关键理念开始：确定一个学习者试图解决的特定问题（question or problem）。尽管这一阶段没有出现在传统模式中，但信息和教育领域的研究、理论和实践长期以来都将确定一个有意义的问题作为成功的信息搜寻和学习的引擎。例如，格罗斯与萨克斯顿（Gross，1999，2000；Gross & Saxton，2001）发现，当信息寻求者开展的研究与自身提出的问题相关时，其表现比解决被强加的问题时更出色。威金斯和麦克泰（Wiggins & McTighe，1998/2005）提出了要求学生识别"关键问题"以指导学习的想法。库尔梭等人（Kuhlthau，Maniotes & Caspari，2007/2015）认为：问正确的问题是"指导性探究"的基础——这是一种团队调查方法，教师和图书馆馆员用来培养学生的独立学习能力，使他们通过熟练使用学校内外各种信息渠道，知道如何丰富知识和增进技能（p.1）。格罗斯对她的"分析、搜索与评估"模型（ASE Model）的解释表明，学习者在信息搜寻的第一步应该关注自己想要发现的东西（Gross，Armstrong & Latham，2013）。

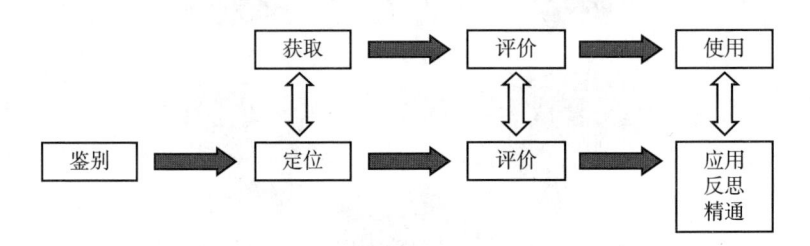

图6.2 信息素养与智慧学习

其次，"智慧学习"模型扩展传统信息素养的第二种方式是，它假设信息来源比图书馆书架上、学术数据库中、互联网上和其他或多或少"传统"的信息形式中可获得的记录材料更广泛。"智慧学习"模型认为我们所生活和活动的世界本身充满了各种信息环境中所固有的信息。例如，它包括中世纪大教堂建筑中固有的文化、社会价值和宗教信仰的信息；它包括当代电影固有的角色、动机和语言结构的信息；

它考虑了有关气候变化的信息，包括冰川融化的数据，观察到的动物行为的变化，以及老年人讲述的故事，这些人记得（无论准确与否）他们年轻时的积雪更深，冬天更冷。所有这些材料都是信息来源，都为学习提供了原材料。

最后，"智慧学习"扩展传统信息素养的第三种方式是提高对信息利用的关注度。虽然该模型普遍地处理传统的获取/定位和评估的信息素养相关任务，但它主要侧重于信息使用，将信息应用于知识的创造，反思这种创造，并为已经获取的知识举出实际的例子，加上个性化特色。这种将信息的使用置于学习中心位置的强化关注，不仅包括学习者使用信息的那些为人所熟知的理由，例如，写论文、制作 PPT 演示文稿和播客，还涉及学习者一生中选择职业、规划假期和做出医疗保健决定等任务。

"智慧学习"模型还超越了对信息搜寻和使用的概念化，没有将它定义为一个从确定信息需要到充分满足该需要的清晰和线性的过程。虽然图 6.1 和图 6.2 的"智慧学习"模型看起来相当简单，但该模型实际上各个阶段是循环重叠的、彼此影响的，并且整个过程受到许多因素的影响。

虽然"智慧学习"模型有很强的认知焦点，它也遵循库尔梭（Kuhlthau，1985，1993）和情感学习研究人员的结论（Martin & Briggs，1986；Martin & Reigeluth，1999；Small & Arnone，2000），承认除了认知成分，信息搜寻和学习还有行为成分和情感成分。该模型不仅阐述了个体学习行为发生的过程，还遵循了维果茨基（Vygotsky，1978）和其他社会学习理论家的类似观点（Salomon & Perkins，1998），认为学习既有社会层面，也有个人层面。学习就像任何复杂的过程一样，是"混乱的"。事实上，这可以说是人类参与的最复杂，因此也是最混乱的过程。"智慧学习"模型不仅接受这种混乱，而且还予以赞赏。它为理解信息行为提供了一个全面的结构，同时也提供了一种实践工具，帮助学习者：①培养一种思维习惯，将世界视为永无止境的信息来源；②利用各种类型的信息来创造个人有意义、可操作的知识。该模型连接了信息研究和教学设计与开发的各个领域，通过利用每种成分来创建一种思考学习的方式，直接对这样一个世界作出反应，这一世界本身就是终极信息丰富的环境。

6.3 "智慧学习"模型：理论

"智慧学习"模型以本书前几章所介绍的理论和概念作为基础。它借鉴了信息科学文献（例如，Buckland，1991；Dervin, Foreman-Wernet & Lauterbach，2003；Dervin & Nilan，1986；Marchionini，1995；Wilson，1981，1999）和教学设计文献

（例如，Anderson & Krathwohl, 2001; Gagne, 1965, 1985; Hannafin & Hill, 2008; Hill & Hannafin, 2001; Mayer, 1999; Merrill, 1983, 1999; Merrill, Jones & Li, 1992）中关于信息本质的基本理论。它假设信息本身是一种动态现象，用实体和关系表征，这些实体和关系可以根据其性质和用途进行混合和匹配。德玟（Dervin, 1992, 1998）和库尔梭（Kuhlthau, 1985, 1988, 1993, 1997）将学习定义为一种意义理解过程，布兰斯福德等人（Bransford, Brown & Cocking, 2000）将学习定义为一种建构主义现象，"智慧学习"模型正是基于这样的理解之上。它假设学习是一个主动的、动态的过程，包括创造心理表征，而这些表征本身是可塑的、不断发展的。它融合了21世纪学习者的当代观点：个体要应对多任务加工，技术娴熟精湛，自信而又有压力，世俗机智而又学术天真，生活在一个由多渠道的、重叠甚至冲突的信息环境组成的世界里。"智慧学习"模型本身就是一个包含所有这些维度的动态结构。

该模型还适用于第二章和第三章中描述的信息丰富环境相关的结构，以及在单一感官和多感官的、单机的和网络化的数字产品中详细描述的各种信息对象中固有的学习供给。它还提供了一种方法来帮助学习者和教师处理在第四章和第五章中描述的新兴问题。正如所有这些章节所暗示的，在这些观念能够完全融入信息学习的理论和实践之前，大量来自信息研究、教学系统设计与开发以及其他领域的研究是必要的。尽管如此，"智慧学习"模型在其阶段和元素上都已经足够广泛和具体，为指导该研究并将其结果纳入实践提供了一个全面的概念结构。最后，理解和利用所有信息对象的学习供给是在信息丰富的环境中学习的关键组成部分。

在最基本的层面上，该模型包含了知识的类型（知识维度）和学习的水平（认知过程维度），这是安德森和克拉斯沃（Anderson & Krathwohl, 2001）对布卢姆（Bloom, 1956）原来的分类学作出的修订。原来的分类学框架为设计教学提供了超过半个世纪的指导。修订后的分类学为"智慧学习"模型沟通信息素养和学习提供了一个具体的起点。

6.3.1 知识维度

如第一章的表1.1所示，安德森和克拉斯沃（Anderson & Krathwohl, 2001）确定了四种类型的知识：事实性知识、概念性知识、程序性知识和元认知知识。

事实性知识——学习者通晓一门学科或解决其中任何问题所必须了解的基本要素。

概念性知识——某个整体结构中发挥共同作用的各基本要素之间的关系。

程序性知识——关于如何做事的知识，探究的方法，运用技能的准则，算法、技巧和方法的准则。

元认知知识——关于一般认知和自我认知的知识。（p.46）

安德森和克拉斯沃又对每种知识类型进一步分类：

事实性知识——术语知识，具体细节和要素的知识。

概念性知识——分类和类别的知识，原理和概括的知识，理论、模式和结构的知识。

程序性知识——具体学科技能和算法的知识，具体学科技巧和方法的知识，确定何时运用适当程序的知识。

元认知知识——策略知识；关于认知任务的知识，包括适当的情境性和条件性知识；自我知识。（p.46）

图 6.3 将知识维度的类型和子类型映射到信息素养模型中，并指出了搜寻和使用信息过程的步骤以及与每个步骤最相关的学习类型之间的系列关系。

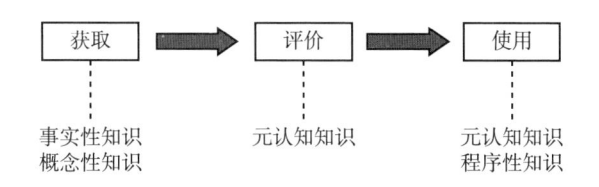

```
┌──────┐      ┌──────┐      ┌──────┐
│ 获取 │ ───> │ 评价 │ ───> │ 使用 │
└──────┘      └──────┘      └──────┘
   ┊             ┊             ┊
事实性知识     元认知知识     元认知知识
概念性知识                    程序性知识
```

图 6.3　信息素养与知识维度

一个简单的例子可以说明上述关系。学习者要写一篇关于太阳系的论文，首先要到百科全书或数据库中查阅一些"事实"和"概念"，例如，行星的定义或显示行星到太阳相对距离的图表。然后，学习者依靠适当语境中的元认知知识来评估事实性知识和概念性知识，例如，图上冥王星的位置是否准确？最后，学习者使用策略性的元认知知识和各种适当的图示程序，根据经过评估的信息创建和交流知识，设计一个既准确又美观的新图表。

当然，这些第一层次的关系没有一个包含任何类型和子类型的知识的全部意义：人们可以在不理解理论、模式和基础结构的情况下获取概念。关于认知任务的知识远不止是理解如何评估一张过时的图表。此外，在信息素养的步骤和认知水平的范围内有相当多的重叠：程序性知识涉及获取信息，事实性知识和概念性知识被包含在新知识的创造中，元认知知识强化了搜寻、评估和使用信息的整个过程。因此，这些关系是启发性的，而不是决定性的。即便如此，这些关系也加强了信息素养和学习之间的联系，而这正是"智慧学习"模型的核心。

6.3.2　认知过程维度

这种联系也可以通过检验信息素养与安德森和克拉斯沃（Anderson & Krathwohl，2001）提出的认知过程维度之间的关系予以查明。如第一章表 1.2 所示，这个维度包含了布卢姆等人的原始分类学中出现的六个学习层次，尽管在新版本中对它们的处理有所不同。

记忆——从长时记忆中提取相关的知识。

理解——能够确定语言、文字或图表、图形的信息所表达的意义。

应用——在特定情境中运用程序。

分析——将材料分解为其组成部分并确定这些部分是如何相互关联的，确定部分同整体之间的联系。

评价——依据准则和标准作出判断。

创造——将要素整合为一个内在一致、功能统一的整体或形成一个原创的产品（pp.67–68）。

根据安德森和克拉斯沃的研究，不管是在正式的还是非正式的学习环境中，这六个认知过程包含了人类所有的认知行为，从简单回忆明显的事实到综合运用批判性思维和问题解决技能。就像对知识维度的分类那样，安德森和克拉斯沃也把认知过程维度中的一般类别细化为更小的子类别，这样就能对每个学习水平的细节进行描述。原文中对每个子类别的定义都很长、很完整，而本书则选取了其中一些关键术语和概念。

记忆——识别 / 鉴别；回忆 / 提取。

理解——解释 / 释义；举例 / 例证；分类 / 归类；总结 / 抽象；推断 / 预测；比较 / 映射；说明 / 建构模型。

应用——执行 / 完成；实施 / 使用。

分析——区分 / 选择；组织 / 明确要义；归属 / 明确观点。

评价——核查 / 检验；评判 / 判断。

创造——生成 / 假设；计划 / 设计；贯彻 / 构建（pp.67–68）。

图 6.4 把信息素养模式的外在步骤和内在过程及子过程一一对应起来，从中也可以看出信息素养和学习之间的系列关系。

同样，前面关于行星的例子也可以用来说明这种关系。首先，学习者要"记忆 / 回忆"储存在长时记忆中的事实和概念，如，回忆行星的概念；要"理解 / 解释"关于行星的图表的心理表征；再看一个关于"新"行星系统的电视专辑，根据节目上呈

图 6.4 信息素养与认知过程维度

现的有冲突的信息"分析/区分"自己已有的知识。然后，学习者要"评价/判断"哪些知识是正确的，哪些是错误的，以此"创造/假设"另一种新的心理表征方式来代替错误的知识。通过这个过程，学习者最后再"应用/实施"适当的程序来完成每一个认知任务。

认知维度的过程和子过程是内在的，正如前文所述，它们与信息搜寻、使用过程及子过程的关系是启发性的，而非决定性的。即便如此，这些关系也加强了信息素养和学习之间的联系，这正是"智慧学习"模型的基础。

6.3.3 知识类型、认知过程与信息素养

综上所述，安德森和克拉斯沃（Anderson & Krathwohl，2001）的"知识维度"中的知识类型及其"认知过程维度"中的认知加工过程，为思考信息使用和学习的复杂关系提供了一个框架。虽然这些复杂观念之间的关系是重叠和不完善的，但图 6.5 显示，它们仍然提供了一种方法，开始以系统的方式思考信息作为学习工具的作用。

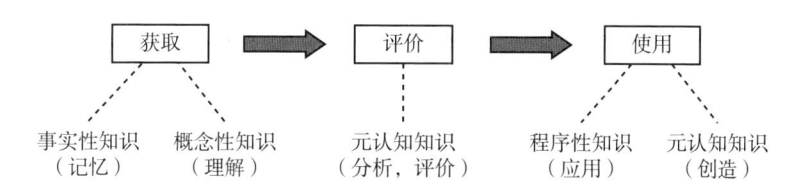

图 6.5 "智慧学习"模型和教育目标分类修订版

在传统的信息素养获取、评价与使用模型中，大部分学习者及其他人都认为"获取"的知识类型是事实性知识和概念性知识，与事实性知识和概念性知识对应的学习水平分别是"记忆"和"理解"。信息搜寻的下一步是"评价"信息——涉及的知识类型被称为"元认知知识"，与元认知知识最相关的学习水平是"分析"和"评价"。信息素养模型的最后一个步骤是"使用"信息——涉及所有的知识类型，包括那些程序性知识和元认知知识，与之最相关的学习水平是"应用"和"创造"。在信

息素养模式下利用信息进行学习，学习者把应用事实性知识、概念性知识、程序性知识和元认知知识作为生成新的理解的基础。他们记忆或识别事实和概念，分析和评价作为事实和概念的信息内容，然后再用各种策略和技能来创造和交流在整个过程中获得的新知识。

6.4 "智慧学习"模型

根据上述理论结构，"智慧学习"模型通过与六个阶段相关的系列元素将信息行为与学习行为联系起来，如图 6.6 所示：

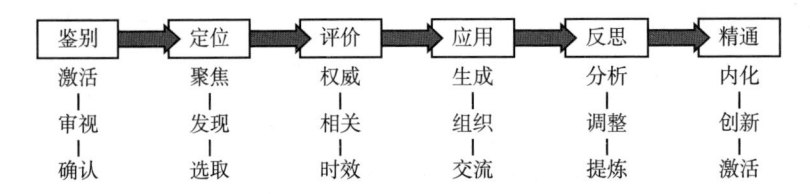

```
鉴别 → 定位 → 评价 → 应用 → 反思 → 精通
激活   聚焦   权威   生成   分析   内化
│      │      │      │      │      │
审视   发现   相关   组织   调整   创新
│      │      │      │      │      │
确认   选取   时效   交流   提炼   激活
```

图 6.6 "智慧学习"阶段和元素

"智慧学习"模型第一阶段中的"I"暗含了多种概念，这不是一种巧合：它除了有"鉴别"（Identify）的意思，也有把信息（Information）当作学习的基本成分这一含义；还包含了建构主义学习理论提出的为自己的学习承担的个人责任〔"我"（I）创建出"我"自己对世界的理解〕。而且，值得注意的是：这个模型中最后一个"精通"阶段是以"激活"这一要素结束的——而第一个"鉴别"阶段的学习过程则是以"激活"开始的。这一点启示我们，对周围信息丰富的世界了解得越多，就越可能激发出探求其本质、结构和过程的好奇心。

本章的以下部分将说明这些阶段和元素在实践中是如何发挥作用的。不过也有一些相关的想法在各小节中没有提及，例如，整个学习过程的复杂性和循环性质，具体的学习供给的作用，信息搜寻和使用的伦理维度，以及"智慧学习"每个阶段所需的持久性（或缺乏持久性）。各小节提供了大量的例子，对模型的实际应用提供借鉴。

6.4.1 第一阶段：鉴别

如图 6.7 所示，"智慧学习"模型第一阶段所涉及的任务是选择要调查的主题、要解决的任务或者要回答的问题。关注点可大也可小——如中国文化的演进或者水能烧开的原因;可以是学术性的也可以是个体性的——如西进运动或者旅游地宾馆的范围;可以是即时性的也可以是长期性的——如考驾驶证的要求或退休计划的选择。不管属于哪一类,唯一必须有的要求是这些问题都可以用**信息**(而不是情感)加以解决。只不过,比起小主题、小任务、小问题来说,大主题、大任务、大问题需要更广泛、更复杂的信息和学习过程。任何可以用信息加以解决的主题都能"鉴别"。

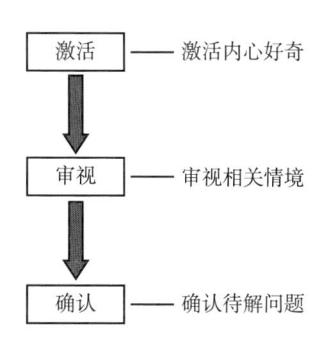

```
┌──────┐
│ 激活 │ ── 激活内心好奇
└──┬───┘
   ↓
┌──────┐
│ 审视 │ ── 审视相关情境
└──┬───┘
   ↓
┌──────┐
│ 确认 │ ── 确认待解问题
└──────┘
```

图 6.7 "智慧学习"第一阶段:鉴别

要**鉴别**出一个范围,学习者必须**激活**自己对生活世界的好奇心,再对那个世界(不管是无形的还是有形的)进行**审视**,找到合适的主题,最后明确地**形成**能指导自己开展探究的针对性任务或问题。该阶段是独立学习的试金石,因为鉴别学习问题不仅有利于顺利进入学习过程,同时也有利于形成一种思维习惯,即世界是信息之源,我们可以利用这些信息进行任何基于个人或集体兴趣的学习。这种思维习惯把世界当成源源不断的信息的来源之地——也就是信息丰富的环境,可以用来解决问题和改善生活。发展并维持这样一种思维习惯是终身学习的开始。

审视世界以选择一个探究的主题,得益于激活好奇心。在正式的学习环境中,类似这样的主题总是会呈现给学生;即便如此,有研究表明,允许学生选择他们自己的研究主题有助于产生更强的动机并强化学习(Gross,1999,2000;Gross & Saxton,2001)。在非正式的环境中同样很明显地需要**审视**。学会通过审视找到问题是"智慧学习"模型的关键部分。以观察一座教堂为例,不是光看一堆石头和几个塔尖就算是学习了。当你带着好奇心看同样一座教堂,工匠雕刻和上釉的技术、教堂中进行的礼节和仪式,都会为智力增长和个性发展提供无数学习的机会。

"智慧学习"模型"鉴别"阶段的最后一步是把观察到的事物转化成能用信息来回答的具体问题。同"正式"的信息检索人员一起工作的图书馆人员和信息专家把这一步称为"在信息需求的基础上确认问题"（American Association of School Librarians and Association for Educational Communications and Technology，1998，p.10），他们还为如何有效地确认问题提出了大量基于研究的要求（例如，Kuhlthau，1993；Pettigrew，Fidel & Bruce，2001）。在教育技术领域，麦肯齐（McKenzie，2017）在问卷工具包（Questioning Toolkit）中给出了关于如何理解和确认各种问题的建议。虽然"智慧学习"模型证实了这些策略在图书馆和其他一些正式信息背景下的确有实用功能，不过该模型还可以把基于"信息需求"的"问题确认"扩展到非正式的信息环境中。例如，会有孩子问挂在后院上空的彩虹是怎么产生的，或者在意大利的旅游者会问为什么一些（不是所有）葡萄酒上有黑公鸡的标签。也就是说，关键不在于信息环境的本质是正式的还是非正式的，而在于确认的问题能否用信息来回答。

确定一个合适的问题——可以用信息来回答的问题——是利用信息进行学习的基础。在实践中，学习者可以区分出这类问题（我应该和他/她结婚吗？），甚至还可以看出那些有关情感方面的问题中也会有信息的存在（他/她的工作技能可以让我们过上我希望的那种生活吗？）。养成一种思维习惯，认为世界本身就充斥着丰富的信息，而我们则需要激活好奇心去观察、审视这个世界，从而找到自己感兴趣的研究主题，在这基础上确认基于信息的一个或几个问题来开展研究，这就是"智慧学习"模型第一阶段的要点。这一过程对学习来说至关重要。

6.4.2　第二阶段：定位

如图 6.8 所示，"定位"阶段指的是信息获取阶段，这些信息不管是已经记录下来的还是存在于更广泛的信息环境中的，都是开展学习的基础。为了定位信息，学习者必须**聚焦**所学的内容，发现和学习有关的信息，并选取出和学习任务最相关的、最突出的信息。

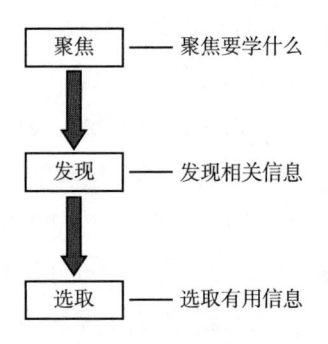

图 6.8　"智慧学习"第二阶段：定位

在图书馆或者教室中，一般来说，"定位"阶段应该从之前提到的基础教育和高等教育指导方针中列出的活动开始，将复杂的问题分解为简单的问题，限制调查范围（Association of College and Research Libraries，2016，p.8），包括"确定所需信息的本质和范围"，"识别各类信息潜在资源的类别和形式"，以及"发展和使用成功的策略来定位信息"（American Association of School Librarians，2017，p.5）。这些活动应该在书籍、数据库、网站等已收录信息的环境中进行，当然这些信息应该能在图书馆和教室里找得到。在大部分情况下，检索到的信息是用来解决特定学习问题或完成具体任务的，例如，准备一篇关于热带雨林的多媒体报告。

在"智慧学习"模型中，这些活动都是定位信息过程的一部分。例如，学习者在写关于热带雨林的报告时，可能会把注意力集中在热带雨林的某个具体部分——如能在雨林中发现的鸟类——这决定了需要什么事实和概念，并进一步搜寻以获取所需的信息。他要发现一些可能包含该主题信息的资源——如百科全书中以"R"开头的内容和国家地理网站中的内容——然后再发现哪些资源中最可能包含这类信息的具体部分（例如，学习者不应该去搜索关于热带雨林植物的信息，因为这些信息与要做的研究不甚相关）。最后，学习者应该从那些资源中选取出具体的信息，作为整个报告的基础——文本、图像、甚至是鸟叫的音频剪辑——这些都能看得出学习者对热带雨林中鸟的理解程度。

"智慧学习"模型不仅包含了典型的信息环境中的这类信息"定位"，也描述了在更广泛的信息资源中定位信息的过程。例如，一个正在修读莎士比亚文学课程的学习者也必须定位那些有助于他学习的其他信息。如果他刚好正在学习有关《哈姆雷特》的主题，那么相关的注意力应该集中到文本上——那些能揭露出哈姆雷特的优柔寡断、奥菲莉娅的绝望及波洛涅斯的背叛的篇章。同一个学习者，现在要开始学习由大学戏剧社导演的《哈姆雷特》的舞台艺术，那么他就必须把注意力集中到演出上来，包括演员的动作和服装，灯光及背景。尽管该剧本的主题一定会反映在演出中，而且其价值也已经出现在文本里，但是一个有效的学习者仍会把注意力集中到演出场景上，因为那里有与具体学习任务相关的最丰富的信息。从这个意义上说，学习的内容决定了学习者的关注焦点。

接下来，学习者必须发现能帮助自己完成学习任务的相关信息，例如，那些能揭示哈姆雷特犹豫不决、波洛涅斯纵容默许的场景或段落，或者能表明该作品所处时代的特定服装。这个过程包括选择各种书面的叙述（文本的形式）或者可视的形象（作品的形式），这样他就能看到每个部分的特点，而不是匆匆地根据第一个或者最明显的事例就得出结论。

最后，学习者必须选取与学习目标有关的最重要的信息。不是所有的相关文章都能相同程度地反映出哈姆雷特优柔寡断的性格，也不是所有的相关照片都能相同程度地呈现出作品的背景，如20世纪50年代这个背景。最终，学习者可能会选取哈姆雷特著名的"生存还是毁灭"的独白作为其优柔寡断性格的主要标志，或者选择拿着呼啦圈的旅行演员的照片作为演出时间安排诡异的最佳证据。

一个科学学科的学生（或者，一个实践性科学家）应该遵循相同的方法来检索信息。例如，聚焦一个有关塑料瓶的化学成分的问题，在科学杂志、会议记录、政府及工业报告、消费者日志中发现与问题相关的信息；然后选取最相关、最突出的信息来指导自己开展实验，从而判断某种化学成分是否会影响人类健康，如果会，又是在什么范围内影响的。

在以上三个例子中——一个是关于图书馆研究的，一个是关于文学学习的，一个是关于科学实验的——学习者的主要活动是检索必要的信息来解决学习问题。不管该类信息是明确的（可从用来收集、组织及呈现信息的可记录的形式中找到）还是不明确的（包含在我们周围的信息丰富的世界中），学习者必须聚焦所要学习的内容，发现能满足学习需求的信息并选取与学习目标最相符的信息。

6.4.3　第三阶段：评价

如果"智慧学习"模型的"定位"阶段是基于与传统信息素养方法相关的活动，那么"评价"阶段则与该传统更加紧密地联系在一起。在这个阶段，学习者明确不同类型的权威，如学科专长（如学术）、社会地位（如公职或头衔）或特殊经验（如参与历史事件）（Association of College and Research Libraries，2016，p.5），系统地询问和评估信息的有效性和准确性（American Association of School Librarians，2017，p.5）。同样，在"智慧学习"模型中，"评价"阶段指的是应用一些标准来判断信息本身的质量。

由于评价信息可以从很多方面入手，图6.9则展示了其中尤其重要的三个方面：信息是否权威——信息来源和作者是否可信，信息是否准确、完整且有内部逻辑性；信息是否相关——信息能否应用于现有主题，信息能否适应与学习者的发展水平及所需的学习水平相关的内容本质；信息是否及时——信息是否可以在特定的学习者和任务中传递，是否可以轻易获取（例如，高中生对历史的研究和研究生对网络安全的研究），以及在当时的技术条件下是否具有可靠性。信息的其他方面当然可以在这个阶段进行评价，但以上三方面显然是评价学习信息的起点。

```
权威性 —— 信息是否可靠
  ⋮
相关性 —— 信息是否有用
  ⋮
时效性 —— 信息是否可及
```

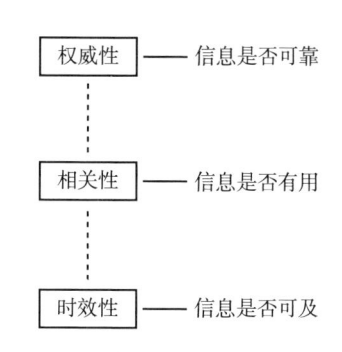

图 6.9 "智慧学习"第三阶段：评价

"智慧学习"模型的其他各个阶段都有一系列任务，而"评价"阶段不同，它没有一个接一个的评价任务。例如，不管是识别研究问题的阶段还是定位回答问题的阶段，关注的范围会不断地缩小直至得出具体的结果。然而，信息的评价过程不是连续的：学习者在考虑信息是否恰当的时候不会去论证信息是否权威，在考虑信息是否及时的时候也不会去论证信息是否恰当。事实上，评价信息的这三方面是一个交叉反复的过程。本阶段注重的不是这三方面的评价顺序，而是整体判断。一般来说，信息的权威性、相关性和时效性这三方面要同时进行评价，不能跳过其中任何一方。

评价信息的质量是图书馆研究的重点，并且本阶段涉及的概念和过程也是数十年来信息研究的焦点（如 Rieh，2002，2010；Wilson，1968）。近年来，电子信息资源特别是网络信息环境的出现，使任务变得异常复杂。现在大部分人都先到网络上去寻找信息，有关网站质量评价标准的建议也越来越多，有公开发表在学术期刊上的，也有出现在通俗读物上的（如 2004 年流行的 CRAAP 测试[①]）。即使在公认资源这类相对"安全"的环境中，学习者也必须学会批判地评价信息。例如，学校图书馆媒体技术专家通过"伪造"美国国会图书馆中的内战照片，来教导学生，即使是对待评价很高的资源，也需要用怀疑的态度。一张照片显示的是阵亡的南方联盟士兵的尸体，另一张照片显示的是同样的尸体摆出不同的姿势，穿着联邦军队的制服。因此，不管是使用公认的还是存在质疑的资源，都不能少了"评价"这一环节。以下所述的权威性、相关性和时效性三方面构成了有效评价学习信息的路径。

权威性

"智慧学习"模型借鉴了信息研究领域学者和实践者开发的标准，又依赖该领域

---

① CRAAP 主要包括可信度（Currency）、相关性（Relevance）、准确度（Accuracy）、权威性（Authority）和目的性（Purpose）等不同的维度。——译者注

的指导优势，才能对有记录的信息和隐含信息进行评价。该模型还借鉴了数字化领域和批判素养领域的标准（如第五章所解释的），作为评估信息的透镜。学习者可以依据其中的很多标准来评价信息的权威性——不仅是关于维基百科文章的可信度，还包括报纸、互联网和电视广告中各种声音的作用，这些广告是为推销某些人、想法和产品而制作的。学习者可以用这类标准来判断有关人口增长和消费数额趋势走向的统计是否正确，担保书、销售合同中的信息是否完整，或者评判那些致力于拯救鲸或抵制干细胞研究的社会网站是否有内部逻辑性。总而言之，"智慧学习"模型认为学习者应该培养一种思维习惯，对遇到的每一条信息本身的权威性进行评价。

学习者若是能理解身边各种信息中学习供给的作用——如，在一段检索视频中设置跳跃剪辑或者某个特定相机角度的目的——也可以把这种理解当作评价信息是否权威的依据。尽管目前几乎没有任何研究或实践来指导这方面的评价，然而很明显的一点是，正如"电影代码"一样（Salomon，1974），信息呈现的这方面内容可能已经对学生判断信息质量和其权威性的能力产生了显著的影响。随着当今网络上可视演示的数量和种类呈指数级增长，理解形成可视信息演示的技术似乎是利用信息作为学习工具的一个特别重要的组成部分。

相关性

学习者还可以根据几十年信息研究发展起来的观点来判断信息的相关性（例如，参见 Barry，1994；Cuadra & Katter，1967；Hirsch，1999；Raber，2003；Saracevic，1975，2007a，2007b；Schamber，1994；Schamber, Eisenberg & Nilan，1990；White，2010a，2010b）。相关性是一个复杂且广受争议的概念，最好将其描述为一个多维认知概念，其意义在很大程度上取决于学习者对信息的感知和自身的信息需求，而动态概念则取决于学习者对信息和特定时间点的信息需求两者关系质量的判断（Schamber et al.，1990，p.774）。这一描述清楚地反映了信息和学习本身的动态性，同时也暗示了判断相关性所涉及的复杂性。

显然，信息必须与主题相关，即直接适用于当下的主题，作为学习的基石。虽然这个观点在理论上是不言自明的，但判断特定信息的相关性通常是具有很大挑战性的。特别是对于那些在自己试图学习的主题方面是新手的学习者来说，他们对相关性的判断可能是曲解（Neuman，1995，2001）。例如，一个新手总会知道一篇关于淡水栖息地的文章对一个海洋生物学项目没有什么帮助（Pitts，1994)？或者，一张关于毕加索的DVD对研究印象派的帮助不如一张关于莫奈的DVD？对学习者来说，评估主题相关性是一项特别困难和重要的任务。"智慧学习"模型认识到了这种复杂性，因此强调它是评价学习的关键因素。

评价作为学习工具的信息，另一个相关性特别大的因素是适当性。为了适合学习，信息对学习者和学习任务来说必须处于一个适当的复杂水平。例如，《化学文摘》数据库中的信息可能是真实的，与当前的主题相关，但不适合高中理科学生，因为它的深度和复杂性，以及它对学生可能遇到的学习任务的适用性有限（Neuman，1995）。基本流程图可能适合帮助初学者理解如何设计和创建计算机程序，但对于有经验的程序员来说就太简单了，甚至不足以作为参考文档。评估相关性是多维度的和高度个性化的。学习者需要了解如何选择信息，借以实现学习目标，并应鼓励自己在扩充知识的同时，在选择信息方面也要越来越老练。

时效性

最后，如果要满足学习需要，信息必须是及时的。时效性的一个方面就是流通性，但只有当时效性与特定的学习任务相关时才会有流通的需求。显然，一个关于冥王星的视频剪辑不会帮助 21 世纪的学习者理解太阳系；然而，20 世纪 40 年代纳粹宣传照片的收藏对于研究第二次世界大战来说是非常有时效性的。理解这种时效性对年轻的学习者来说尤其重要，因为即使最好的答案出现在非数字化资源世界中，这类学习者还是认为网络环境会为他们解决所有问题提供最好的信息。从已有的网站中随便复制一些信息而不去考虑其他能提供信息的资源——对学生和其他一些人来说这是一种常见的做法——这种做法会误导学习者，使他们不去考虑信息的时效性。

评价信息时效性的另一方面是它的可及性，或者说学习者能很快、很轻易地获得好的信息，从而在根据教师、个人计划或专业任务设定的期限内完成任务。不管是按时完成学校作业，还是在年末促销期间购车，都是利用信息进行学习的重要一部分。如果不能及时获取信息用来完成学习任务或解决问题，那么这一学习的工具也就毫无用处了。

信息丰富的在线环境为时效性领域增加了一个新的维度，正如它在许多领域所做的那样。多年前，学习者搜寻信息的范围受到限制，通常只能在步行、小汽车、自行车或公共交通工具能到达的环境中获得信息。仅仅是到达储存信息的地方就要花很长时间，更别说找到有用的信息了。今天，我们作为学习者可以通过口袋、钱包和背包中携带的设备随时查找信息。过去，信息搜寻常是煞费苦心地在有限的（但经过审查的）可能性中找到一些有用的资源。现在，信息搜寻需要浏览网上以闪电般的速度出现和消失的无限信息（通常是未经验证的）。鉴于许多学生有拖延症——尽管他们希望在尽可能短的时间内完成作业——限制一个人在网络环境中搜寻信息的危险是很明显的。

在线环境带来的时间压缩也引发了更严重的问题。今天的学习者与他们的前辈不同，必须善于操纵各种不断变化的技术工具，在不断变化的各种来源中获取不断变化的信息。而且，正如第五章所指出的，学习者现在必须掌握复杂的道德和伦理概念，以评估随着新信息（或新版本的信息）出现而随时发生变化的在线信息流。在线信息经常绕过传统的"看门人"——编辑、学者等，给今天的学习者带来新的负担。信息出现、消失、以不同的视角重新出现的速度，将挑战我们所有人，所以我们要培养质疑、警惕和知情判断方面的高级技能。

位于"智慧学习"中心的"评价"，是该模型的关键所在。它借鉴了已经确立的标准以及对信息创造和信息表征的最新理解。学习者每次遇到信息时，都可以根据这些标准来评价信息的权威性，包括博客、推特以及各种政治和媒体人物话语的可信度。学习者不仅可以使用这些标准来判断学术来源的相关性，还可以判断报纸、互联网和电视广告的相关性。确定信息时效性的各个维度与特定的学习任务和目标有关，也需要涉及上述标准。在"智慧学习"模型中，目标是从各种来源中选择信息，因为这些信息是权威的、相关的、时新的、在合理范围内可及的。简而言之，该模型建议学习者养成一种思维习惯，能够评价所遇到的每一个信息丰富的环境中所固有的信息。这种思维习惯是学习者将信息作为一种学习工具的核心。

6.4.4 第四阶段：应用

图 6.10 展示的也许是"智慧学习"模型的主要贡献：它代表了信息搜寻范式向一个学习模型扩展，直接表述了将信息作为学习基本构件的概念和机制。虽然它与德玟（Dervin, 1992, 1998；Dervin, Foreman-Wernet & Lauterbach, 2003）和库尔梭（Kuhlthau, 1985, 1993, 1997）讨论的概念明显相关，但它已开始将"智慧学习"推向教学设计师和教师更熟悉的领域，而不是仅仅局限于信息专业人员。

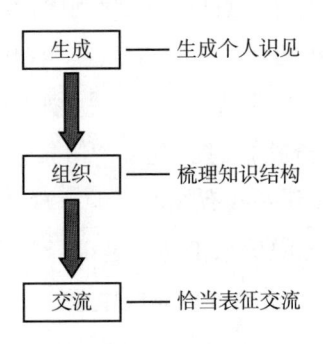

图 6.10 "智慧学习"第四阶段：应用

"应用"阶段关注学习者如何利用信息"生成"新的、个性化的知识;如何把基于信息的理解"组织"成一些心理表征;以及在学校和其他环境中,如何以一种有效的方式创建能用于"交流"新理解的表征方式。这三方面都直接来源于现代学习理论,将学习作为一种积极的、动态的、个性化的和自我指导的过程,从而让我们生活的世界变得有意义(见第一章)。

就像布兰斯福德等人(Bransford et al., 2000)说的那样(美国国家研究院关于"学习"的释义在首次发表20年后仍然受到追捧):现代学习观认为,从一般的意义上看,人是在已有的知识和信念的基础上去建构新的知识和理解的(p.10)。"智慧学习"模型根植于建构主义学习观,它认为学习者会以一般的或者特别的方式把各种信息片段联系起来,从而生成所谓"学习"的个体表征方式。在很多情况下,这些信息关系的生成是很直接的,当然也就很简单,并且可能会让人毫无察觉。"智慧学习"模型改进了这一状况,它鼓励学习者特别关注关系的生成过程,无论这些关系是简单的还是复杂的,而不是依赖直观的、本能的或者其他空洞的方法来指导这个建构过程。

布兰斯福德等人(Bransford et al., 2000)看似简单的表述,背后是对学习的本质和过程几十年的研究。其中不仅包括安德森和克拉斯沃关于学习的类别和水平的理论研究,也有关于学习的种类(如机械学习和有意义学习)、学习的机制(如组块机制和双重编码机制)、学习的阶段(如短时记忆和长时记忆)、学习的风格(如视觉型学习和听觉型学习)、学习的结构(如图式和心智模式)等方面的研究。除了这些来自教育家和认知心理学家的研究,还有很多来自认知神经科学和神经生物学等"学习科学"领域的观点,这些观点有助于我们理解学习状态下大脑生物学和生理学的工作机制。把所有的研究综合在一起,就得出了我们现在关于学习的理解,当然,这并不在本书讨论之列。"智慧学习"模型有意识地接纳了当前所有公认的学习理论中的观点。

"应用"阶段关注的焦点是学习者使用信息的方式。学习者用这些**定位**和**评价**过的信息来回答之前已**鉴别**的问题,进而开始整个过程的学习。尽管这个认知过程的细节最好让认知心理学家或类似的专业人士来解释,但很明显的一点是,学习者是用各种方式把信息联系起来以生成新理解的。比如,儿童用特定的顺序把单个的字母相联系来学习字母表;高中生或大学生将各种数据与特定的测试联系起来,这些测试可以用来分析这些数据,以便学习统计学;老年人将有关特定健康需求的信息与各种潜在供应商的产品联系起来,以便了解应选择哪一种保险计划作为医疗保险的补充。

"应用"阶段要强调关系形成的个性化：每个个体都能生成自己关于现有主题的理解，这一点很重要。个体的这种理解不需要在世界范围内是全新的，就像我们不需要去推翻爱因斯坦的相对论一样，但是对学习者本身来说这种理解就必须是新的，而且要最终内化为自己的认知结构。对一个儿童来说，即使是对字母表的学习也是全新的，所以在完成这个根据自身情况设定的任务后，她一般会很自豪地进行交流。而且，无论是学习者独自学习还是和团队一起学习，无论他用的是铅笔和笔记本还是最新的技术，到最后，意义的生成还是需要个体独立完成的。虽然"智慧学习"模型包含了社会辅助学习和技术辅助学习，但是每一种新的心理表征的构建最终都是高度个性化和个体化的。

　　在某些学科领域，信息之间的关系是显而易见的。例如，英国国王和王后的家谱关系很清楚，所有英国学童都知道。几乎所有的生物学家都曾经学习过林奈生物分类法，但当他们对新发现的物种进行分类时，仍然将林奈生物分类法作为一个起点。虽然非医务人员不了解烟草与肺癌之间的详细关系，但公众对其大致关系已经充分了解，这是烟民戒烟的主要动力。

　　在其他主题领域，特别是那些基于抽象而不是物理现实的领域，信息片段往往更大、更复杂，彼此之间的关系往往不那么清晰。石油价格的上涨和消费支出的减少之间有什么关系？在柴可夫斯基（Pyotr Ilyich Tchaikovsky）的《1812年序曲》和拿破仑远征俄国之间有什么关系？在最高法院对平权运动的裁决和高校招生模式的改变之间有什么关系？这些关系是微妙的、复杂的、多维的，但是当学习发生时，个人的理解就产生了。与乔纳森等人（Jonassen, Beissner & Yacci, 1993）的观点一样，"智慧学习"模型认为，特别关注信息片段如何相互关联，对于将信息作为学习工具来说至关重要。

　　当然，有很多方式可以使信息片段相互关联：逻辑上、时间上、因果上、语义上、层级上、影响上，甚至是任意层面上。例如，学习一个国家的历史，需要理解事件是如何在时间上、政治上、经济上、社会上、地理上相互关联的。各种关系的例子不胜枚举。"智慧学习"模型建议直接关注与信息片段相关的方式；同样重要的是，关注不存在关系的情况，这对利用信息进行学习至关重要。例如，政府关于肥胖与糖尿病关系的数据很可能表达了有效的因果关系，而名人对特定减肥计划的支持在逻辑上远没有那么令人信服。统计学教授向学生灌输的"相关不等于因果"这句箴言，提供了一个很好的例子，说明了解关系何时存在、何时不存在的重要性。

　　对于21世纪的学习者来说，理解信息如何关联（或不关联）的问题尤其具有挑战性，尤其是那些在非正式的信息丰富的环境中学习的人，比如在博物馆、公共图书馆，以及——越来越多地——在家里。在这样的环境中，往往没有提供显性和隐性内容结构的传统信息载体，以指导学习者产生对观念如何关联的新理解。例如，去艺术博物馆是一个很好的机会，可以从展出的绘画和雕塑中学习内在的信息，但这种学习很少有正式学习材料的指导，比如那种描述希腊神话和希腊雕塑之间关系的学习材料。

较正式的信息丰富的环境，比如学校的教学材料、教科书，甚至是参考书，都采用了一些惯例来暗示作品的结构，并为学生提供了理解作品中信息如何关联的方法。例如，索引、目录、章节标题、副标题和章节末尾的问题，提供了对作者如何组织作品整体内容的辨识方法。平面设计、布局、字体大小和不同级别标题的风格，例如，有色和留白，可用于设置不同类型的信息。强化这种组织方式，并帮助学习者培养不同观念之间的关系感，几乎是潜移默化的。例如，标题的级别——章节标题的大小和风格、主标题和副标题——提供了关于作品各个部分之间的结构关系的可视化信息。

网络环境对学习者尝试将信息片段联系起来提出了特殊的挑战。虽然有些网站通常结构清晰，并使用许多基于文本的约定来强调其组织方式，但不少网站的内部结构并不明显。而且，在实际应用中，学习者当然会从一个网站转到另一个网站，从这里提取一个观点，从那里再提取另一个观点，没有关注这些网站的组织方式，更不用说去把握其总体结构了。在这样的环境中学习，学习者自身必须具备必要的内在技能和理解能力，才能从离散的信息片段中生成自己理性的心理表征。虽然几个世纪以来学习者已经娴熟于文本资源——当然也不一定形成了合理的认知结构——但是网络信息的数量增长之快，再加上学习者可以快速、轻易地从网站上获取信息，使得组织方式或者内部结构问题确实已成为一个至关重要的问题。

"智慧学习"模型认为，在线信息丰富环境的普及，要求我们特别关注在其中发现的不同信息片段之间的关系，首先要理解它们，然后在彼此之间建立合理的联系。虽然能力强的学习者能够理解通过在线搜索收集的观点是如何联系在一起的，但其他人却未必能做到。例如，纽曼（Neuman，2001，2003）发现，中学生需要相当多的指导，才能领悟他们通过检索几个数据库发现的"动物事实"不是简单的、孤立的，而是以一种连贯的和功能性的方式相互关联。

"应用"阶段的另一方面是"组织"，实际上这是"生成"的扩展，而不是一个单独的成分。产生新的个人理解，是创造心理模型的另一种说法，而根据定义心理模型是有组织的、连贯的（但也是主观的）认知结构。"智慧学习"模型将构建心理表征的总体概念分为两部分，只是强调了要系统地专注于创造表征、理解彼此的相互关系，努力生成连贯、合理的认知结构。"生成"和"组织"是一体两翼，经常同时发生，并且是迭代的，而非逐次出现。

"应用"阶段的第三方面是"交流"，通常它在正式学习环境中比在非正式学习环境中更为重要。学艺术史课程的学生可能会在参观完博物馆后撰写一份报告，而普通游客或其他漫不经心的参观者就难以满足这样的要求。（有人怀疑，如果要求提交正式报告，博物馆几乎会空无一人！）在正式的环境中，学习者产生理解的证据只能通过他们创作的作品来交流，而且这种创作备受重视。不过，即使是在非正式的环境中，学习者往往也会创作出能够传达他们理解的作品，如一份新车的品质清单、一份为新公司贷款申请提供支撑的商业计划、一份新西兰度假指南。

在正式和非正式两种信息丰富的环境中，用于交流理解的作品应该与信息的性质和手边的学习任务相一致——时间轴用于传达历史事件发生的日期或项目重要节点的日期，图纸或照片用于传达建筑的基本结构或其装饰元素的效用，视频用于表现进行物理实验或烹饪复杂菜肴的过程。"智慧学习"模型建议："交流"的关键是考虑各种可用的沟通结构，并在其中选择一种合适的方式，而不是直接采用书面报告或口头报告。这些熟悉的方式当然可以达到交流效果，但利用信息学习特别关注使用最合适的方式创建信息产品来交流想法。

当然，这些产品本身就是信息对象。此外，了解如何组织各种信息对象的学习供给，可能会对学习者在正式和非正式环境中创造这些信息对象的质量产生强烈的影响。像一系列图表这样的单一感官对象，或是像计算机模拟这样的交互式对象，对高中生关于汽车工业经济变化的期末项目学习来说，哪一种会更有效？一家汽车公司的副总裁必须向董事会提交相同主题的季度报告吗？为什么要这样做？或者为什么不能这样做？每种对象类型的哪些特定供给使得一种方法优于另一种方法？无论创建哪种类型的信息对象，如何才能最有效地整合这些功能？这些问题的答案是复杂的，我们尚不知道怎样回答这些问题。正如第二章和第三章所指出的，理解学习供给以及有效利用，将对学生和其他人创造的用于交流知识的信息对象的质量和有效性产生深远的影响。

总而言之，"智慧学习"模型的"应用"阶段是该模型的核心，因为它专门回答了以信息作为学习工具所涉及的关键结构和过程。尽管心理学家以及其他研究大脑和学习的人还不清楚学习者如何使用信息，如何从信息中生成知识，并将基于信息的理解组织成认知结构，但教育工作者和教学设计师在引导学习者创作能够有效交流自己理解的作品方面有着长期的经验。"智慧学习"模式建立在我们关于学习的现有理论知识的基础上，海纳江河，可以从正在进行的研究中吸纳有关学习的新观念。

6.4.5 第五阶段：反思

反思是学习的一部分，这一观点并不新鲜。约翰·杜威（John Dewey，1910）在《我们如何思考》（*How We Think*）一书中将反思作为学习过程的一个持续的部分进行了探讨，唐纳德·施恩（Donald Schon，1983）在他极具影响力的著作《反思的实践者》（*The Reflective Practitioner*）中区分了行动中的反思（即独立思考）和对行动的反思（即考虑我们为什么以及如何做我们所做的事情），重新普及了杜威的观点。今天，反思作为一种持续的学习过程，重要性在各级教育中被广泛认可。"智慧学习"模型包含了这一概念，并认为反思是在整个学习过程中持续应用批判性思维来评估学习过程和学习产品的方法。如图6.11所示，"反思"作为第五阶段的正式引入，表明了它在"智慧学习"模型的顺序展示中的逻辑位置。然而，值得注意的是，在利用信息开展学习的过程中，"分析""调整"和"提炼"这三个元素是循环和迭代的。

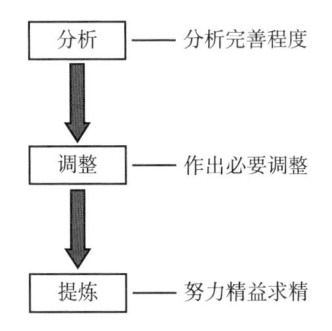

```
分析 —— 分析完善程度
 ↓
调整 —— 作出必要调整
 ↓
提炼 —— 努力精益求精
```

图6.11 "智慧学习"第五阶段：反思

《信息力量——创建学习伙伴关系》一书认为，反思性学习者"能主动独立地反思和评价自己的学习过程，能单独完成信息产品的创建……能认识到经过努力什么时候能成功、什么时候不能成功，能根据瞬息万变的信息提出修改和改进的策略"（American Association of School Librarians and Association for Educational Communications and Technology，1998，p.29）。事实上，"反思"的理念已经嵌入AASL（"运用反思指导信息决策"，p.3）和ACRL（"要意识到以怀疑的态度评估内容的重要性，并意识到自己的偏见和世界观"，p.5）的指导方针。的确，反思对于图书馆媒体技术专家和其他基于学校的信息专家尤为重要。分析、调整及提炼是进行图书馆研究并在该研究基础上创建产品的最基本组成部分。这是一个"过程"而不是"内容"，信息素养鼓励将反思作为该模型的一部分。

为了分析利用信息进行学习的学习过程和学习产品的恰当性，学习者应该反思自己在整个学习体验中的表现，然后再以更系统的方式从头至尾检查一遍。要完成这一步，学习者应该回到之前的相关步骤中，鉴别这些步骤是否跟最初确定的问题相关。在正式的信息丰富环境下的学习者，比如一个要参加科学展览会的中学女生，先要**定位**她已经检索到的大量关于该主题的信息，并**评价**这些信息是否适合其理解水平，如果适合则**应用**这些信息来设计和实施新的实验；然后再**分析**用于交流学习成果的信息产品的形式和内容质量，如，分析展示实验步骤及结果的海报。

一个在非正式的信息丰富环境中的学习者，例如，一个认真尽责的选民在解决如何在选举中投票的问题时，会先确定自己已经**定位**并查看了各种新闻报道以及官方的竞选文献，并**评价**所有已收集信息的质量及相关性；再通过生成和组织自己的理解并内化为暂时性结论，从而有效地**应用**这些信息；最后**分析**该结论的连贯性和准确性以及是否清晰实用，如，列出每位候选人心理上、身体上的优势和劣势。不管是在正式的还是非正式的环境里，这些阶段的细节部分可能会变化很大，但是，总的思想是一致的，即分析研究过程和结果的正确性。

"反思"阶段的另一个要素是"调整"：根据分析发现的缺点进行必要的调整以改进学习过程和信息产品。形成学习基础的信息肤浅、不完整吗？也许参加科学博览会的学生应该和工作的科学家交流一下，来提高已收集信息的质量。也许未来的选民应该查看一些主流的和"前卫"的博客以发现新的思想。用来表现学习成果的产品是不是没有预想中的清楚和引人注意？也许学生可以用色彩和图表来强调关键点；也许选民可以根据特定问题重新做一张随机列表，把赞成票和反对票都放一起。还有，"调整"的每一个要素都表明要完成任务有无数种可能的方式。"智慧学习"模型没有把这些可能性都细化，而是聚焦于一般原则，即对调整的价值保持警觉及不断寻找方法来改善学习的**生成**和**交流**。

"反思"阶段的最后一个要素是"提炼"，这使得整个学习过程的结果更完美。这种改进可能只是内部的，要确保心理表征是完整的、连贯的和有用的；也可能是外部的，这要取决于学习任务和环境的本质。如，正式环境下的学习者应该检查一下，以确保有关学习的物理表征尽可能吸引人，并符合所有的规定：语法、拼写和标点正确吗？恰当地使用了相应的技术和移动媒体吗？多媒体呈现时用的表现方式有效且合乎道义吗？源于他人的观点有相应的可信度吗？换句话说，所有的细节都做到位了吗？

尽管"反思"阶段是作为第五个阶段出现在"智慧学习"模型中的，但它的确是作为核心部分出现在整个信息丰富环境下的学习过程中，而且这个学习过程是不

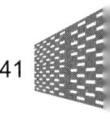

断循环反复的。从确定一个有吸引力的问题开始，经过过程中的每一步，直到问题解决，反思起了很关键的作用。不断**分析**自己取得的进步，根据理解力的发展不断**调整**自己的观点和学习过程，并能根据自己的学习结果**提炼**出一些明显的心理表征和有效的表达结构，这些都是积极动态的学习的主要特征。根据特定学习经验的结果回到相应的学习过程中，这一点也非常重要，当然这也不是反思发生的唯一时段。

6.4.6　第六阶段：精通

学习的结果是掌握知识，所以"智慧学习"的最后一个阶段（图6.12）也强调了这一点。在这个阶段，学习者"精通"了学到的东西，也就是说，通过内化、创新知识，并且实际加以表现，为将来激活知识奠定基础。换句话说，学习者将其新近学习融入现有的认知存储中。这不是一个静态的、永久的、单一的最终状态，而是一个复杂的、动态的、相互关联的内容和过程的网络。如第一章讨论信息科学和教学设计与开发时所倡导的那样。

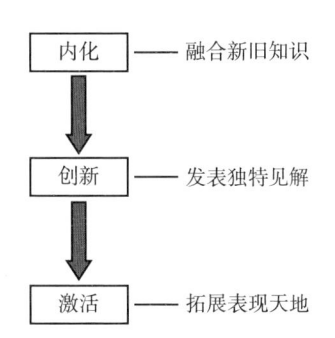

```
内化 —— 融合新旧知识
 ↓
创新 —— 发表独特见解
 ↓
激活 —— 拓展表现天地
```

图6.12　"智慧学习"第六阶段：精通

为了**内化**新近学习的知识，学习者将其与已有的知识相结合。与"应用"阶段相关的过程一样，对学习者完成内化的具体过程的描述最好留给认知科学家，而不是"智慧学习"。然而，从广义上讲，这一过程似乎涉及皮亚杰（Piaget，1952）所描述的平衡过程。皮亚杰的思想奠定了建构主义运动的理论基础。内化的结果是拓宽和加深了学习者对主题本身的理解，也许是对其与其他主题的相互关系的理解。例如，无论是正式学习者还是非正式学习者，对伊朗的文化和地理了解愈细致，对它政治史的理解亦将更加深入。

"创新"学习可以追溯到"应用"阶段的"生成"部分，它强调学习是一个高度个性化的任务：每个学习者以个体的方式将信息片段联系起来，以构建自己对当前主题的独特理解。在这一点上，"智慧学习"模型强调学习者认识到自己的学习是一种个性化建构，而不是一种普遍性建构。例如，一个学生对《李尔王》（*King Lear*）的理解可能与教授、导演或演员对此戏剧的理解大不相同，而教授、导演和演员的理解也可能互不相同。承认学习是高度个性化的结构，会给学习带来更大的空间，将再次加深和丰富学习者的理解。

这个阶段的最后一个要素是"激活"，这使得"智慧学习"模型完成了一个循环。它假设学习者已经完成了整个利用信息进行学习的过程，并且已学的知识可以随时被应用到另一个新的学习情境中。学习者的认知存储无论是在内容上还是在结构的强度和复杂性上都得到了扩展和增强。此外，新的知识融入学习者的世界观，学习者在对我们周围信息丰富的世界产生好奇时，会表现得比以前更熟练。从理论上来说，学习者逐渐形成了一种思维习惯，认为世界是源源不断的信息的来源地，而且这些信息是可以用来解决疑惑或回答问题的"智慧学习"的最后阶段的最后一个元素，也是模型的第一阶段的第一个元素，这并非偶然。

自从十年前"智慧学习"模型首次出现以来，"精通"阶段一直是"智慧学习"的终极焦点。美国图书馆协会最近发布的指导方针也对此作了强调。2016年ACRL《高等教育信息素养框架》指出，发展信息素养能力的学习者将自己视为知识的贡献者，而不仅仅是知识的消费者（Association of College and Research Libraries，2016，p.9）。而AASL呼吁学习者通过设计、实施和反思的循环来解决问题，构建新知识（American Association of School Librarians，2017，p.4）。两份文件都没有强调知识获取是信息素养的焦点，越来越强调的是信息搜寻和使用的学习维度，这是一个重要的贡献。在当今世界上，电子工具使利用信息构建"知识产品"如此便捷。

6.5　结语

"智慧学习"模型是专门设计出来描述以信息作为学习基本构件的过程，并为该过程提供理论背景和实践蓝图。基于数十年的理论和研究，在信息科学和教学设计与开发领域中，该模型也融合了学习科学的当前思想和当代实践。它声称信息素养是它最近的祖先，在各类院校被广泛利用，并扩展到正式和非正式的学习中，涉及记录的信息及我们周围人和物的固有信息。它表明，世界本身就是一个信息丰富的终极环境，它可以支持学习个人或团体感兴趣的任何东西。

理想情况下，"鉴别""定位""评估""应用""反思"和"精通"这六个阶段将帮助学习者养成一种思维习惯，将世界视为一个无所不包的信息源，人类可以访问、评估并使用它来解决问题和改善生活。在这个充满信息和可能性的世界里，这种习惯是独立、终身学习的基石。

参考文献

American Association of School Librarians. (2017). *AASL standards framework for learners*. Chicago: ALA. Retrieved from https://standards.aasl.org/wp-content/ uploads/2017/11/AASLStandards-Framework-for-Learners-pamphlet.pdf.

American Association of School Librarians and Association for Educational Communications and Technology. (1998). *Information power: Building partnerships for learning*. Chicago: ALA Editions.

American Library Association. (1989). *Presidential committee on information literacy: Final report*. Retrieved from http://www.ala.org/mgrps/divs/acrl/ publications/whitepapers/ALA.

Anderson, L. W. & Krathwohl, D. R. (Eds.). (2001). *A taxonomy for learning, teaching, and assessing: A revision of Bloom's Taxonomy of Educational Objectives*. New York: Addison Wesley Longman.

Association of College and Research Libraries. (2000). *Information literacy competency standards for higher education*. Chicago: ALA.

Association of College and Research Libraries. (2016). *Framework for information literacy for higher education*. Retrieved from http://www.ala.org/acrl/ standards/ilframework.

Barry, C. (1994). User-defined relevance criteria: An exploratory study. *Journal of the American Society for Information Science, 45*, 149–159.

Blakeslee, S. (2004). The CRAAP Test. *LOEX Quarterly, 31*(3), Article 4. Retrieved from http://commons.emich.edu/loexquarterly/vol31/iss3/4.

Bloom, B. S. (Ed.). (1956). *Taxonomy of educational objectives: Cognitive domain*. New York: Longman.

Bransford, J. D., Brown, A. L. & Cocking, R. R. (Eds.). (2000). *How people learn: Brain, mind experience, and school*. Washington, DC: National Academy Press.

Buckland, M. (1991). *Information and information systems*. New York: Praeger.

Cuadra, C. & Katter, R. V. (1967). Opening the black box of relevance. *Journal of Documentation, 23*(4), 291–303.

Dervin, B. (1992). From the mind's eye of the user: The sense-making qualitative-quantitative methodology. In J. Glazier & R. Powell (Eds.), *Qualitative research in information management* (pp.61–84). Englewood, CO: Libraries Unlimited.

Dervin, B. (1998). Sense-making theory and practice: An overview of user interests in knowledge seeking and use. *Journal of Knowledge Management, 2*(2), 36–46.

Dervin, B., Foreman-Wernet, L. & Lauterbach, E. (Eds.). (2003). *Sense-making methodology reader*. Cresskill, NJ: Hampton Press.

Dervin, B. & Nilan, M. (1986). Information needs and uses. *Annual Review of Information Science and Technology, 21*, 3–33.

Dewey, J. (1910). *How we think*. Boston, MA: D. C. Heath.

Gagne, R. M. (1965). *The conditions of learning*. New York: Holt, Rinehart, and Winston.

Gagne, R. M. (1985). *The conditions of learning* (3rd ed.). New York: Holt, Rinehart, and Winston.

Greenwell, S. C. (2013). *Using the I-LEARN model for information literacy instruction: An experimental study*. ProQuest Dissertations, University of Kentucky.

Greenwell, S. (2014). Using the I-LEARN model to design information literacy instruction. In S. Kurbonaglu, S. Spiranek, E. Grassian, D. Mizrachi & R. Catts (Eds.), *Information literacy: Lifelong learning and digital citizenship in the 21st century* (pp.400–407). New York: Springer.

Greenwell, S. (2016). Using the I-LEARN model for information literacy instruction. *Journal of Information Literacy, 10*(1), 67–85.

Gross, M. (1999). Imposed queries in the school library media center: A descriptive study. *Library & Information Science Research, 21*(4), 501–521.

Gross, M. (2000). The imposed query and information services for children. *Journal of Youth Services in Libraries, 13*, 10–17.

Gross, M., Armstrong, B. & Latham, D. (2013). The analyze, search, evaluate (ASE) process model: Three steps toward information literacy. *Community & Junior College Libraries, 18*(3–4), 103–118.

Gross, M. & Saxton, M. L. (2001). Who wants to know? Imposed queries in the public library. *Public Libraries, 40*(3), 170–176.

Hannafin, M. J. & Hill, J. R. (2008). Resource-based learning. In J. M. Spector, M. D. Merrill, J. Van Merrienboer & M. P. Driscoll (Eds.), *Handbook of research on educational communications and technology* (3rd ed., pp.525–536). Mahwah, NJ: Lawrence Erlbaum.

Hill, J. R. & Hannafin, M. J. (2001). Teaching and learning in digital environments: The resurgence of resource-based learning. *Educational Technology Research and Development, 49*(3), 37–52.

Hirsch, S. G. (1999). Children's relevance criteria and information seeking on electronic resources. *Journal of the American Society for Information Science, 50*(14), 1265–1283.

International Society for Technology in Education. (2007). *National educational technology standards for students* (2nd ed.). Washington, DC: ISTE.

Jonassen, D. H., Beissner, K. & Yacci, M. (1993). *Structural knowledge: Techniques for representing, conveying, and acquiring structural knowledge*. Hillsdale, NJ: Lawrence Erlbaum.

Julien, H., Gross, M. & Latham, D. (2018). Survey of information literacy instructional practices in U.S. academic libraries. *College & Research Libraries, 79*(2), 179–199. https://doi.org/10.5860/crl.79.2.179.

Kuhlthau, C. C. (1985). A process approach to library skills instruction. *School Library Media Quarterly, 13*(1), 35–40.

Kuhlthau, C. C. (1988). Longitudinal case studies of the Information Search Process of users in libraries. *Library and Information Science Research, 10*(3), 257–304.

Kuhlthau, C. C. (1993). *Seeking meaning: A process approach to library and information services*. Norwood, N.J: Ablex.

Kuhlthau, C. C. (1997). Learning in digital libraries: An information search process approach. *Library Trends, 45*(4), 708–725.

Kuhlthau, C. C., Maniotes, L. K. & Caspari, A. K. (2015). *Guided inquiry: Learning in the 21st century*. Westport, CT: Libraries Unlimited. (Original work published 2007)

Lee, V. J., Grant, A. G., Neuman, D. & Tecce DeCarlo, M. J. (2016a, November). A collaborative I-LEARN project with kindergarten and second-grade teachers and students at a university-assisted school. *Urban Education*. https://doi.org/ 10.1177/0042085916677344.

Lee, V. J., Grant, A. G., Neuman, D. & Tecce DeCarlo, M. J. (2016b). Using I-LEARN to foster the information and digital literacies of middle school students. In S. Kurbanoğlu, J. Boustany, S.

Špiranec, E. Grassian, D. Mizrachi, L. Roy, & T. Cakmak (Eds.), *Information literacy: Key to an inclusive society* (pp.480–489). New York: Springer.

Lee, V. J., Meloche, A., Grant, A., Neuman, D. & Tecce DeCarlo, M. J. (2019). "My thoughts on gun violence": An urban adolescent's display of agency and multimodal literacies. *Journal of Adolescent and Adult Literacy.* https:// doi.org/10.1002/jaal.944. Retrieved from https://ila. onlinelibrary.wiley.com.

Marchionini, G. (1995). *Information seeking in electronic environments.* Cambridge, MA: Cambridge University Press.

Martin, B. L. & Briggs, L. J. (1986). *The affective and cognitive domains: Integration for instruction and research.* Englewood Cliffs, NJ: Educational Technology Publications.

Martin, B. L. & Reigeluth, C. M. (1999). Affective education and the affective domain: Implications for instructional design theories and models. In C. M. Reigeluth(Ed.), *Instructional design Theories and models. Vol. II: A new paradigm of instructional theory* (pp.485–509). Mahwah, NJ: Lawrence Erlbaum Associates.

Mayer, R. (1999). Designing instruction for constructivist learning. In C. M. Reigeluth (Ed.), *Instructional design — Theories and models. Vol. II: A new paradigm of instructional theory.* (pp.141–159). Mahwah, NJ: Lawrence Erlbaum Associates.

McKenzie, J. (2017). *Questioning toolkit.* Retrieved from http://www.questioning. org/Q7/toolkit.html.

Merrill, M. D. (1983). Component display theory. In C. M. Reigeluth (Ed.), *Instructional design Theories and models* (pp.279–333). Mahwah, NJ: Lawrence Erlbaum Associates.

Merrill, M. D. (1999). Instructional transaction theory: Instructional design based on knowledge objects. In C. M. Reigeluth (Ed.), *Instructional design — Theories and models. Vol. II: A new paradigm of instructional theory* (pp. 397–424). Mahwah, NJ: Lawrence Erlbaum Associates.

Merrill, M. D., Jones, M. K. & Li, Z. (1992). Instructional transaction theory: Classes of transactions. *Educational Technology, 32*(6), 12–26.

Neuman, D. (1995). High school students'use of databases: Results of a national Delphi study. *Journal of the American Society for Information Science, 46*(4), 284–298.

Neuman, D. (2001). Learning in an information-rich environment: Preliminary results. In D. Callison (Ed.), *Proceedings of the treasure mountain research retreat #10* (pp. 39–51). Salt Lake City: Hi Willow.

Neuman, D. (2003). Research in school library media for the next decade: Polishing the diamond. *Library Trends, 51*(4), 503–524.

Neuman, D. (2011a). Constructing knowledge in the 21st century: I-LEARN and using information as a tool for learning. *School Library Media Research,14*. Retrieved from http://www.ala.org/aasl/sites/ala.org.aasl/files/content/aasl pubsand journals/slr/vol14/SLR_ConstructingKnowledge_V14.pdf.

Neuman, D. (2011b). *Learning in information-rich environments: I-LEARN and the construction of knowledge in the 21st century.* New York: Springer.

Neuman, D. (2013). I-LEARN: Information literacy for learners. In S. Kurbanoglu, E. Grassian, D. Mizrachi, R. Catts, & S.Spiranec(Eds.), *Worldwide commonalities and challenges in information literacy research and practice* (pp.111–117). New York: Springer.

Neuman, D. (2016). Toward a theory of information literacy: Information studies meets instructional design. In S. Kurbanoğlu, J. Boustany, S. Špiranec, E. Grassian, D. Mizrachi, L. Roy, & T. Cakmak (Eds.), *Information literacy: Key to an inclusive society* (pp. 267–276). New York: Springer.

Neuman, D., Grant, A., Lee, V. & Tecce DeCarlo, M. J. (2015). Information literacy in a high-poverty urban school: An I-LEARN project. *School Libraries Worldwide, 21*(1), 38–53.

Neuman, D., Lee, V. J., Tecce DeCarlo, M. J. & Grant, A. (2017). Implementing I-LEARN with K-2 students: The story of a successful research partnership. In S. Hughes-Hassell, P. Bracy & C. Rawson (Eds.), *Libraries, literacy, and African-American youth: Research & Practice* (pp.205–221). Santa Barbara, CA: Libraries Unlimited.

Neuman, D., Talafian, H., Grant, A., Lee, V. J. & Tecce DeCarlo, M. J. (2017). *The pedagogy of information literacy: Using I-LEARN to teach.* Paper presented at the fifth European Conference on Information Literacy, St. Malo, France.

Pettigrew, K. E., Fidel, R. & Bruce, H. (2001). Conceptual frameworks in information behaviour. *Annual Review of Information Science and Technology, 35*, 43–78.

Piaget, J. (1952). *The origins of intelligence in children.* New York: International Universities Press.

Pitts, J. M. (1994). *Personal understandings and mental models of information: A qualitative study of factors associated with the information seeking and use of adolescents.* Unpublished doctoral dissertation, Florida State University, Tallahassee, FL.

Raber, D. (2003). *The problem of information.* Lanham, MD: Scarecrow.

Rieh, S. Y. (2002). Judgment of information quality and cognitive authority in the Web. *Journal of the American Society for Information Science and Technology, 53*(2), 145–161.

Rieh, S. Y. (2010). Credibility and cognitive authority of information. In M. Bates & M. N. Maack (Eds.), *Encyclopedia of library and information sciences* (3rd ed.). ed., pp. 1337–1344). New York: Taylor and Francis.

Salomon, G. (1974). *Interaction of meaning, cognition, and learning. An exploration of how symbolic forms cultivate mental skills and affect knowledge acquisition.* San Francisco, CA: Jossey-Bass.

Salomon, G. & Perkins, D. N. (1998). Individual and social aspects of learning. In P. D. Pearson & A. Iran-Nejad (Eds.), *Review of research in education* (pp. 1–24). Washington, DC: AERA.

Saracevic, T. (1975). Relevance: A review and a framework for the thinking on the notion of information science. *Journal of the American Society for Information Science, 26*(6), 321–343.

Saracevic, T. (2007a). Relevance: A review of the literature and a framework for thinking on the notion in information science. Part II: Nature and manifestations of relevance. *Journal of the American Society for Information Science and Technology, 58*(13), 1915–1933.

Saracevic, T. (2007b). Relevance: A review of the literature and a framework for thinking on the notion in information science. Part III: Behavior and ethics of relevance. *Journal of the American Society for Information Science and Technology, 58*(13), 2126–2144.

Schamber, L. (1994). Relevance and information behavior. *Annual Review of Information Science and Technology, 29*, 3–48.

Schamber, L., Eisenberg, M. B. & Nilan, M. S. (1990). A re-examination of relevance: Toward a dynamic, situational definition. *Information Processing and Management, 26*, 755–776.

Schon, D. (1983). *The reflective practitioner.* New York: Basic Books.

Small, R. V. & Arnone, M. P. (2000). *Turning kids on to research: The power of motivation.* Englewood, CO: Libraries Unlimited.

Tecce DeCarlo, M. J., Grant, A. G., Lee, V. J. & Neuman, D. (2014a). Information literacy in the kindergarten classroom: An I-LEARN case study. In S. Kurbanoglu, S. Spiranec, E. Grassian, D. Mizrachi & R. Catts (Eds.), *Information literacy: Lifelong learning and digital literacy in the 21st century* (pp. 243–252). New York: Springer.

Tecce DeCarlo, M. J., Grant, A. G., Lee, V. J. & Neuman, D. (2014b). Information and digital literacies in the kindergarten classroom: An I-LEARN case study. *Early Childhood Education Journal, 46*(3), 265–275.

UNESCO. (2003). *The Prague Declaration: Towards an information literate society.* Retrieved from http://

portal.unesco.org.

Vygotsky, L. S. (1978). *Mind in society: The development of the higher psychological processes.* Cambridge, MA: Harvard University Press.

White, H. D. (2010a). Relevance in theory. In M. J. Bates & M. N. Maack (Eds.), *Encyclopedia of library and information sciences* (3rd ed.). Oxford: Taylor and Francis.

White, H. D. (2010b). Some new tests of relevance theory in information science. *Scientometrics, 83*(3), 653–667.

Wiggins, G. & McTighe, J. (2005). *Understanding by design* (1st and 2nd eds.). Alexandria, VA: Association for Supervision and Curriculum Development. (Original work published 1998)

Wilson, P. (1968). *Two kinds of power: An essay on bibliographical control.* Berkeley, CA: University of California Press.

Wilson, T. D. (1981). On user studies and information needs. *Journal of Documentation, 37*(1), 3–15.

Wilson, T. D. (1999). Models in information behaviour research. *Journal of Documentation, 55*(3), 2249–2270.

第七章
"智慧学习"与利用信息开展学习的评估

【摘要】 评估是正式学习环境中的重要部分,也是在信息丰富的非正式环境中监控学习的一个有用概念。本章考察了评估运动的近期历史,并将"智慧学习"模型定位为一个特别适合于当代利用信息开展学习的评估框架。该模型与传统的和当前的评估方法一致,其结构有利于评估工具的设计,并回应了当前的和正在兴起的使用信息作为学习工具的不同想法。最重要的是,它提供了一种机制,将学习和评估融合在整体的、真实的、令人满意的体验中。与前几章的论述和结构有所不同,本章将书中所介绍的观点汇集在一起并加以扩展。在信息丰富的今天以及未来,利用信息开展学习的"智慧学习"模型能够促进和评估学习。

至少从公元前 5 世纪开始,评估就已经成为正规教育的一部分。当苏格拉底在雅典向学生提问时,实际上是在进行一种形成性评估。也就是说,苏格拉底用学生们最初的答案来探查学生潜在的知识,然后继续提问,帮助他们纠正错误和扩展知识。历史并没有告诉我们,苏格拉底是否在期末考试时进行了总结性评估,但我们可以确信,他关心的是学生的最终成就以及在这一过程中的进步。

在接下来的几个世纪里,评估发生了巨大的变化。它不仅变得更加复杂和形式化,而且常常脱离了作为教学工具的初心。在 20 世纪,总结性评估成为现代教育体系的主要焦点之一。今天,在美国(和其他国家)的教育政策中,不仅要评估学生所学到的知识,还要记录他们在教学结束时取得的具体成果。高风险的总结性评估考试的分数不仅被用来证明成绩,而且还被用来确定是否允许晋升或毕业,并进一步确定学生在未来学习中的竞争优势。美国的学业能力评估测试(SAT)、大学入学考试（ACT）和大学升学考试，大多数英联邦国家的剑桥 O 水准考试（O–Level）、普通中等教育毕业考试（GSCE）和中学高级水平考试（A–Level）考试，东欧大部分地区的会考（Matura），德国、奥地利和芬兰的高中会考（Abitur），中国的高考，都是这种方式的例证。一些更广泛的评估概念，也就是直接将评估与教学联系起来的概念，已开始出现，但评估的主流观点仍然涉及教师、学校和学生的高度利害关系。

在这种背景下，问题就变成了：在今天信息丰富的环境中，无论是正式的还是非正式的环境中，形成性和总结性评估发挥着什么作用？它与这本书中讨论的学习有什么关联？对学习有什么贡献？要回答这个问题，关键是要理解当前关于评估的重要观点，并探讨如何采用或调整这些观点，以满足当今学习者的需求。

7.1 评估观的演进

关于评估的当代观点正在发生演变。对过去 30 年评估的简要回顾将为理解这种演变及其当前状况奠定基础。可以说，在美国，这一时期最重要的因素是国家对正式教育中的总结性评估的兴趣不断加大。自从 1989 年全国州长峰会首次确定国家的教育目标以来，这种评估已经成为众多教育工作者的警笛。各级学者、课程专家和政策制定者已经在沿着两条平行的轨道工作：①确定学生应该通过教学经验掌握的概念和技能；②在课程或研究项目结束时，制定工具和衡量方法来评估这种掌握程度。

在 20 世纪 90 年代，国家专业组织发布了数百项标准，规定了小学和中学学科的概念和技能（在 Marzano & Haystead 的文献中有概述，2008）。各州和地方教育机构改编了这些国家标准的要求，建立了自己的标准清单，这些标准很快就成为其官方（或至少事实上是官方的）课程。由于这些要求涵盖了专家认为对学生来说很重要的学科内容，它们很容易被转变成"范围"和"顺序"文件，进而引出具体的科目和其他课程材料，推动着学生在全国各地学习。

总的来说，所有这些开发的标准本质上是总结性的，也就是说，它们描述的是学生学习的最终结果，而不是学生为实现这些结果可能经历的过程。"结果"这个词就说明了这一点。一旦这些标准/结果建立起来，下一步就是评估学生的成绩——评估是标准的内在内容。评估的要求一旦明确之后，可以让学生来说明白什么是重要的学习。反过来，教师也可以评估学生取得成果的程度。评估是标准内在的、不可避免的另一面（Neuman，2000，p.111）。不出所料，随着标准的开发，很快就出现了判断学生成绩的工具。

事实上，以清晰和一致的方式说明直接的结果，并将其作为评估的基础，这种做法具有很强的理论优势，几十年来一直是教学设计与开发的基石。可以说，今天对评估的关注始于 50 多年前布卢姆最初出版的《教育目标分类学》（Bloom，1956）。该分类学使用了从文献中选择的说明性教育目标（p.201），以建议对该书规定的从"知识"到"评价"的六个学习层次中的每一个层次进行评估。像"学生应该知道与社会科学所关注的各种问题相关的解决方法"（p.203）这样的陈述表明，20 世纪 90 年代倡导的那种学习结果早在几十年前就已经存在了。

马杰（Mager，1962）和布里格斯（Briggs，1977）以及布卢姆（Bloom，1956）和其他人，形成了强有力的理论和实践体系，创建了"结果—教学—评估"连续体。这样一种有多年研究和经验指导的评估方法，有许多优点。它推动教师和教学设计师确定自己希望学习者掌握的主要概念和技能，帮助教师根据目标直接施教，并努力消除评分中的一些主观性。这样一种评估方法告诉学习者学习什么对他们来说是最重要的，并排除学习中的猜测，帮助更多的人实现更高层次的理解。这种评估方法之所以经久不衰，很大程度上是因为这些优势。当代作家威金斯和麦克泰（Wiggins & McTighe，1998/2005）建议通过"逆向设计"概念来评估学生的表现和特定的结果：从终点（预期的结果）开始，然后确定已取得结果所需的证据（评估）（p.338）。在教学设计和评估研究的传统文献之外，"逆向设计"运动已经在中小学产生了广泛的影响。

7.2 高风险评估

正是《不让一个孩子掉队法案》（2002 年签署成为法律）的实施，以及 20 世纪 90 年代出现的标准化浪潮，将美国人对总结性评估的兴趣推到了一个新的水平。尽管几十年来，标准化考试一直被用来评估学校和学生，新法律要求在特定年级和特定学科领域进行高风险的标准化测试，这催生了一大批获利丰厚的出版商，开发出的州级测验已成为衡量学生和学校成功的最终标准。在 21 世纪的头十年里，教育工作者、家长和整个社会都在利用这种测验来奖励或惩罚学校，设计改善学校的计划，并加强房地产对家庭的投资价值——希望住在好学校边上（Brasington & Haurin，2006，2009；Haurin & Brasington，1996）。对许多人来说，这种对评估的关注似乎使沃比根湖成为新美国教育的乌托邦，那里所有孩子的水平都高于平均水平。

《不让一个孩子掉队法案》受到了许多批评,但全国对评估学生成绩的关注仍在持续。建立 K-12 数学和英语语言艺术"州共同核心标准"的运动正是这种持续关注的证据。该标准于 2010 年 6 月发布,超过 40 个州以及哥伦比亚特区以某种形式采用了该标准。该标准规定了对全国各地的大学和劳动力培训课程非常重要的基础技能和知识,并催生了至少两项专门化评估:"大学入学和就业准备评估联盟"和"更聪明的平衡评估"。最终,《不让一个孩子掉队法案》扩大了对 K-12 评估的讨论,并被认为成功地实现了其主要目标,即缩小美国各级学校中主体族裔学生和少数族裔学生在数学和阅读方面可衡量成绩的差距。2015 年,它被《让每个学生成功法案》(Every Student Succeeds Act)取代,该法案要求各州采用高学术标准,为(学生)在大学和职业生涯中取得成功做好准备。

在 21 世纪早期出现了一种类似但又非常不同的发展趋势,学院和大学以及提供个别课程的协会更多地关注学生实际学到的东西,而不是只关注哪些资源会对他们的教育产生影响。两种完全不同的协会体现了这一努力的范围:美国图书馆协会在高等教育中只认证图书馆学硕士课程;中部州高等教育委员会在特拉华州、哥伦比亚特区、马里兰州、新泽西州、纽约州、宾夕法尼亚州、波多黎各自治邦、美属维尔京群岛以及国际上的一些地方认证完整的大学学位。这两个组织和其他机构也都要求申请人提供指定的学习成果,并证明课程确实能使学生取得这些成果。

在许多情况下,这种对学习评估的关注转移到高等教育,给新的受众带来了无论课程内还是跨项目学习都要正式确认学习成果的想法。这不仅受到认证机构的推动,也受到公众和许多州立法机构的质疑:接受高等教育是否值得?在高等教育中日益高昂的成本推动了对结果和结果评估的关注度持续增长。尽管有人担心这种方法与学术自由的传统相抵触(至少部分原因是如此,明确结果意味着要围绕这些结果组织课程),但教师们和他们所在的机构现在都在编写学习结果,就像他们的中小学同事所做的那样。显然,学习评估的理念已经彻底渗透到正规教育领域。

7.3 评估与利用信息进行学习

关注利用信息进行学习的教育工作者没有逃脱 20 世纪 90 年代的标准和评估浪潮。如第四章所述,若干国家组织为 K-12 和高等教育受众制定了信息素养标准和信息技术标准。《信息力量:创建学习伙伴关系》(American Association of School Librarians and Association for Educational Communications and Technology,1998)和

《信息素养教学目标：学校图书管理员模式释义》（College and Research Libraries Association，2001）最早涵盖了正规教育中信息素养的领域。最初的《国家教育技术标准》（International Society for Technology in Education，1998）开始覆盖 K-12 学生的信息技术领域。在随后的几年里，针对学生的《国家教育技术标准》进行了修订（2007，2016），而针对教师（2000，2008）、管理人员（2002，2009）和教练的《国家教育技术标准》（2011）也加入了这个组合。布卢姆的分类学（Bloom，1956）再一次在这个领域的教学结果陈述中得以强调，诸如"判断来源和信息的准确性、相关性和完整性"（American Association of School Librarians and Association for Educational Communications and Technology，1998，p.14）。这样的结果清楚地说明它应用了目标分类学，即把信息素养领域的学习置于"评价"水平上。

利用信息进行学习方面的标准和评价的浪潮，在 21 世纪初开始改变方向。2003 年，21 世纪技能联盟出版了《21 世纪学习：培养 21 世纪技能的报告和教育里程碑指南》。该报告为那些关注在信息丰富的环境中学习的人提供了一个受欢迎的新焦点，打破了过去 10 年对学科领域标准的关注，专注于与信息素养使用相关的跨学科标准和评估。该联盟的后续努力促使其《21 世纪学习框架》于 2004 年出版。这份由大约 40 个合作伙伴组织支持的文件，特别提出了一个将学习和评估联系起来的整体观点，并为 21 世纪的学习提供了一个统一的、集体的愿景，旨在全面加强美国的教育。该框架包括 11 个核心科目（如语言、艺术和科学等传统科目类别）和 4 个 21 世纪主题，包括"全球意识"和"公民素养"等。对于信息学习而言，最重要的是，该文件提供了 3 套技能，以支持学生掌握这 15 门学科和当代主题——"学习和创新技能""生活和职业技能"以及"信息、媒体和技术技能"。该框架将信息技能、媒体技能和技术能力结合起来，使上面提及的信息技术和信息素养标准联系起来。通过界定掌握所有学科和主题所需的信息、媒体和技术能力，该框架还将利用信息进行学习和评估置于其整体观的关键位置。目前这方面合作（现在被称为"21 世纪学习联盟"）的努力仍在继续，可以参见《21 世纪学习框架》2017 年的版本和第四章的讨论。

今天，有许多直接和间接的正式测量方法，试图衡量学生在学习中获取和使用信息的情况。肯特州立大学为 K-12 设计了在线评估工具（Tool for Real-time Assessment of Information Literacy Skills，TRAILS），同时评估高等教育学生搜寻信息技能方面的优势和劣势（Standardized Assessment of Information Literacy Skills，SAILS）。前者评估的内容是基于俄亥俄州的学术内容标准和《信息力量：创建学习伙伴关系》（American Association of School Librarians and Association for Educational Communications and Technology，1998）的标准。后者的内容基于 ACRL 的两套标准文件:《高等教育

信息素养能力标准》和《信息素养教学目标：学校图书管理员模式释义》。"国际学生评估项目"（PISA）在 2000 年首次使用问卷调查来评估学生的数字和信息素养技能（Sweet & Meates，2004）。PISA 的《信息传播技术熟悉度问卷》包括关于学生使用电子和数字设备的问题，其中许多问题集中在学生如何使用信息传播技术来定位并使用教育和学校的相关信息。所有这些评估包括关于在正式和非正式环境中使用信息进行学习的问题。

美国图书馆协会有关教育的两个部门发布的新指导方针标志着这些组织评估方法的重要变化。这些文档没有关注其早期标准文档中描述的具体结果陈述，而是在广泛的框架内将用于学习的信息置于具体情境中。ACRL《高等教育信息素养框架》和 AASL《学习者标准框架》关注的都是总体主题，而不仅仅是可评估的学习成果。例如，《高等教育信息素养框架》是围绕六大命题构建的，其中一个命题为"研究即探究"——研究是反复的，依赖于提出越来越复杂的或新的问题，而这些问题的答案反过来又会在任意领域发展出更多的问题或探究主线。为 K-12 学生制定的框架基于几个大类：思考、分享和成长，以及"六个共享的基础和关键承诺：探究、吸纳、合作、策划、探索和参与"。

然而，尽管这两个框架的重点是广度，但它们也包括了有助于具体评估的全方位能力。例如，《高等教育信息素养框架》建议，教学时要根据信息缺口或对现有的、可能存在冲突的信息的重新检查，来评估学生研究问题的能力。为 K-12 学生制定的框架解释说，要根据信息需求采取行动，包括：①确定收集信息的需要；②确定可能的信息源；③对要使用的信息源做出关键的选择。时间将证明新的框架如何有效帮助学生培养复杂的信息素养。要确定学生对这种复杂性和相关日常活动的掌握程度，还需要精心的评估和更精准的方法。

7.4 "智慧学习"模型和利用信息开展学习的评估：正式环境

无论是审视当今大多数教育实践所依据的标准，还是考察 21 世纪学习联盟等机构提出的替代方案，我们都能发现有许多结果陈述可用于描述和评估信息这一学习工具。在仍然以学科类别为基础并要对学生掌握这些学科的情况作出评估的正式教育环境中，无论采用何种形式，明确阐述结果并开发评估工具仍是一种可能持续存在的途径。无论是整体上还是个别来看，学习——包括利用信息进行学习——将继续通过结果陈述来界定，至少部分如此。

在正式的环境中，第六章解释的"智慧学习"模型为评估学生利用信息作为学习工具的能力提供了一个有用的框架。该模型以学习理论为基础，与信息素养结构相联系，并在概念和实践上与安德森和克拉斯沃（Anderson & Krathwohl，2001）对布卢姆《教育目标分类学》（1956）的更新相联系，既是基于传统的学习和评估理念，也增加了新的方法。如图7.1所示，"智慧学习"包括6个阶段和18个元素，直接从信息学习的理论和实践中得出，并提供了评估和培养利用信息学习能力的框架。例如，模型的前五个阶段陈述了可以通过相应的评价项目进行评估的具体结果：学习者将"鉴别"一个问题，"定位"相关信息，根据特定的标准"评价"信息，"应用"适当的信息来构建知识，并"反思"构建的过程和产品。最后一个"精通"阶段，通过对学习者使用模型所提供的产品和做出的行为进行检查，可以直接评估学习者已经学到了什么。这个阶段也说明了学习的整体性质，以及模型的"内化知识"这一最终步骤，以供未来使用。

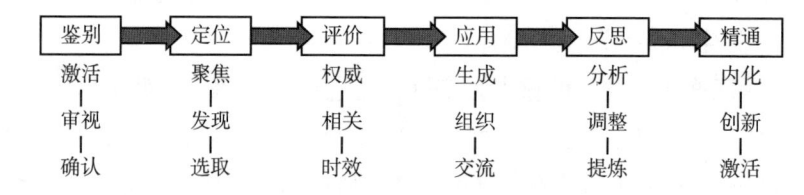

鉴别	定位	评价	应用	反思	精通
激活	聚焦	权威	生成	分析	内化
审视	发现	相关	组织	调整	创新
确认	选取	时效	交流	提炼	激活

图7.1 "智慧学习"阶段和要素

总的来说，该模式为在可能的信息素养结果的整个连续统一体中创建和实施评估提供了指南；其广泛性和灵活性可以应用于形成性评价和总结性评价。例如，在"鉴别"阶段，可以根据学习者形成的问题是否抓住了本质以及信息丰富的程度来评估。具体来说，一个涉及事实学习的问题，需要记住事实性知识，例如，一个地方议会代表的党派；一个涉及策略学习的问题，需要元认知知识，例如，可能涉及在州或国家层面分析选举过程。很显然，后者学习更深入。同样，在"应用"阶段，对卡方统计概念知识的定义产生新的理解，同设法将卡方检验应用到一个特定的统计学问题并产生新的理解，两者进行比较的话，后者学习更深入，因为它至少需要程序性知识。当然，受学习者需求、教师能力、课程目标、评估性质（是形成性的还是总结性的）以及许多附加条件和环境的限制，这个框架的变化几乎是无限的。尽管如此，该模型与安德森和克拉斯沃（Anderson & Krathwohl，2001）提出的知识类型和学习水平的联系，为与信息相关的学习提供了一个评估的基础。

即使不按照以上阶段和要素来进行考评,"智慧学习"也可以用传统的方法进行评估。莫里森等人(Morrison, Ross & Kemp, 2013)总结了十几种或更多的评估工具,可以用来评估学习者使用信息学习的各方面能力。这些工具包括多项选择、判断对错、配对、简答题、论述题以及核对单、评分表、问题解决练习和量规。例如,一个多项选择题可能要求学习者在一系列选项中找出可以用信息回答的问题的最佳例子,问题解决练习可能要求他们找到适当的来源来回答基于信息的问题。与其他学科领域一样,这些项目的测验题库可以为任何水平的学生开发、管理和评分。

原田和吉田(Harada & Yoshina, 2010)将个人会议、活动日志、个人通信、退出票和图形组织者(如概念图、观念网、K-W-L图表和矩阵)添加到用于评估学习的工具组合中。这些方法特别适合于形成性评估,但也可用于总结性评估。就"智慧学习"而言,一种方法可能会让学习者根据课堂上学到的标准(例如,权威性、相关性和时效性)创建矩阵,比较他们对各种信息源的评价,因为这些方面与特定项目相关。另一种方法可能包括创建概念图或观念网,显示学生应用信息回答问题的结果以及用于查找这些信息的来源引用。例如,气候、地形和海拔与巴西出口之间的关系。总的来说,原田和吉田(Harada & Yoshina, 2010)提倡使用视觉表达作为评估工具,这为传统的评估方法提供了一个有趣的选择。他们提出了一些方法,视觉展示可以用来评估学生利用信息作为学习工具的程度。

如今,在K-12教育和高等教育中,最流行的评估工具之一是量规——一种以网格形式标识任务组成部分的工具,为评估每个已完成部分的质量提供标准,为教师对学习者在这些标准下的表现水平做判断提供相对应的分数(Strickland & Strickland, 2000)。可以说,量规也是评估学生在正式环境中利用信息开展学习的能力最有希望的工具。量规与学习过程的内在联系,以及它们在评价学习过程及其结果方面的优势,使其成为评估"什么是真正落实了基于过程的学习"的一种理想方法,而这种过程是利用信息生成知识的过程。提前给学习者一个量规,可以让学习者明确地看到期望是什么,朝着这个期望努力,并确定自己对成功程度的期望值。

一个量规也支持迭代的形成性评估,并使教师能够通过解释学习者在一个特定的领域如何表现出色或存在不足,向学习者提供有针对性反馈。例如,教师可以设计一个"智慧学习"项目。在这个项目中,当学生完成模型的每个阶段时,会得到相应评估;在他们探究问题时,有指导他们如何以及何时接触信息的量规。项目允许学生修改或重新提交他们的作业;如果他们没有达到预期目标,项目将支持学生学习,并确保在项目结束时有一个更完善的产品。总之,量规可以推动教师提供指导,以改善学习的过程和结果。因此,量规适用于旨在提高理解力和改善日常表现的形成性评估，也适用于旨在记录学习结果的总结性评估。正如原田和吉田（Harada & Yoshina, 2010）所指出的，设计良好的量规既是一种评估工具，也是一种强有力的教学策略（p.21–22）。

表 7.1 展示了一个通用的量规，适用于任何学科领域，可以评估学生对"智慧学习"中列出的利用信息进行学习的每个阶段的理解程度。评估学习者每一阶段的成绩，可以提供关于他掌握过程的各个部分的信息；而评估学习者在这些步骤之间建立联系的能力，可以评估他对整个学习过程的理解程度。评估可能是形成性的（判断学生对每个步骤的掌握程度，并在需要时提供指导）和/或总结性的（判断学生对每个步骤和整个过程的最终理解程度）。在量规的评分范围内，最高分是 24 分（每个阶段都得到了 4 分），最低分是 6 分（没有达标）。这为教师提供了足够空间去做出细致入微的反馈，让学生了解自己哪些方面表现出色，哪些方面还需要加油。

表 7.1 "智慧学习"评估量规

"智慧学习"阶段	4 分	3 分	2 分	1 分
鉴别出一个有意义的问题	根据个人的好奇心对主题相关信息的回顾，提出一个最初的、基于信息的问题	提出一个最初的、基于信息的问题，但没有回顾相关信息	提出一个最初问题但无法通过信息解决	无法提出一个可以通过信息解决的最初问题
针对合适的问题定位信息	搜寻和选择关于问题特定方面的各种信息	聚焦一个或多个问题的某个特定方面，搜索和选择有限的信息	搜寻和选择与问题大致相关但不聚焦的信息	未能找到任何适当的信息
批判性地评价信息	系统地评价候选信息的真实性/可信度、话题相关性、其他相关性及时效性	无法系统地评价候选信息，或仅基于一两个标准作出评估	无法系统地评价候选信息或基于不恰当的标准作出评估	无法基于任何标准评价信息
将相关信息应用于问题	生成对问题的最初回应，并将其组织在一个能交流的表征形式中	生成对问题的最初回应，但组织不合逻辑或者交流不畅	生成对问题的最初回应，但组织不合逻辑且交流也不畅	无法生成对问题的最初回应
对信息过程和产品进行反思	透彻分析前四个步骤的过程和产品，根据需要修改其中一个或两个，并形成一个打磨好的最终版本	分析过程和产品，并在一定程度上对其中一个或两个方面进行调整，或形成一个未打磨的最终版本	只分析过程或产品，不适当地修改其中一个或两个方面，或形成一个有缺陷的最终版本	未对工艺和产品进行分析或修改

续表

"智慧学习"阶段	4分	3分	2分	1分
展示"智慧学习""精通"阶段获得的结果	形成了一个打磨好的最终产品,展示出预期的学习达到某个高度	形成了一个未打磨的最终产品,或者一个只在一定程度上能展示预期学习的产品	形成了一个有缺陷的最终产品,或者一个无法充分展示预期学习的产品	无法形成一个最终产品

和其他量规一样,这个量规也可以调整,以反映当前学习的内容。例如,当评估一个学生利用历史事件的信息和同一个学生利用当代气候变化问题报告的信息时,可以反映出时间线差异。同样,量规可以进行调整,以反映提供信息的特定资源。例如增加一个要求——要求学生在搜索引擎加权算法提供的前三个链接之外查看。这在某些情况下是有用的,但在其他情况下则不合适。量规可以关注学生如何有效地将学习供给与他们的最终信息产品相关联(参见第二章和第三章)。当然,量规还可以经过调整来反映个别教师对特定学生能力和需求的理解——中学生所期望的表征或信息产品的种类与即将毕业的学生所期望的有明显的不同。虽然只有教师才能创建一个完全有用的量规,但表7.1为开发这些工具提供了支架,这些工具可用于学校的形成性评估和总结性评估。

正式的评估通常与正式的课程有关。是否应该有一个信息素养课程的问题,经常在学校图书管理员和媒体技术专家等专业团体的研究中浮出水面。广泛研究支持的传统智慧(Eisenberg, Lowe & Spitzer, 2004; Kuhlthau, 1987; Loertscher & Wools, 2002)认为,信息技能教学应该与学科领域的教学相结合,这样对学生才有意义,他们才会年复一年地记住。库尔梭等人(Kuhlthau, Maniotes & Caspari, 2015)支持的一种更新和更激进的方法指出,他们的"指导性探究"模式旨在通过重新设计课程,用以信息为中心的学习来改革学校(p.4)。这些作者描述了围绕教师和图书管理员团队组织学校的过程,并提供了一门完整的信息素养课程,根据他们模型的概念和原理来定位、评估和使用信息。

"智慧学习"模型假定信息素养与现有的学科教学相结合,并适合于综合教学,这是源于"智慧学习"的一般性质,而且它既强调了过程,也重视结果。表7.2显示了如何将"智慧学习"模型的教学与课程内容相结合,不仅教学生课程内容,还教学生使用信息作为掌握课程内容的工具。从表中还可以看出,对于学生利用信息作为学习工具来说,该模系可作为连接指导和评估的路径。

表 7.2 "智慧学习"模型和正式教学：一个七年级社会研究活动

"智慧学习"阶段	教学内容
鉴别	**激活**：是什么让城市生活变得不一样？ **审视**：摩天大楼在城市中是独一无二的 **确认**：关于这座城市摩天大楼告诉我什么？
定位	**聚焦**：高度限制如何影响城市摩天大楼的建设 **发现**：图书、数据库、城市记录、报纸档案、与规划者及其他城市官员的对话等 **选取**：名胜城市的具体信息（如华盛顿特区对摩天大楼的高度有限制；伊利诺伊州的芝加哥市则没有；宾夕法尼亚州的费城市曾经有限制，但现在不限制了）
评价	**权威**：信息由谁提供，观点还是事实，内部逻辑，等等 **相关**：是美国还是欧洲城市或迪拜的新城市？ **时效**：可访问性、历史与当代视角等
应用	**生成**：高度限制既有优点也有缺点 **组织**：列出优势/劣势，整理有/没有高度限制的城市摩天大楼照片 **交流**：播客（音频和视频）
反思	**分析**：信息是否准确、完整、平衡？图片是否清晰？关键概念是否有例证或者图解说明等？ **调整**：查找更多信息，添加/删除图片/叙述等 **提炼**：裁剪照片，重新记录叙事片段等
精通	**内化**：认可观点和结论的个性化 **创新**：与自己所在城市、所在洲的首府、其他城市等已知情况进行整合 **激活**：通过与朋友的对话进行解释，作为项目的基础，提出相关问题，等等 当一个城市的高度限制被取消时会发生什么？ 分区与城市中的建筑有什么关系？ 其他类型的建筑能告诉我生活中的哪些事情？ 什么让乡村（或郊区）的生活变得不一样？

　　这一结构表明课程和评估不仅适用于中小学教育，也适用于高等教育。自《高等教育信息素养能力标准》（Association of College and Research Libraries，2001）发布以来，高校图书馆通过展示来体现自身价值的压力越来越大；除此之外，它们与学生的学习也有联系。最近，ACRL发布了一系列文件，旨在指导如何使用图书馆资源，以及如何在科学与工程、护理、教师教育、政治学等领域实施学科研究。

　　根据"智慧学习"框架为不同专业的学生构建模块，可以提供一个有效的方法，帮助本科生获得他们在这些领域所需的信息技能。与化学、俄语言文学、翻译、人种学方法等特定问题相关的模块，可以帮助学生钻研导师认为重要的领域，并掌握在这些领域进行研究所需的信息技能。

　　为了支持这些技能的教学，ACRL继续扩大其日益增长的资源体系，以完善之前描述的《高等教育信息素养框架》(2016)。该框架建立在一系列核心概念而不是一套定义的标准之上，重点关注与以下理念相关的能力：权威是建立起来的，与背景有关；信息创造是一个过程；信息有价值；研究是探究；学术是对话；搜寻是策略。关于如何最有效地使用框架来帮助学生发展这些能力，还有很多东西需要学习；然而，很明显，教师、图书管理员和学生之间的合作将是必要的，这样才能使学生获得丰富和持久的经验，学习与高级信息技能相关的复杂概念。清楚详细地教授"智慧学习"模型的阶段和元素可以帮助学生学会导航框架，同时给他们一个工具，支持他们利用课程内外的信息开展学习。使用该工具来指导评估，将在学习和评估之间建立联系，从而为学习者带来全面和真实的体验。

随着学校教育的改变，如第二章和第三章所述的技术的快速进步，新的读写能力成为可能和需要。关于正式的教学和评估将如何发展，我们还需要了解很多。近十年来，文献中出现了关于信息素养许多方面的令人鼓舞的新见解（例如，Bruce et al., 2017; Keane, Keane & Bicblau, 2016; Koltay, 2011; Leu, Kinzer, Coiro, Castek & Henry, 2017; Lloyd, 2017; Mackey & Jacobson, 2011），新的教学和评估方法也正在出现。与此同时，学校图书管理员的数量正在减少。兰斯（Lance, 2018）分析了来自国家教育统计中心的数据，发现1999—2000学年至2015—2016学年，学校图书管理员数量减少了19%。数字学习专家认为，学校已经开始认识到学生掌握这些新知识的重要性，但他们提出的新问题是，这些知识如何获取。

目前，信息素养教育和评估在正式课程中的地位似乎还不明确，至少在K-12阶段是这样。也许"智慧学习"是一个完全基于信息和教学理论的、看似简单的模型，对教师和其他发现自己有新责任帮助学生掌握知识和技能的人来说尤其有帮助，因为信息环境的广度和复杂性仍在发展。

7.5 "智慧学习"模型和利用信息开展学习的评估：非正式环境

正规教育体系内的评估很重要，但它忽视了该体系外的大量学习。非正式的信息丰富的环境，如公共图书馆、博物馆、电影院和互联网，为学习和应对学习失败提供了巨大的机会。不能浏览图书馆藏书的人，不能认识到某一特定博物馆展览背景的参观者，以及一丁点儿电影惯例都没掌握的电影观众（Salomon, 1979），都限制了自己在这些场所学习的机会。也许最重要的是，对于谷歌和/或维基百科之外的世界一无所知的互联网用户，将错过一个定位、评估和使用高质量信息的虚拟世界，其影响可能很单纯，也可能很关键。不懂希区柯克（Alfred Hitchcock）的笑话的电影观众可能会错过一个快乐的时刻，但不懂权威评估信息重要性的在线搜索者，可能会对医疗保健做出致命的错误选择。研究发现，即使是医科学生在寻求医疗信息时也过度依赖谷歌（Kingsley & Kingsley，2009；Porter，2017）。

正如学习在教育体系之外继续进行一样，对学习的评估也应如此，尤其是当评估被定义为学习过程的一个组成部分时更是如此。事实上，在非正式环境中，信息学习者对自我评估的需求甚至更大，因为这种环境不直接支持课程类别学习及教师和学校图书管理员的学习，也不直接提供教学材料。非正式学习者自己承担判断和增强自身创造知识能力的责任。他们不接受任何测试，也不服从任何权威。他们是依靠自己的能力使用信息作为学习工具的设计者和评估者。

当然，在非正式的信息丰富环境中有用的评估类型，与驱动正规教育的标准评估明显不同：当这些评估的内容和受众都从他人的视野转移到个人责任领域时，评估工具必须以非常不同的角度来看待。在这里，"智慧学习"也提供了机会来评估和提高把信息作为学习工具的能力。简单地调用这六个阶段作为助记符，可以提醒非正式学习者，这些概念和技能对学习信息很重要。在这六个阶段中，发挥至少一些特定要素的作用，也可以使用户成为更成功的学习者。表7.3提供了非正式的学习和评估过程如何在博物馆的展览中发挥作用的例子，而表7.4显示了它如何在在线搜索中发挥作用。每一阶段评估的最后一项说明了前文表7.1所示的量规如何适用于这两个例子。

当然，表7.3中的描述是人为的，对第二次世界大战了解不多的人可能很难完全按照所呈现的步骤进行学习。但"智慧学习"提供了一个基本的结构，在博物馆提供的信息丰富的环境中，可以从一次接触中学得尽可能多的东西；而且采用它作为一种工具，可以使体验最大化。如果学习者把量规当作一个检查表来引导自己去参观展览，便可以提醒自己如何提高学习效果，甚至把它作为体验后的提醒，可以帮助自己巩固所学知识。

表7.4中的例子也有些许人为因素，因为它以一种线性的、冷静的方式描述了学习信息的过程。如果用户的激活是诊断重大疾病等令人不安的事件的结果，那么用户对疾病相关信息的追寻可能是随机的，而不是系统性的。在这种情况下，"智慧学习"可能在事后更有用。它作为一份清单，可以确保信息收集已经涵盖了所有合理的步骤，并得出了有根据的结论。

表 7.3 "智慧学习"模型和非正式学习：参观博物馆

"智慧学习"阶段	学习内容
鉴别	**激活**：军用飞机的使用如何影响第二次世界大战的结果？ **审视**：太平洋战场和欧洲战场的军用飞机使用方式有什么不同？ **确认**：军用飞机在欧洲的使用如何有助于盟军取得胜利？ **评估**：我的问题（对我来说）是原创的吗？它能通过信息来回答吗？我在展览中查看了足够的信息来知道它是相关的吗？
定位	**聚焦**：第二次世界大战期间，各种军用飞机在欧洲是如何使用的？这些用途对战争有何贡献？ **发现**：展览中的照片、说明和视频，博物馆中提供的印刷品和电子资源，与博物馆工作人员的对话 **选取**：关于每种飞机的具体信息（例如，部队运输机、轰炸机、侦察机等） **评估**：我是否查询了与我的问题相关的足够广泛的信息类型和来源？
评价	**权威**：具有适当专业知识的历史学家、策展人和组织机构等 **相关**：欧洲战场不是太平洋战场，有各种各样飞机而不是只有一两种，等等 **时效**：可访问性、历史与当代视角等 **评估**：我是否根据适当的标准系统地评估了所有的信息？
应用	**生成**：补给飞机对于赢得战争至关重要的几条理由 **组织**：列出每个理由的例子，按理由给照片分类，等等 **交流**：与朋友或家人在晚餐时交谈 **评估**：我的结论是否有根据？我的例子是否贴切？我的解释是否合理？
反思	**分析**：信息是否准确、完整、平衡？图片是否清晰？关键概念是否有例证或者图解说明？ **调整**：查找更多信息，添加/删除图片/叙述，等等 **提炼**：打磨故事，创作作品，等等 **评估**：我该如何做得更好，创作一个更准确或更丰富多彩的故事？
精通	**内化**：认可观点和结论的个性化 **创新**：根据对其他飞机和第二次世界大战的已有知识进行整合 **激活**：吸引其他感兴趣的人参与对话，作为进一步探索的基础，等等 　　　　其他类型的飞机对欧洲有什么贡献？ 　　　　什么军用飞机在太平洋是重要的，为什么？ 　　　　今天的军用飞机有哪些相似和不同的用途？

表 7.3 和表 7.4 给出了将"智慧学习"应用于非正式情况下的信息化学习的建议。显然，并非所有情况都适合采用这种方法。例如，一个学习者试图理解建筑、移民浪潮、各类职业等概念，而不是只关注一个问题，那么费城爱福士小巷的手机之旅，可能会更有回报。然而，即使在此时，"智慧学习"也可能帮助访问者有意识地利用手边的信息从经验中提炼意义，整理提出的想法，以产生个人理解，增加知识储备，并评估自己的学习满足兴趣或需要的程度。最重要的是，将"智慧学习"作为这种体验的工具，强化思维习惯，将世界本身视为一个信息丰富的环境，甚至将日常体验视为宝贵的学习机会。

表 7.4 "智慧学习模型"和非正式学习：在线学习

"智慧学习"阶段	学习内容
鉴别	激活：我刚刚被诊断出患有莱姆病！现在我要做的是什么？ 审视：关于病因、预后、症状、治疗、支持、群体等，我需要知道什么？ 确认：有哪些治疗方法？ 评估：这是目前对我来说最重要的问题吗？我是否有足够的信息来回答这个问题？
定位	聚焦：治疗这种疾病和缓解相关症状的最佳方法是什么？ 发现：医疗网站、个人故事、地方和国家专家列表、正在进行的临床试验等 选取：关于治疗的信息，但不包括我稍后将回顾的其他主题（如支持小组） 评估：我是否评估过各种各样的网站，包括一些在医学界享有盛誉的网站？
评估	权威：信息提供者、研究人员或其他帖子的凭据、是观点还是事实、内部逻辑等 相关：关于我自己的性别、年龄、一般医疗情况的信息等 时效：流行度、医学名词和日常名词等 评估：我是否根据与我的情况相关的适当标准系统地评估了所有信息？
应用	生成：目前在我所在城市的一个医疗中心进行的临床试验是我的最佳选择 组织：列出优点/缺点、接受标准等，与基层保健医生讨论 交流：与医生讨论 评估：我的结论是否有根据？我的例子是否贴切？我的解释是否合理？
反思	分析：我的处理过程是否有系统性？我的信息是否准确、完整、平衡？ 调整：在我的结论中加入医生的观点，收集额外的信息，等等 提炼：添加或删除信息，推敲下一步的细节，等等 评估：我如何能用一组更好的资源做得更加有条理
精通	内化：认可观点和结论的个性化 创新：与莱姆病治疗相关的其他已知因素（如支持小组） 激活：向家人和朋友解释，请教医生，做出申请试验的计划，等等

7.6 结语

在 20 世纪的整个过程中，学习的本质可以在广泛和狭隘的结果陈述中予以捕获，这种信念在教育机构中扎根。不幸的是，"结果—教学—评估"的连续体设想，在 20 世纪 50 年代经过多年的发展成为一个方法，通常使评估独立于其教育根源，成为高风险的仲裁者，不仅评判着学生必须在学校学习的东西，还主宰了他们在毕业后可以额外追求的。最近，随着评估理论的发展，能够认可和处理更复杂、微妙的结果，预示着学科学习和利用信息开展学习的良好前景。

直到最近，由于家长、教育工作者、学生和政府都把重点放在衡量学生对传统学科技能的掌握程度上，有关评估在信息学习中的独特作用的讨论在很大程度上还处于边缘地位。虽然这一重点肯定会继续存在，但最近的事态发展表明，社会已开始认识到，必须明确规定利用信息作为学习工具所涉及的知识和技能，并随之设计评估以对应这些成果。这种背景要求我们思考：在各种各样的信息丰富的环境中学习（正式和非正式的），如何评估学习者利用信息学习的能力？如何设计评估才能既可作为一种教学法，又可作为掌握学习过程和结果的工具？

将"智慧学习"模型作为设计评估的框架，会产生各种各样的总体思路以及一些既可用于学习又可用于评估的具体工具。"智慧学习"模型以当代学习理论为基础，也植根于安德森和克拉斯沃（Anderson & Krathwohl，2001）对布卢姆《教育目标分类学》（Bloom，1956）的更新。他们将新旧方法联系起来，提出了教学方法以及设计形成性和总结性评价的方法，以评估学习的过程和结果。

在正式环境中，我特别感兴趣的是"智慧学习"模型作为连接学习和评估的教学工具的潜力（Phillips & Wong，2010）。它的迭代性、基于过程的性质提供了一种机制，既可以指导学生经历信息学习的过程，也可以确定他们对整个过程及其各个组成部分的理解。虽然它的每个阶段都是足够离散的，但是因为不断的评估，其特殊价值就体现在可以提供支持，帮助教师和学生从一个阶段发展到另一个阶段。使用这个模型来帮助学习者建立、纠正和扩展理解，就像苏格拉底在雅典所做的那样，它承诺帮助学生真正理解如何利用信息作为学习工具。

与正式学习环境中的评估不同，非正式学习环境中的评估总是形成性的，而不是总结性的。它的目的仅仅是评价自己的学习，努力完善自己。苏格拉底并没有和非正式的学习者促膝而谈，耳提面命，但当这些学习者不断质疑自己的理解，努力提高自己的知识水平时，伟人的身影就会映照在学习者身后。使用"智慧学习"模型作为一个自我导向的学习工具和自我评估，可以帮助在所有信息丰富环境中（这些环境本身就是学习的机会）的学习者从经验中收获多多。

参考文献

American Association of School Librarians. (2017). *Standards framework for learners*. Chicago: ALA Editions. Retrieved from https://standards.aasl.org/ framework/.

American Association of School Librarians and Association for Educational Communications and Technology. (1998). *Information power: Building partnerships for learning*. Chicago: ALA Editions.

Anderson, L. W. & Krathwohl, D. R. (Eds.). (2001). *A taxonomy for learning, teaching, and assessing: A revision of Bloom's Taxonomy of Educational Objectives*. New York: Addison Wesley Longman.

Association of College and Research Libraries.(2001). *Information literacy competency standards for higher education*. Retrieved from https://alair. ala.org/handle/11213/7668.

Association of College and Research Libraries. (2016). *Framework for information literacy for higher education*. Retrieved from http://www.ala.org/acrl/ standards/ilframework.

Bloom, B. S. (1956). *Taxonomy of educational objectives: Cognitive domain.* New York: Longman.

Brasington, D. & Haurin, D. R. (2006). Educational outcomes and house values: A test of the value added approach. *Journal of Regional Science, 56*, 245–268.

Brasington, D. & Haurin, D. R. (2009). Parents, peers, or school inputs: Which components of school outcomes are capitalized into house value? *Regional Science and Urban Economics, 39*(5), 523–529.

Briggs, L. J. (1977). *Instructional design: Principles and applications.* Englewood Cliffs, NJ: Educational Technology Publications.

Bruce, C., Demasson, A., Hughes, H., Lupton, M., Sayaad Abdi, E., Maybee, C., et al. (2017). Information literacy and informed learning: Conceptual innovations for IL research and practice futures. *Journal of Information Literacy, 11*(1), 4–22.

Eisenberg, M. B., Lowe, C. A. & Spitzer, K. L. (2004). *Information literacy: Essential skills for the information age.* Westport, CT: Libraries Unlimited.

Harada, V. H. & Yoshina, J. M. (2010). *Assessing learning: Librarians and teachers as partners* (2nd ed.). Westport, CT: Libraries Unlimited.

Haurin, D. R. & Brasington, D. (1996). School quality and real house process: Intra- and interjurisdictional effects. *Journal of Housing Economics, 5*(4), 351–368.

International Society for Technology in Education. (2008). *National education technology standards for teachers.* Retrieved from http://www.iste.org. (Original work published 2000)

International Society for Technology in Education. (2009). *National education technology standards for administrators.* Retrieved from http://www.iste.org. (Original work published 2002)

International Society for Technology in Education. (2011). *National education technology standards for coaches.* Retrieved from http://www.iste.org.

International Society for Technology in Education. (2016). *National education technology standards for students.* Retrieved from http://www.iste.org. (Original work published 1998, 2007)

Keane, T., Keane, W. F. & Bicblau, A. S. (2016). Beyond traditional literacy: Learning and transformative practices using ICT. *Education and Information Technologies, 21*(4), 769–781.

Kingsley, K. V. & Kingsley, K. (2009). A case study for teaching information literacy skills. *BMC Medical Education, 9*(1), 7.

Koltay, T. (2011). The media and the literacies: Media literacy, information literacy, digital literacy. *Media, Culture & Society, 33*(2), 211–221.

Kuhlthau, C. C. (1987). *Information skills for an information society: A review of research.* Syracuse, NY: ERIC Clearinghouse on Information Resources.

Kuhlthau, C. C., Maniotes, L. & Caspari, A. (2015). *Guided inquiry: Learning in the 21st century* (2nd ed.). Westport, CT: Libraries Unlimited.

Lance, K. C. (2018). School librarian, where art thou? *School Library Journal, 64*(3), 36.

Leu, D. J., Kinzer, C. K., Coiro, J., Castek, J. & Henry, L. A. (2017). New literacies: A dual-level theory of the changing nature of literacy, instruction, and assessment. *Journal of Education, 197*(2), 1–18.

Lloyd, A. (2017). Information literacy and literacies of information: A mid-range theory and model. *Journal of Information Literacy, 11*(1), 91–105.

Loertscher, D. V. & Wools, B. (2002). *Information literacy: A review of the research.* San Jose, CA: Hi Willow.

Mackey, T. R. & Jacobson, T. E. (2011). Reframing information literacy as a metaliteracy. *College & Research Libraries, 72*(1), 62–78.

Mager, R. F. (1962). *Preparing objectives for programmed instruction.* Belmont, CA: Fearron.

Marzano, R. J. & Haystead, M. W. (2008). *Making standards useful in the classroom.* Alexandria, VA: Association for Supervision and Curriculum Development.

Morrison, G. R., Ross, S. M. & Kemp, J. E. (2013). *Designing effective instruction* (7th ed.). New York: Wiley.

Neuman, D. (2000). Information Power and assessment: The other side of the standards coin. In R. M. Branch & M. A. Fitzgerald (Eds.), *Educational media and technology yearbook 2000* (pp.110–119). Englewood, CO: Libraries Unlimited.

Partnership for 21st Century Skills. (2003). *Learning for the 21st century: A report and MILE guide for 21st century skills.* Retrieved from www.21st centuryskills.org.

Partnership for 21st Century Skills. (2004). *Framework for 21st century learning.* Retrieved from www.21stcenturyskills.org.

Phillips, V. & Wong, C. (2010). Tying together the common core of standards, instruction, and assessment. *Phi Delta Kappan, 91*(5), 37–42.

Porter, R. S. (2017, April 6). *Doctors of the digital age: How medical students navigate technology.* Retrieved July 10, 2018, from https://www.merckmanuals. com/professional/news/ editorial/2017/04/06/15/00/amsa.

Salomon,G.(1979). *Interaction of meaning, cognition, and learning. An exploration of how symbolic forms cultivate mental skills and affect knowledge acquisition.* San Francisco: Jossey-Bass.

Strickland, K. & Strickland, J. (2000). *Making assessment elementary.* Portsmouth, NH: Heinemann.

Sweet, R. & Meates, A. (2004). ICT and low achievers: What does PISA tell us? *Promoting equity through ICT in education: Projects, problems, prospects,* p.13.

Wiggins, G. & McTighe,J.(2005).Understanding by design. Alexandria, VA: Association for Supervision and Curriculum Development. (Original work published 1998)

第八章
"智慧学习"模型实际应用

【摘要】本章展示了一系列以研究为基础的小片段，强调了基于"智慧学习"模型的一种探究教学法的前景。这些小片段描述了五个阶段的教师——幼儿、小学、初中、高中和大学——如何使用这个模型来培养学生的信息学习能力。一位幼儿园教师用"智慧学习"模型来介绍信息来源的"基本知识"。一名四年级教师利用它培养学生使用一系列数字和其他信息来源来调查本地健康食品的能力。一位中学老师用这个模型来指导学生发现美国以外的社区如何处理他自己所在社区所面临的类似的重大社会问题。一位高中老师用它来帮助学生探索早期欧洲殖民如何在今天的世界留下社会分层的遗产。一位大学讲师用它来鼓励研究生在确定论文的学术来源时互相支持。这些小片段展示了如何使用智慧学习模型来阐明信息学习的关键阶段和过程，以便所有年龄的学习者都能成功地为自己的目的而使用信息。

大约10年前，当智慧学习模型首次出现时（Neuman，2011a，2011b），它完全是理论化的。基于对近60年来信息研究、学习理论、教学设计与开发三个领域的研究和理论的全面回顾，该模型将这些领域的关键概念和研究成果结合在一起，为在学校和图书馆中开始激增的信息丰富的环境中学习提供了蓝图。早期的蓝图描绘了一种很有前景的方法，可以帮助学习者在这样的环境中茁壮成长——但这只是可能实现的初步草案。

从那时起，几所大学的研究人员开展了一系列研究，以验证该模型，并将其扩展为一种实用的、基于证据的教学和学习工具（见 Greenwell，2014；Lee，Meloche，Grant，Neuman & Tecce DeCarlo，2019；Neuman，Talafian，Grant，Lee & Tecce

DeCarlo，2017；Tecce DeCarlo，Grant，Lee & Neuman，2018）。本章提供的小片段是基于这些研究而设计的，旨在向从幼儿园到大学的教师建议如何运用这一模型，以满足特定学生的学习需求。这些小片段是"故事"，而不是教学模板，旨在通过提供各种情况下实际运用所获得的见解，突出"智慧学习"模型的可用性和灵活性。这些小片段并不囊括教师在每种环境中使用的所有活动，而是特别关注他们如何在课堂和实验室中使用"智慧学习"模型。每个小片段都是由一个或多个参与相关实践的研究人员创建的，都反映了其主要作者的特定风格和重点。所有的片段都经过了各个作者的审核，以确保包含了其所有实践的关键思想。作者鼓励读者在阅读片段时思考自己的教学情况，并考虑如何通过使用这里提出的想法为自己的学生展现"智慧学习"蓝图的全貌。当然，也需要将他们自己的想法补充进来。

8.1 幼儿教育示例

埃尔南德斯（Hernandez）女士是美国东部某城镇学校一名普通的幼儿园教师。每天，她都与25~30名5~6岁的学生打交道。这些学生都带着不同的经验和准备来到特定的幼儿园教室。有些学生是因为各种残疾而接受个性化教育计划（IEPs），另一些之前只接受了最低限度的正规学校教育。借助于教师教育课程的准备和有限的课堂经验，埃尔南德斯一直努力在课堂教学和小组教学之间取得平衡。在助手偶尔的帮助下，她建立了一个由常规和高期望来定义的课堂。

埃尔南德斯的结论是，鉴于学生的数量、有限的资源和学生能力的巨大差异，她必须尽其所能建立以识字、算术和学校课程指南中列出的零星主题项目为中心的独立教学区域。她的学生利用图书馆探索非常固定和广泛的话题。这些话题总是来自老师，而不是学生自己。她知道学生需要一个更全面和积极的方法。她已经确定"智慧学习"模型可以帮助他们建立信息素养和数字素养的基础。

8.1.1 确定一个可以用信息解决的问题

埃尔南德斯女士以一个询问性问题开始了"智慧学习"。她觉得这个问题会引起所有学生的兴趣：是什么让我们的城市与众不同？为了帮助学生确定具体的主题，埃尔南德斯女士创建了一个教室电脑中心，里面有她收藏的网站，用来突出特定的人物、地点和组织。为了吸引学生家长，她开发了一套供家长阅读的资源包，并作为帮助学生在家确定想法的项目讨论指南。随着主题的形成，埃尔南德斯女士为学生创造了机会，让他们找到自己选择的主题的相关信息。

8.1.2 定位信息以解决问题

她没有让幼儿园的孩子们自己寻找资料来源，而是收集了典型的文本资源，供全班朗读，并针对特定主题制作了书箱（book boxes）。因为这个年龄段的学生通常会产生类似的主题，所以教师通常会创建书箱，让拥有相同主题的学生共享这些资源。埃尔南德斯女士还让课堂志愿者帮助学生进行互联网搜索，并记录他们找到的信息。她很快意识到这座城市缺乏特定的资源，于是求助于学生的家长，布置家庭作业，包括就自己的话题以专家的身份采访家长。她还安排了来自各地历史遗迹、组织和基金会的发言者，提供主要信息来源。例如，当一些学生选择"自由钟"作为主题时，她安排了一个来自国家公园管理局的人通过网络电话参与课堂，回答学生提出的有关自由钟历史的问题。

8.1.3 评价信息以确定解决问题的"最佳"信息

评估资源对幼儿来说尤其具有挑战性，需要大量的支架。为了帮助她的年幼学员进入"智慧学习"模型的"评价"阶段，赫尔南德斯女士写了一份简单的教案，由班里的木偶担任主角。目标是围绕信息源的质量展开讨论，并为未来的项目创建一份词汇表。对于赫尔南德斯女士来说，以下的课程计划（图 8.1）有效地介绍了这

启动

1. 班级木偶宣布他正在学习如何烤蛋糕。木偶解释了他学习如何烤蛋糕时所参考的所有资料。
- 我问我的小妹妹如何烤蛋糕。她说她需要泥巴、树枝和树叶。她就是这样在后院做泥饼的。
- 我看了一份千层面的食谱。
- 我读了一本关于云和暴风雨天气的书。

展开

2. 孩子们说出一些可以帮助木偶学习烤蛋糕的信息来源，以此纠正木偶。
引导性问题：
- 你可以向谁请教如何烘焙蛋糕？
- 你可以看什么或读什么来帮助你烤蛋糕？

结束

3. 老师解释说木偶忘了评估他的信息来源。他的资料并没有帮助他回答自己的问题：我想知道如何烤蛋糕。

图 8.1　蛋糕烘焙课程计划

种语言。接下来，埃尔南德斯介绍了她创建的 FAVE 评价量规（表 8.1）。赫尔南德斯女士还在项目实施期间和之后对学生进行采访，以确定他们对这个概念的理解程度。她问了以下问题："这个消息好吗？你怎么知道？"

表 8.1　FAVE 评价量规

项目	释义	问题
F	事实或观点（Fact or opinion）	这是事实还是观点？为什么？
A	回答问题（Answers your question）	信息来源是否回答我的问题？
V	多样性（Variety）	我是否有不止一种信息来源？
E	证据（Evidence）	图片或文本是否能给我答案？

8.1.4　应用信息回答问题或解决问题

埃尔南德斯女士希望学生在培养信息素养的同时，培养数字技能，所以她计划在模型的"应用"阶段使用技术。她选择了一个名为"小鸟故事"的在线学习产品来展示学生对自己作品的理解。"小鸟故事"特别有用，因为它允许上传学生的作品和照片，并具有文本输入、绘画和录音功能。埃尔南德斯女士在教室技术中心建立了这个项目，并利用课堂助手和家长志愿者来帮助学生上传作品。例如，一个学生选择研究横跨城市的许多彩色桥梁，上传了一张他在实地旅行中拍摄的照片，并添加了文本和音频，形成作品集，为他的数字故事进行了完整的展示。埃尔南德斯还把"小鸟故事"作为展示工具——"应用"阶段的另一个例子——要求每个学生在课堂上展示自己的作品。

8.1.5　反思到目前为止工作的过程和产品

埃尔南德斯女士认识到，学生需要多种方式来反思自己工作的过程和成果。她没有等到学生完成项目才要求他们反思完整的过程，而是在模型的每个阶段之后，在课堂上进行讨论。例如，在孩子们列出要调查的话题清单后，埃尔南德斯女士把他们聚集在一起，讨论"优秀的研究人员"应该做什么。她解释说，首先，他们要确保自己选择了一个可以用信息回答的问题来研究。她问同学们是否有可能找到他们所选择的所有主题的信息。全班同学都同意这一点，并就在哪里可以找到信息提出了建议，她后来在"定位"阶段使用了这些信息：读一本关于这个主题的书，向我的家人询问，等等。埃尔南德斯再一次求助于学生的作品集——现在是把它们作为反思的工具。在学生的陈述过程中，埃尔南德斯女士向学生提出了问题，帮助他们思考自己的经历，比如：

- 在你的研究中，什么让你感到惊讶？
- 还有其他有用的信息来源吗？
- 你最好的信息来源是什么？为什么？
- 你还想学些什么？

8.1.6　运用所学知识提出新问题，解决相关问题，等等

"智慧学习"模型现在是埃尔南德斯女士教学的主要内容，她不断利用这个项目作为跳板，支持学生开展探究。例如，她经常会给出与模型相关的提示，让学生开始写日记。在完成类似的项目时，她使用了"记得什么时候"的陈述，并将学生自己选择的项目的一部分收集在最后的幼儿园作品集中。

8.1.7　应用"智慧学习"模型的反思

埃尔南德斯女士发现，"智慧学习"模型在课堂上很有效，原因有很多。例如，她指出，模型的每个阶段都有特定的学习成果，使用模型可以让她围绕每个阶段设计有意义的、有针对性的教学，而不是试图一次性教授整个研究过程。正如她解释的那样，"我们小的时候通常不会做一个需要多个步骤的项目"。她还认为，这种模型让学生对自己的学习有了比以前更多的自主权："他们不是因为别人告诉他们做某事而去做某事，而是在做决定的过程中去做某事。"这些决策包括"确定"阶段的"关于主导问题的决策"，以及"评估"阶段的"评估自己得到的信息"。模型的"反思"阶段为她的孩子们提供了一个机会，让他们对自己的工作进行批判性思考：

> 他们必须采取具体的步骤，这样他们就知道自己已经完成了每一个步骤。完成后他们会进行自我评估，问："什么进展顺利？有什么不顺利的？我需要编辑什么？我需要修改什么？"

总的来说，埃尔南德斯女士的经验表明，在幼儿课堂上实施"智慧学习"模型，需要对职业发展有坚定的决心，并以开放的心态相信年幼的学生可以通过研究解决问题和回答问题。尽管在典型的幼儿课堂里，学生的认知水平各不相同，而且在确保使用电脑、摄像机和媒体中心等工具方面也存在挑战，但埃尔南德斯确保学生对"智慧学习"模型的体验强化了这样一种观念，即幼儿时期的学习是未来理解的基石。"智慧学习"模型假设，虽然不是每一个5~8岁的孩子都能在一个学年中完全掌握模型的每个阶段，更别说充分实施了，但接触模型的六个阶段可以促进有意义的、适合发展的学习（Lee，Grant，Neuman & Tecce DeCarlo，2016a；Neuman，Grant，Lee & Tecce DeCarlo，2015；Neuman，Lee，Tecce DeCarlo & Grant，2017；Tecce DeCarlo，Grant，Lee & Neuman，2014；Tecce DeCarlo，Grant，Lee & Neuman，2018）。

8.2　小学教育示例

奥卡福（Okafor）女士在一所城市特许小学教四年级。这所学校在经济、文化和语言上都是多元化的。在学年结束时，奥卡福女士的学校要求每个班级在一个名为"学习节"的庆祝活动上向学生的家庭展示一个最终项目。对奥卡福女士来说，"智慧学习"项目是一个将她的热情带到课堂上的机会。她是一个"土食者"，只要有可能，她就努力吃健康的本地食物。她的31名学生来自大城市的各个地方，对健康饮食有着不同的体验。

为了支持学习节的学生探究项目，奥卡福女士决定使用"智慧学习"模型。她把孩子们分为不同的小组，每个小组都能将他们的研究集中到一个食品销售商身上。小组里的每个学生都要制作一个小册子，与家人分享，宣传他们城市里的人可以找到健康的、本地供给的食物的真正地方。这个班还会在学习节上设立一个模拟农贸市场，家人可以问孩子正在"销售"的"食物"相关的问题。如表8.2所示，奥卡福女士在她的阅读和社会研究单元中教授了"智慧学习"项目的要素。这个项目持续了大约10周。

8.2.1　确定一个可以用信息解决的问题

奥卡福女士用一个"统一的问题"来构建这个调查项目——"城市居民如何获得健康的食物？"她要求学生找出与这个主题相关的问题。为了建立背景知识，她朗读

表 8.2　奥卡福女士为项目第一周做的规划

单元	周一	周二	周三	周四
阅读 （10:00—11:00）	发现问题	发现问题	发现问题	发现问题
	我们吃的食物来自哪里？为什么这个问题很重要？ 分享阅读绘本《它们是怎么到我午餐盒里的？》（Butterworth，2013）	分享阅读《杂食者的困境》（Pollan，2006）（节选）	分享阅读《杂食者的困境》（Pollan，2006）（节选）	分享阅读绘本《赶集去，赶集去》（Miranda，2001）讨论：为什么我们的食物从哪里来是很重要的？
社会研究 （1:35—2:30）	具体	我们吃的食物来自哪里？ 社会科学 第一课：食物的旅程	我们吃的食物来自哪里？ 社会 第二课：绘制食物旅程	我们的居住地如何影响我们在哪里饮食？（识别有意义的问题） 表明立场活动：食物获取报告地图

《赶集去，赶集去》（Miranda，2001）和《农夫威尔·艾伦和生长桌》（Briggs Martin，2013）等文本。接下来，全班学生绘制了从源头到菜市场和超市的食物旅程图。然后，奥卡福女士将孩子们分成小组，并指定当地食品销售商让他们去调查。为了让学生能够参与模型的"鉴别"阶段，她要求小组自己提出关于食品销售商的问题，这些问题可以通过信息来解决，例如：

- 这家面包店使用的都是当地的食材吗？
- 找到当地种植的农产品出售有困难吗？
- 这个摊位一年卖多少食物？
- 为什么市场上不总是有西瓜出售？

这些问题，连同其他问题，帮助孩子们了解每种食物来自哪里，以及食物来源如何通过现有选择影响健康。

8.2.2　定位信息以解决问题

项目的"定位"阶段主要是由教师驱动的。孩子们利用丰富的资源找到统一问题和自己相关问题的答案。学生小组复习课堂上朗读的书籍，收集并阅读有关城市新鲜食物来源的小册子。奥卡福女士不希望她的学生"漫无目的地搜索",所以她安排了特定的网站让学生访问。她分享了一些自己收藏的网站,其中有一个标注了该市农贸市场的位置,另一个描述了家庭获得新鲜农产品补贴的方式,还有一个网站包含了一些关于"食物荒漠"的文章。在一节集体课上,她还让全班同学访问营养网站,学习健康饮食相关的知识。最重要的是,这个班在不同的农贸市场参加了两次徒步旅行,其间他们按照自己被分配的调查任务采访了食品摊位的经营者。这些小组使用下列问题清单与摊主和员工面谈,并将答案记录在奥卡福女士专门为此项目提供的小笔记本上:

- 你们营业时间是几点?
- 你在哪里种庄稼?
- 你们供应什么样的食物?
- 你面临什么问题?
- 你为什么喜欢在这里吃饭?
- 是什么让你的食物来源/食谱与众不同?

8.2.3　评价信息以确定解决问题的"最佳"信息

奥卡福女士选择在模型的"定位"阶段探索本课程的大部分信息来源,因此"评价"阶段则相对单一。她强调相关性是评估学生从不同来源收集的信息的主要视角,鼓励学生思考学习过的小册子和其他材料,然后决定自己收集的信息是否将成为小册子的一部分。她还鼓励学生确保已经收集了能够帮助自己在学习节的模拟农贸市场上以"工作人员"的身份回答问题的信息。

8.2.4　应用信息回答问题或解决问题

奥卡福女士在规划这个"智慧学习"项目的时候,就在脑海中对于"应用"阶段有了清晰的规划。孩子们使用数字工具和一些老式的手工艺技能,为自己调查过的当地食品销售商制作小册子。每一份三折宣传册都要求有吸引人的封面和内容,突出该地点出售食品的来源和现有食品选择的益处。宣传册还要求包括地点和联系信息。有些学生使用电脑模板来制作手册的文本,并添加了在徒步旅行中拍摄的数码照片；另一些学生则使用手绘插图和文字。奥卡福女士设计了一个英语/语言艺术成绩的评分标准。在学习节的前几天，这个班的学生用肉铺纸和丰富的想象力为自己的模拟农贸市场创建了食品摊位。

8.2.5 反思到目前为止工作的过程和产品

在这个项目中，模型的"反思"阶段与"应用"阶段同时存在：奥卡福女士使用写作过程作为一种方式，让学生反思过程和产品。这些学生与自己研究小组的成员进行了"同行会议"，以修改小册子；然后每个学生都单独会见了奥卡福女士，编辑小册子。当奥卡福女士意识到一些小组需要更多信息时，她组织了一次课堂头脑风暴会议，让学生互相帮助，确定诸如特定食品卖家/组织的网站、社交媒体网站，甚至点评网站等信息来源。这项活动强调了研究过程和"智慧学习"模型本身的迭代性质。

8.2.6 运用所学知识提出新问题，解决相关问题，等等

在奥卡福老师的课堂上，学生通过"智慧学习"项目以多种方式分享了所学到的新知识。他们制作了小册子，展示了自己对小册子写作风格和每个被调查食品销售商提供的关键内容的理解。他们与家人在学习节农贸市场上扮演了正在了解健康饮食和当地健康食品来源的食品销售商的角色。几名学生用"食物荒漠"这样的新词轻松地描述了他们所在城市的人们获得健康食物的困难。最重要的是，孩子们能够告诉奥卡福女士，可以在自己家附近找到新鲜的、本地采购的健康食品。一名学生意识到，在社区里有一个他从未去过的季节性农贸市场。另一名学生则了解到，当地超市的一些农产品实际上是从这门课所学习过的一家城市农场购买的。

8.2.7 应用"智慧学习"模型的反思

奥卡福女士选择使用"智慧学习"模型作为解决学校基于项目的学习要求的一种方式。她称赞"智慧学习"模型是一种将真正的研究带入课堂的方式，而不是简单地让孩子说出问题的答案。她喜欢整个过程是线性的，她觉得模型的阶段设置可以让她为整个单元规划课程。她对收集当地资源和规划徒步旅行非常感兴趣，而模

型的可预见性让她很容易做到这一点。奥卡福女士还指出，模型的不同阶段为学生培养新的研究技能提供了支架。"精通"阶段对奥卡福女士和学生来说特别容易，这要感谢学校赞助的活动，在这个活动中，学生可以分享自己学到的关于健康饮食和当地饮食的知识。通过建立一个模拟的农贸市场并设置摊位，学生证明了自己已经能够在"智慧学习"模型的各个阶段收集到实际事例。

虽然奥卡福女士很高兴看到学生从事她认为是"真正的研究"的工作，但一开始她也很难让四年级学生在整个过程中进行选择和控制。她为学生确定了研究问题，并整理了他们可以使用的所有资源——有效地做出定位和资源评估。随着学生进入"智慧学习"的各个阶段，她意识到在最初的方法上稍微退让一点是有用的，并发现自己在向学生学习。例如，孩子们建议在社交媒体网站上查看当地食物来源的每一条信息，以便完成小册子制作。他们发现，零售商更有可能拥有活跃的社交媒体账户，而不是详细的网站。奥卡福谈到了这一认识如何促使她重新思考项目的线性方法，并添加迭代元素。她还认为，学生可以成为积极的研究人员，这是"非常酷"的。她说，"智慧学习"的经历给了她信心，让学生们"探索"，"放开一点，看看自己能做什么"（Lee et al., 2016a; Neuman et al., 2015; Lee et.al., 2017; Neuman et al., 2017）。

8.3 初中教育示例

贝克先生（Beck）是贝尔蒙特特许学校一名有两年工作经验的社会学科的教师。该学校位于美国东北部的一个大城市，其服务对象是5—8年级不同种族和语言背景的学生，其中一半以上学生来自低收入家庭。贝克先生的班上大约有25名学生，他和大多数学生都有很强的积极关系。他第一次接触"智慧学习"模型是通过一个专业发展项目，他决定用它来支持一个与世界历史课程相关的研究项目。他邀请学生调查自己社区所面临的一个现实问题，利用信息研究其他国家如何解决同样的问题，并思考以研究为基础的解决方案，应用在自己的社区中。这是他在贝尔蒙特特许学校与学生进行的第一个研究项目。他相信，如果研究与学生的日常生活和社区有关，并分享所"得到的支持……作为一个良好的开始"，他们会对研究更感兴趣。他与另一位社会学科的老师（他也使用了"智慧学习"模型）合作，开发了这个项目的总体结构，并在两个月的时间里大约每周花一节课的时间来研究这个项目。

8.3.1 确定一个可以用信息解决的问题

当贝克先生为这个项目提出了总的主题之后，学生提出了他们自己的研究问题。他们调查的问题包括：

- 我们如何减少欺凌和自杀未遂的受害者？
- （城市）如何停止乱扔垃圾，我们如何减少垃圾？
- 我们如何阻止枪支暴力？
- 美国如何防止黑客攻击？

贝克先生带着学生来到计算机实验室，寻找能够回答每个学生要研究的主要问题的相关信息。在"鉴别"阶段，他让学生用他们发现的信息回答与这个问题相关的四个问题：

- 为什么会出现这个问题？
- 什么时候出现了这个问题？
- 有没有其他国家成功地解决了这个问题？
- 问题持续存在的原因是什么？

8.3.2 定位信息以解决问题

在学生确定了要研究的问题并对具体问题做了一些初步研究之后，贝克先生让他们专注于模型的"定位"阶段，以寻找可能解决他们问题的信息来源。第一，每个学生寻找自己主题的一般信息；第二，每人寻找一个有效解决了这个问题的国家的信息，并了解这个国家是如何解决这个问题的。贝克先生解释说，学生需要为他们的项目找到五个信息来源，并通过一个表单来完成模型的这个阶段（图8.2）。表单要求学生完成模型前三个阶段的任务：澄清研究问题，列出发现的信息来源，并描述每个信息来源将如何帮助自己的研究。这份表单包括了一个根据加利福尼亚州立大学奇科分校梅里亚姆图书馆创建的CRAAP测试改编的评估策略词汇库，学生从中圈出了他们用来评估自己发现的资源的策略。

引导词：请使用这张表单来引导你的研究旅程。
现在做：你的研究问题是什么？
_____
_____

今天的步骤
分析：请探讨你一直在研究的信息，并分析它将如何帮助你研究。

你的信息来源

图 8.2　信息来源单

8.3.3　评价信息以确定解决问题的"最佳"信息

贝克先生通过讲授关于可靠和不可靠的信息来源的课程，进入了模型的"评价"阶段。他首先讨论了".com"和".org"这两种不同域名的网站之间的区别，作为区分可靠来源和不可靠来源的一种简便方法。在一次面谈中，一些学生谈到了这条建议："如果我们只是上网，所查询到的信息就会像任何人都可能查询到并放在那里的信息一样；如果我们上'.com'域名的网站，可能会得到真正的信息。"贝克先生还从印第安纳州立大学伯明顿分校的网页评估工作表中选取了一些问题，来教授学生如何评估网页资源。总的来说，那些刚开始使用互联网进行研究的学生，最终在浏览他们找到的大量信息时遇到了困难，而且还需要额外的指导来确定这些信息的相关性。

8.3.4　应用信息回答问题或解决问题

贝克先生要求学生创建幻灯片演示文稿作为项目的最终产品，来阐述模型的"应用"阶段。他授权学生使用该平台上的数字工具设计演示文稿。为了帮助他们组织演讲的内容，他分发了两份工作表。第一份要求学生提供与研究主题相关的宽泛问题，基于研究提供解决方案，并描述为解决社区中的特定问题而创建的虚构任务小组。第二份是一个图形组织工具，作为帮助学生组织每张幻灯片的指南，用框图来帮助学生详细说明"这张幻灯片上有什么"和"你想要表达什么"（表 8.3）。学生利用这个组织工具提供的信息来梳理幻灯片，在全班面前交流。贝克先生向观众分发了简短的反馈表格，这样学生就可以记录下对每个演讲者的评论和问题。

表 8.3　幻灯片展示指南

幻灯片序号	这张幻灯片上有什么	你想要表达什么
1		
2		
3		
4		

8.3.5　反思到目前为止工作的过程和产品

为了与模型的"反思"阶段保持一致，贝克先生在下一堂课开始时要求学生完成一项"现在就做"的作业，该作业旨在通过以下问题帮助他们反思"智慧学习"项目的经验：

- 关于这个项目，你最喜欢的是什么？
- 项目中你最不喜欢的是哪部分？怎样做会对你更好？
- 你从这个项目中学到了什么？
- 这个项目有什么挑战？对于改变项目，你有什么建议？
- 你还会再做这样的项目吗？为什么会（或为什么不会）？

贝克先生扩大了"反思"活动，让学生参与"思考—配对—分享"活动，然后带领全班讨论各自的项目经验。

8.3.6　运用所学知识提出新问题，解决相关问题，等等

贝克先生将"精通"这一阶段融入学生的作品中，让他们把它作为演讲的最后一张幻灯片。在这张幻灯片中，学生要强调自己对社区中问题的了解，并建议未来想要探索的研究课题，作为项目的延伸。贝克先生发了一张问题列表，帮助学生思

考最后一张幻灯片的内容：

- 您对社区中问题的认识是如何改变或加深的？
- 你从自己的主题中学到了什么之前不知道的东西？
- 调查其他国家如何解决同样的问题/议题是否有助于你在社区中集思广益？为什么是或为什么不是？
- 这个项目是否给你留下了与这个问题相关的其他问题，让你想在未来的研究项目中调查？
- 在这个项目中是否有任何你没有得到的信息，可以在未来进行研究？

每个学生对这些问题的回答都包含在自己项目的最后一张幻灯片中，并在课堂报告中分享。此外，每个学生都描述了自己创建的一个旨在提高当地社区对某个特定问题的认识的虚构任务小组。例如，一个小组称为"SSHO"，这张幻灯片将其描述为"阻止性骚扰组织"（Stop Sexual Harassment Organization）的首字母缩略语。贝克先生通过以下两个方面来评价"精通"阶段：①每位学生为描述一个虚构的任务小组而制作的幻灯片；②反思从该项目中获得知识的幻灯片。

8.3.7 应用"智慧学习"模型的反思

贝克先生报告说，"智慧学习"模型有助于帮助学生学习如何进行研究和撰写相关文章，他还引用了该模型的几个优点，从而促成了这次评价。首先，该模型将整个任务分解成不同的阶段，创造出一个支持不同能力水平学生的结构。其次，模型的视觉元素帮助学生看到研究的迭代过程（他把模型的锚图贴在教室周围）。最后，贝克发现模型的阶段设计有助于他设计项目，使他可以每周介绍一个阶段，并帮助他在课堂上更深入地研究模型的每一个维度。

一些学生还评论了"智慧学习"模型如何帮助他们做好一个研究项目的方法。他们特别强调了模型的"评价"阶段和贝克先生关于在网上寻找可靠资源的经验，认为这两方面对项目特别有帮助。尽管学生并不总是能够识别或回忆起每个阶段，但他们积极地评价了"智慧学习"模型在帮助自己完成项目方面的整体作用。大多数学生还指出，他们将使用"智慧学习"模型来帮助他们在高中或大学开展研究，这是一个务实和有用的工具，将有益于他们未来的研究项目（Lee, Grant, Neuman & Tecce DeCarlo, 2016b）。

8.4 高中教育示例

沙利文（Sullivan）先生在美国东北部一个大城市郊区的一所择优录取的天主教男校教十年级的AP[①]世界史课。为了帮助学生学习1450—1750年这一时期的世界史，他设计了一个研究项目，重点是在这个时期内欧洲国家在世界各地的征服和殖民。为了帮助学生理解500多年前发生的事情，也为了针对与学校所关注的社会公正有关的问题，他要求学生调查这些互动因素如何继续影响那些国家的种族和文化。

沙利文先生将这个项目组织成一个小组活动，每个小组最后都要制作一个Adobe Spark视频来展示其研究成果。他为学生提供了为期6周的项目详细时间表，记录了每节课的截止日期（图8.3），并安排了几次课堂讨论，旨在帮助学生专注于特定的内容领域（下文详述）。

作为一个起点，他提出了学生将要解决的一个普遍的"基本问题"："欧洲人对种族的看法是如何导致社会分层的？在哪些方面，社会分层是21世纪要直面的一个问题？"在一节导论课上，他提出了作业的要求，解释了"智慧学习"模型及其六个阶段，并通过他编写的讲义与学生进行了交流。这些讲义成为学生在整个项目中的路线图（表8.4至表8.8）。

沙利文先生设计的讲义，既是对学生作业结构的指导，也是一种沟通他将如何给作业打分的工具。如下所述，这份讲义每个部分都包括了与内容相关的信息和对学生的指导，还包含了一个基于最初通用的"智慧学习"规则的量规（Neuman, 2011a, p.126），让学生准确地知道每个阶段对他们的期望是什么。沙利文先生调整了评分标准，目的是：①帮助学生特别关注他们自己的基本问题；②详细说明每个阶段的"总分"，以表明他为每个阶段确定的重要程度和难度；③适应他对模型中"应用"和"反思"阶段予以整合的决定。

8.4.1 确定一个可以用信息解决的问题

根据沙利文先生提出的"基本问题"，每个小组进行了初步研究，以确定一个具体的国家，并在一般性问题的基础上设计自己的基本问题。他建议学生应该探索的地理区域——南美洲和中美洲、非洲、东南亚和澳大利亚。学生在研究和问题写作之间来回切换，努力"确定"自己的具体问题。

[①] "AP"意为大学先修课程。——译者注

> **"智慧学习"项目时间表**
> **XXX 中学**
> **AP 世界历史,第三期**
>
> 第一周——2017 年 12 月 11 日
> - 12 月 11 日,周一——介绍"智慧学习"工具和"智慧学习"项目
>   XXX 中学 AP 世界历史(第三期)课程
> - 12 月 14 日,周四——学生初步评估
> - 12 月 15 日,周五——学生提交一份精练的基本问题清单
>   根据各自关注的地理区域,完成 Adobe Spark 的第一张幻灯片
>
> 第二周——2017 年 12 月 18 日
> - 12 月 19 日,周二——通过 Zoom Room 为家长提供信息
>   @ 下午 6:30
> - 12 月 21 日,周四——学生完成各自 Adobe Spark 的第二张幻灯片
>   这张幻灯片包含了信息来源的链接,并简要地解释信息来源的适当性
> - 在圣诞假期期间,学生将对信息来源学习进行批判性评估
>
> 第三周——2018 年 1 月 8 日
> - 1 月 8 日,周一——学生进行批判素养建模活动
> - 1 月 11 日,周四——学生完成演讲的第三张幻灯片
>   其中包含信息来源评估的链接和简短的文本评论,要对每个来源进行一页纸的评估
>
> 第四周——2018 年 1 月 22 日
> - 1 月 24 日,周三——与智慧学习团队就信息来源进行小组讨论
> - 1 月 26 日,周五——学生完成演讲的第四张幻灯片
>   其中有论文和视频的初步脚本;在适当的情况下,学生将提炼自己的基本问题
>
> 第五周——2018 年 1 月 29 日
> - 2 月 2 日,周五——学生提交演讲和反思视频
>
> 第六周——2018 年 2 月 5 日
> - 2 月 9 日,周五——学生提交"自由写作"作品

图 8.3 项目时间表

"智慧学习"的要素和阶段之间的切换是可以预见的:模型被设计成迭代的,其阶段经常重叠。例如,"定位"一个主题的新信息可以促进对其更深入理解和"鉴别"更好问题的能力,而"评价"信息可以提出关于作者身份的问题,从而需要"定位"更多更好的信息来源。最终,学生确定了以下这些复杂且信息丰富的基本问题:

- 15 世纪末西班牙颁布的一系列法令是如何导致种族主义的?对今天的西班牙社会有什么影响?

- 荷兰人对南非的影响和殖民是如何致使该地区的政治、文化和社会结构变化，从而影响殖民者对土著种族看法的？
- 法国的种族观点如何影响海地奴隶的社会分层？这又如何影响了海地和今天的美洲？

沙利文先生要求学生在这一阶段完成的任务是：每个小组为自己的视频创建第一个框架，包含他们研究问题最终版本的幻灯片。这张幻灯片可得到最多4分来作为对"鉴别"阶段的打分。具体分值标准如表8.4所示。

表 8.4 "鉴别"阶段的量规

4 分	3 分	2 分	1 分
根据个人的好奇心和对同主题相关信息的回顾，提出一个或多个原创的、基于信息的问题	提出一个原创的、基于信息的问题，但没有回顾相关信息	提出一个无法通过信息解决的原始问题	没有形成一个可以用信息来解决的原始问题

8.4.2 定位信息以解决问题

沙利文先生指导学生在各种来源——主要的和次要的、信件和文件、学术期刊文章等——中"定位"信息并提取与他们的问题最相关和最突出的信息。虽然他花了一些课堂时间来解释这些资源及其用途，但他希望团队能够独立完成实际的研究。

学校有一个藏书丰富、人手充足的图书馆，一些学生很好地利用了图书馆的资源。然而，许多人一想到搜索资料就会直接去谷歌——这是他们获取各种信息的常规来源，对于今天的青少年而言，自然而然也是他们搜寻信息的第一站。毫不奇怪，他们早期的搜索结果喜忧参半。有些渠道可以提供有效、可靠的信息；另一些渠道提供的信息则是有偏见的、缺乏支持的材料，作者没有必要的专业知识，或在其他方面是不适当的。因此，对于沙利文先生来说，与"定位"阶段相关的最大学习机会是帮助学生学习如何找到和选择合适的资源。

在学生第一次尝试寻找信息来源之后，他安排了一次课堂讨论，以确定他们做了什么、他们取得了什么成效、遇到了什么问题。他引导学生谈论自己发现的资源——关于它们是什么、它们是如何被定位的、它们是如何最终被选择的。讨论很快进入了模型的"评价"阶段，强调必须对信息来源本身进行筛选，这是确定其所载信息质量的主要部分。

"定位"和"评价"阶段之间的重叠反映在沙利文先生的"定位"阶段的作业和标题中。作业要求学生为期末项目制作第二张幻灯片，其中不仅要包括他们的信息来源的链接，还要包括选择每个信息来源的理由，以证明他们仔细选择了信息来源。如果幻灯片显示学生"搜索并选择聚焦于基本问题的各种各样的信息"，那么学生最多可以获得12分；如果幻灯片显示他们"未能找到任何合适的信息"，则仅仅可以获得3分。具体分值标准如表8.5所示。

表8.5 "定位"阶段的量规

12分	9分	6分	3分
搜索并选择聚焦于基本问题的各种各样的信息	搜索并选择聚焦于基本问题的有限信息	搜索并选择与基本问题具有一般相关性但并非聚焦于基本问题的信息	未能找到任何合适的信息

8.4.3 评价信息以确定解决问题的"最佳"信息

沙利文先生意识到"智慧学习"模型中的"评价"阶段是模型中最重要也最具挑战性的阶段。因此，他给这个阶段分配了最高24分的分值——这是他的评分标准中最大的分值——并投入了大量的教学时间来研究信息评估的概念和过程。

在沙利文先生用来帮助学生掌握评估方法的资源中，有两种方法从不同但互补的角度来探讨这个问题：CRAAP测试是一种广泛使用和备受信赖的工具，用于根据一系列标准和材料评估信息来源，这些标准和材料支持使用批判素养的视角，特别是从社会公正的角度评估信息。CRAAP测试由加利福尼亚州立大学奇科分校开发，帮助研究人员根据可信度、相关性、权威性、准确性和目的性来判断他们找到的信息。这种测试深受学生和教师的欢迎，它依靠令人难忘的记忆功能来指导研究人员，通过一系列问题，根据这五个关键领域中的每一个维度来评估信息。

为了支持对批判素养的关注，沙利文先生使用了18世纪的材料。这些材料说明了当时英国探险家对印第安人的态度。他提供了两份文本摘录和一幅该时期的画，以帮助学生评估信息，评估应根据信息是否边缘化、沉默或削弱了任何群体的观点，并考虑他们自己的偏见/观点、信仰和价值观如何影响自己评估信息的方式。

学生阅读每一篇课文，并分组讨论下面的问题：

- 文章及其作者对读者的价值观和信仰做了哪些假设？
- 每一篇文章所呈现的世界观和价值观是什么？
- 文中省略了哪些观点？哪些人的利益得到了满足？
- 你的背景如何影响你对文章的理解？这是一个你已经了解的话题吗？因为你的背景，你是否觉得在文章中更能与特定的人保持一致？

然后，小组观看并讨论了本杰明·韦斯特（Benjamin West）1772 年的《与印第安人的佩恩条约》（Penn's Treaty with the Indians）这幅画，用以下问题作为引导：

- 这位艺术家可能想向我们传达什么思想？
- 谁的观点缺失、沉默或被打折扣？
- 艺术家给画作带来了什么偏见（文化、语言、性别、宗教、价值观、信仰等方面）？你的证据是什么？
- 艺术家对观看他作品的观众有什么假设、信仰和价值观？你的证据是什么？
- 作为一名观众，你给这幅画提出了什么假设、信仰和价值观？

每次小组讨论结束后，学生在沙利文先生和研究人员的指导下分组讨论材料。无论是小组讨论还是全组讨论都充满活力，富有洞察力，这表明批判素养和沙利文先生的教学方式为将关于评价的重要思想推向公众提供了一种强有力的策略。

沙利文先生要求每个小组在他们的"评价"幻灯片中加入他们为"定位"阶段选择的资源链接。为了与他对评估信息重要性的观点保持一致，他还要求每个小组为他们选择的每个信息来源创建一页纸的理由说明。该阶段的具体分值标准如表 8.6 所示。

表 8.6　"评价"阶段的量规

24 分	18 分	12 分	6 分
系统地评估候选信息的真实性/可信度、话题性和其他相关性，以及与问题相关的时效性	不系统地评估候选信息，或仅基于一两个标准评估	不系统地评估候选人信息或基于不恰当的标准评估	未能基于任何标准评估信息

8.4.4 应用信息回答问题或解决问题，反思到目前为止工作的过程和产品

从理论上讲，模型的"应用"阶段代表了一个包含两种认知活动的单一阶段：利用信息回答问题或解决问题——也就是学习——以及创造一种证明学习的产品。同样，"反思"阶段表明，对整体学习经验的反思是单独发生的一个阶段。然而，由于这个模型是迭代的，它适合沙利文先生教学取向中所反映的各个阶段的相互作用。

例如，他在学生的整体作品中融入了"应用"阶段的元素，尤其是产品的创造，而不是将其留在特定的阶段。他还将"应用"和"反思"两个阶段结合起来，要求他的学生对项目进行反思，作为"有效/无效的沟通"的一部分。他以这些方式调整"智慧学习"的选择，既突出了模型的灵活性，也突出了他自己的教学知识和技能，使他的学生充分利用模型。

沙利文先生以"应用"阶段为契机让学生完善和改进工作，并让他们向同伴展示自己最好的作品。他首先鼓励各小组再次审视他们的基本问题，或许可以根据他们找到的信息对这些问题进行编辑。然后，他让每一组学生做到：①写一段论文；②写一段关于他们打算如何支持论文的脚本。为了展示他们对这些阶段的掌握，每个小组被分配的任务是：①制作包含论文和初步脚本的第四张幻灯片；②准备一段5分钟的视频来展示其发现。

沙利文先生给这一组合阶段中的"应用"部分分配了最多16分的分值，作为最终产品评分的一部分。这一阶段满分的标准是：团队"对问题产生一个原创性回答，并将其组织成一种能够有效沟通的表征方式"。具体分值标准如表8.7所示。

表8.7 "应用"阶段的量规

16分	12分	8分	4分
对问题产生一个原创性回答，并将其组织成一种能够有效沟通的表征方式	能够产生原创性回答，但要么组织不合逻辑，要么沟通无效	能产生原创性回答，但组织，不合逻辑，沟通无效	未能生成原创性回答

在"反思"阶段，他设计了一个评价量规（表8.8）来更具体地关注最终作品的质量和学生对以下问题的回答水平：

● 在这个项目中，什么对你最有效？为什么？

- 是什么给你带来了麻烦？为什么？
- 下次做研究时，你会改变你的流程吗？为什么？你会如何改变它？
- 如果你有时间，你会以任何方式修改你的最终作品吗？怎样修改？为什么？
- 如果你重新开始，你会做一个跟现在的作品完全不同的最终作品，还是做一个同样的作品但以不同的方式来做？怎样做？为什么？

表 8.8 "反思"阶段的量规

20 分	15 分	10 分	5 分
呈现了一个精心制作的最终作品，并对前四个步骤的过程进行了充分的分析，最后的演示反映了出色的工作	呈现了一个很好的最终作品，并对前四个步骤的过程进行了部分分析，最后的演示反映了很好的工作，但是在某些方面是有欠缺的	呈现了一个没有解决最初问题的最终作品，并对前四个步骤的过程提供了不完整的分析，最后的演示做出了一定的努力	没有给出最终作品，也没有分析前四个步骤的过程，最后演示的质量拙劣，努力不够

当教师和学生将作品的创作视为探索新技术的机会时，时间限制和"技术困难"阻碍了学生使用 Adobe Spark 制作视频的尝试。最终，大多数学生制作的是幻灯片演示文稿，而不是视频。在模型的早期阶段——识别问题、定位信息和评估信息——所花费的时间几乎没有留下什么机会去掌握一项新技术来展示他们所学到的东西。

8.4.5 运用所学知识提出新问题，解决相关问题，等等

沙利文先生用"拓展个人知识"作为这一阶段的标题，并再次结合了另一个阶段——"反思"阶段——的要素，以满足学生的需求，并反映了他自己的教学取向。作为最后的任务，他布置了一篇两页纸的论文。这篇论文不仅让他评估了学生获得了哪些知识，还让他评估了他们对整个项目的深刻反思。为了指导学生的工作，他提出了一系列问题，要求他们在"精通"阶段掌握理论和实践中所设想的扩展知识：

- 你对这个话题的理解发生了什么变化？
- 有什么是你在做这个项目之前不知道的？现在你知道了吗？
- 哪些问题是你现在能问而之前不可能问出来的？
- 对于你的问题，你能给出一个之前无法给出的答案吗？
- 在工作中你得到了什么新想法？

- 你将如何利用从这个项目中获得的知识？
- 你想进一步研究的主题是什么？

沙利文先生在这一阶段没有使用评估量规，但他告诉学生，这篇论文"最多能给 15 分"，"将根据学生的写作质量和思考程度来打分"。这个策略使他能够跳出死板的规则，利用他对学生和项目的了解，根据自己的最佳判断给他们打分。

8.4.6 应用"智慧学习"模型的反思

和大多数学校项目一样，沙利文先生的项目也面临着同样的困难：时间限制、技术问题、学生投入和参与程度不同等。不过，总的来说，沙利文先生和他的学生都认为"智慧学习"项目是成功的。访谈显示，教师和学生都对研究过程和结果感到满意；学生的最终作品和报告显示，他们对殖民主义挥之不去的影响和研究过程本身了解了很多。沙利文先生说，他计划在未来的课程中使用"智慧学习"模型，并与学校的同事分享。

这个模型本身被证明为沙利文先生设计的项目提供了有用的框架。该项目是基于学生对基本问题的研究，即开放式的、发人深思的、需要更高层次思考的问题（McTighe & Wiggins，2013），这些问题如今在学校中被广泛使用。沙利文先生作为教师的技能和经验使他既能将模型作为一种结构来解决基本的问题，又能利用模型的灵活性和迭代性质来调整模型的阶段，以适应他自己的教学风格，并满足学生的需求。他指出，使用这个模型可以帮助学生学习处理信息的不同方法，特别是明确地评估信息来源和信息本身，而不是以一种即兴的方式。虽然他最直接地使用了"鉴别""定位""评价"和"应用"阶段，但他以创造性和有效的方式将"反思"和"精通"阶段融入自己的教学中（Lee，Grant，Neuman & Tecce DeCarlo，2018）。

8.5 大学教育示例

凯茨（Cates）博士在一所享有政府划拨土地的研究型大学中担任研究生项目的教员，她从图书馆的一位同事那里听说了"智慧学习"模型。她的同事用这个模型设计了单课时的图书馆教学课程，并认为这个模型非常适合长时间的教学。凯茨博士喜欢这种以理论为基础、支持信息学习的模式。尽管它可能是为更低龄的受众设计的,但她觉得有必要把它作为一个框架用来帮助研究生。她的课程是一门网络课程,她一直在寻找一些能引发更多讨论的话题,来帮助学生完成课程中特定的作业。

凯茨博士决定使用"智慧学习"模型作为帮助学生撰写期末论文的基础。论文撰写是他们整个学期工作的高潮,也是对一个感兴趣的主题进行文献收集、分析和综合的练习。由于他们是研究生,凯茨博士没有明确解释他们会使用一个特定的模型,或者事先识别助记符;相反,她在大学课程管理系统中创建了一份指南,让学生体验过程中的每个元素,并从整体上强调研究和学习过程的迭代性质(表8.9)。指南的设计是基于之前的一项研究,当时研究者使用"智慧学习"模型为个性化课程设计图书馆研究指南(Greenwell,2014,2016)。在整个学期中,凯茨博士经常参考那份指南,并将其中包含的问题作为与作业相关的每周课堂讨论的一部分。

表 8.9　引导每个阶段线上讨论的问题

鉴别	什么话题能激发我的好奇心? 从文本的范围来看,我的主题是否太窄?
定位	哪些信息源最适合我的主题?
评价	创建这些信息的目的是什么? 谁创建了这些信息?他们的资质如何? 这些信息可能有什么偏见? 我们如何知道这是准确和可靠的信息? 这些信息和我的主题有什么关系?
应用	我如何根据我目前发现的信息来组织我的论文? 我需要更多的信息吗?
反思	如果其他人在读我的论文,他们能够清楚地理解吗? 什么样的信息可以让我的论文更有力?
精通	如果我重新完成这项任务,我会有什么不同的做法? 在整个过程中我学到了什么? 我是如何将这些新信息整合到自己已经知道的信息中去的? 这次经历给我带来了什么新的问题?

8.5.1　确定一个可以用信息解决的问题

凯茨博士让学生知道,每个人都要写一篇期末论文,可以针对任何自己感兴趣并适合这门课的话题(在本案例中,课程的重点是大学图书馆,尽管这项作业可以在许多不同类型的课程中使用)。她鼓励学生思考什么能激发他们的好奇心,以及他们想通过写这篇论文学到什么。她向学生介绍了一些一般的资源,以便找到关于可能主题的背景信息。这些额外的信息可以帮助他们确定一个合适的问题，以完成一篇 20 页的论文。凯茨博士强调，当一个人开始搜寻信息时，如果信息太少或太多，他就可能需要修改有待研究的问题。或者，有人可能会发现这个话题的新角度更有趣，并决定修改问题。这是整个过程的一部分。

8.5.2　定位信息以解决问题

凯茨博士向学生展示了一些可能包含与他们主题相关的信息的数据库，包括论文数据库、图书、统计数据和政府信息来源。课程管理系统中的指南在这方面做得很好，因为指南上有所有这些资源的链接，以及关于它们的范围和使用方法的一些信息。凯茨博士强调，学生可能需要在写作过程中找到额外的信息。（在她教的另一门课上，她在一个网站上组织了这些内容，因为那是一门不太依赖课程管理系统的面授课程。她发现，这两种方法都行得通，不过根据她的经验，使用课程管理系统更好。）

8.5.3　评价信息以确定解决问题的"最佳"信息

凯茨博士笼统地讨论了评估问题，因为学生使用的大部分信息都直接来自图书馆。然而，她强调，在提供任何信息时，学生都应该回答一些基本问题：

- 创建这些信息的目的是什么？
- 谁创建了这些信息？他们的资质如何？
- 这些信息可能有什么偏见？
- 我们如何知道这是准确和可靠的信息？
- 这些信息和我的主题有什么关系？

这些问题和其他问题在课堂上引发了一些关于权威的本质和高质量信息获取途径的有趣讨论。

8.5.4　应用信息回答问题或解决问题

凯茨博士与学生一起回顾了论文的写作过程，因为他们将自己从文献中学到的知识应用于论文的论证中。这个过程包括阅读，然后写作，然后是更多的阅读和重新写作。凯茨博士解释了分析所读内容的重要性，并对其进行总结，提出一个提纲，然后或许从草稿开始。这也是确定一个人是否掌握了所需信息的重要时刻。也许人们需要找到更多的文献来帮助论证。凯茨博士还提到了为学生提供的帮助他们正确引用文献的服务，比如大学授权的引文管理软件。

8.5.5 反思到目前为止工作的过程和产品

凯茨博士指出，经常反思自己的发现和学到的东西是有帮助的。"反思"阶段也是考虑修改和润色作品的好时机。她要求每个学生请一位同学阅读自己的论文，并对自己目前的进步做出评价。可以问这样的问题：

- 我是否能理解同学所阐述的观点并与之建立联系？
- 哪些信息可以增强同学观点的说服力？
- 是否需要引入统计数据或其他补充资料？

从本质上讲，凯茨博士指出，这是一个很好的时机，以确保每个学生都有必要的信息，使她或他的案例，她或他已经清楚地表达了它。

8.5.6 运用所学知识提出新问题，解决相关问题，等等

当学生通过课程管理系统提交了他们的期末论文后，凯茨博士强调，虽然他们已经到达了"终点"，但这并不是真正的终点。研究是一个反复的过程，学生可能想要回去找到更多的信息，并将其融入自己的作品中，尤其是对那些可能继续关注这个特定主题的研究生来说。无论如何，学习本身就是一个持续的过程。在这一点上，凯茨博士进行了一次课堂讨论来反思论文的写作过程。她问的问题包括：

- 如果我重新完成这项任务，我会有什么不同的做法？
- 在整个过程中我学到了什么？
- 我是如何将这些新信息整合到自己已知的信息中去的？
- 这次经历给我带来了什么新的问题？

8.5.7 应用"智慧学习"模型的反思

在多次使用"智慧学习"模型来完善撰写期末论文的过程后，凯茨博士觉得围绕这一过程的课堂讨论对这门课程的整体价值有很大的贡献。关于评价的讨论通常很活跃，让学生有机会以新的方式思考权威性、相关性、目的性和其他标准，因为课堂上讨论的是如何将这些标准应用于同行评议的期刊文章，而不是在互联网上随机发现的东西。

学生经常在他们的课程评估中提到期末反思的价值。到目前为止，凯茨博士发现整体反思是衡量"精通"阶段的最佳方法。她让学生思考自己的学习过程，以及他们是如何整合知识的。她发现，问"你有什么新问题吗？"也激发了大家的讨论，因为这给了学生一个扩展他们在论文中所写内容的机会。讨论过程鼓励他们探索其他领域，并真正思考关于这个话题自己知道什么和不知道什么。一些学生表示，他们计划继续研究自己的主题，可能会发表一篇文章，或者作为未来论文的基础。达到"精通"可能是一个挑战，而凯茨博士发现，这些课堂讨论是朝着这个方向努力的一种富有成效的方式（Greenwell，2014，2016）。

8.6 实施"智慧学习"模型的潜力

我们生活在一个信息丰富的世界，这对信息用户提出了越来越高难度的要求。如上述教学片段所示，"智慧学习"模型有潜力阐明信息使用的关键阶段，这将帮助所有年龄的学习者充分利用信息，并成功实现自己的目的。从为幼儿园的小朋友介绍最为基础的信息素养，到为研究生成长为专业研究者提供支持，该模型描述了使用信息学习的六个具体阶段，支持了使用信息作为学习工具的基本和高级的方法。

自从该模型首次出现以来，作者（以及其他人）进行了研究，以改进该模型，并确定有前景的教学应用。作者的研究综述提出了一些与"智慧学习"模型的每个阶段相关的一般性结论，提供了与整个模型使用相关的背景和见解：

- 鉴别：学生所处的环境对他们提出的问题有很大影响；年龄较大的学生擅长瞄准重要问题，所有的学生在提出可研究的问题时通常都需要指导。
- 定位：学生和教师都需要指导，才能够找到可靠的资源。
- 评价：学生和教师都需要在决定如何评估信息源和信息时得到指导。

- 应用：教师擅长帮助学生设想展示他们学习成果的产品，但学生和教师在使用数字技术来创造高质量的产品时都需要指导。
- 反思：反思是一个未被充分利用的阶段，可能是因为时间有限；且教师和学生都需要得到指导来理解这一阶段的重要性。
- 精通：学生通常擅长表达自己的观点，但很难确定通过信息搜索获得的知识的深度和广度（Neuman，Talafian，et al.，2017）。

参考文献

Briggs Martin, J. (2013). *Farmer Will Allen and the growing table*. Bellevue, WA: Readers to Eaters.

Greenwell, S. (2014). Using the I-LEARN Model to design information literacy instruction. In S. Kurbonaglu, S. Spiranek, E. Grassian, D. Mizrachi & R. Catts (Eds.), *Information literacy: Lifelong learning and digital citizenship in the 21st century* (pp. 400–407)). New York: Springer.

Greenwell, S. (2016). Using the I-LEARN Model for information literacy instruction. *Journal of Information Literacy, 10*(1), 67–85.

Lee, V. J., Grant, A. G., Neuman, D. & Tecce DeCarlo, M. J. (2016a, November). A collaborative I-LEARN project with kindergarten and second-grade teachers and students at a university-assisted school. *Urban Education*. https://doi.org/ 10.1177/0042085916677344.

Lee, V. J., Grant, A. G., Neuman, D. & Tecce DeCarlo, M. J. (2016b). Using I-LEARN to foster the information and digital literacies of middle school students. In S. Kurbanoğlu, J. Boustany, S. Špiranec, E. Grassian, D. Mizrachi, L. Roy, & T. Cakmak (Eds.), *Information literacy: Key to an inclusive society* (pp.480–489). New York: Springer.

Lee, V. J., Grant, A., Neuman, D. & Tecce DeCarlo, M. J. (2018).［Teaching adolescents about critical information literacy: Connecting world history from the past to the present］. Unpublished raw data.

Lee, V. J., Meloche, A., Grant, A., Neuman, D. & Tecce DeCarlo, M. J. (2019). "My thoughts on gun violence": An urban adolescent's display of agency and multimodal literacies. *Journal of Adolescent and Adult Literacy*. Retrieved from https://ila.onlinelibrary.wiley.com/doi/ full/10.1002/jaal.944.

McTighe, J. & Wiggins, G. (2013). *Essential questions: Opening doors to student understanding*. Alexandria, VA: ASCD.

Meriam Library, California State University, Chico. (2010). *The CRAAP test*. Retrieved from https://www.csuchico.edu/lins/handouts/eval_websites.pdf.

Miranda, A. (2001). *To market, to market*. New York, NY: HMH Books for Young Readers.

Neuman, D. (2011a). Constructing knowledge in the 21st century: I-LEARN and using information as a tool for learning. *School Library Media Research, 14*. Retrieved from http://www.ala.org/aasl/sites/ala.org.aasl/files/content/ aaslpubsandjournals/slr/vol14/SLR_ConstructingKnowledge_V14.pdf.

Neuman, D. (2011b). *Learning in information-rich environments: I-LEARN and the construction of knowledge in the 21st century*. New York: Springer.

Neuman, D., Grant, A., Lee, V. & Tecce DeCarlo, M. J. (2015). Information literacy in a high-poverty urban school: An I-LEARN project. *School Libraries Worldwide, 21*(1), 38–53.

Neuman, D., Lee, V. J., Tecce DeCarlo, M. J. & Grant, A. (2017). Implementing I-LEARN with K-2 students: The story of a successful research partnership. In S. Hughes-Hassell, P. Bracy & C. Rawson (Eds.), *Libraries, literacy, and African-American youth: Research & Practice* (pp.205–221). Santa Barbara, CA: Libraries Unlimited.

Neuman, D., Talafian, H., Grant, A., Lee, V. & Tecce DeCarlo, M. J. (2017). *Thepedagogy of information literacy: Using I-LEARN to teach.* Paper presented at the Fifth European Conference on Information Literacy, St. Malo, France.

Tecce DeCarlo, M. J., Grant, A., Lee, V. J. & Neuman, D. (2018). Information and digital literacies in a kindergarten classroom: An I-LEARN case study. *Early Childhood Education Journal, 46*(3), 265–275.

Tecce DeCarlo, M. J., Grant, A. G., Lee, V. J. & Neuman, D. (2014). Information literacy in the kindergarten classroom: An I-LEARN case study. In S. Kurbanoglu, S. Spiranec, E. Grassian, D. Mizrachi & R. Catts (Eds.), *Information literacy: Lifelong learning and digital literacy in the 21st century* (pp.243–252). New York: Springer.

译 后 记

我们正处在一个信息化时代，如何在信息的海洋中遨游？学校学习方式和教学模式会发生一些什么样的变化？这反映了我们正在实际经历的一个过程，也是值得深入探讨的问题。本书是由美国教学设计专家和信息学（图书馆学）专家联合研究贡献的成果。本书所提出的"智慧学习"模型突出强调了"鉴别""定位""评价""应用""反思"和"精通"六个阶段的循环圈，并与学习结果分类学的研究进行匹配，努力为不同的学习结果开展有针对性的教学，以达到培养学习者高层次能力和素养的目的。

本书将"信息"界定为由事实、概念、规则和元认知构成的要素，这一点尤其有价值。同时，本书也讨论了不同的信息（事实、概念、规则和元认知）如何与认知维度发生交互关系。这其实就是布卢姆的《教育目标分类学》修订版的精要之处。本书作者正是在这样一个框架中构建了"智慧学习"模型，探讨学习或者教学展开的具体环节。

当今的学习科学和教学设计研究都强调如何从信息中建构意义。从意义学习、建构学习、生成式学习和深度学习等视角来看，"智慧学习"模型的目的是从信息中建构意义。这样做，不是只搜寻信息，也不是说有了信息就万事大吉，而是思考如何在信息丰富的环境中，识别哪些信息是事实、哪些信息是概念、哪些信息是程序、哪些信息是元认知，在此基础上，确定本课程、本单元甚至本节课所要掌握的学习结果并采取措施（即采用"智慧学习"模型）予以落实，最终达到预期的水平（如记忆水平、理解水平和应用水平等）。

本书倡导的"智慧学习"模型是一个高水平的教学设计研究成果，也是一个在不同年龄段、不同学科中得以试验和验证的学习模式，值得我们借鉴和应用。我们学习一种新的教学理论或模式，不仅仅要聚焦于拓宽视野和充实自我，更要在意学以致用，将其应用于自己的课堂教学中。这也是我们选择翻译本书的主要初衷。

本书翻译由四所高校教育专业的教师分工完成。浙江大学教育学院盛群力担任前言、第一章和第七章翻译，浙江大学教育学院屠莉娅担任第二章、第三章和第八章翻译，浙江传媒学院冯建超担任第四章和第五章翻译，浙江师范大学教师教育学院方向和浙江大学教育学院盛群力合作担任第六章翻译。全书由盛群力统稿。

　　衷心感谢中国科学技术出版社将本书列入出版计划，感谢王晓义先生提供的各种帮助！

　　对本书翻译中出现的疏漏之处，请读者朋友批评指正！

2021 年 11 月 10 日